紅色工程師的崛起

三十·三十書系

紅色工程師的崛起

清華大學與中國技術官僚階級的起源

安舟（Joel Andreas）　著

何大明　譯　|　董一格　譯校

中文大學出版社

■ 三十・三十書系

《紅色工程師的崛起：清華大學與中國技術官僚階級的起源》

安舟 著

何大明 譯

董一格 譯校

繁體中文版 © 香港中文大學 2017

國際統一書號 (ISBN)：978-962-996-796-3

2016年第一版
2018年第二次印刷

本書根據 Stanford University Press 2009 年出版之 *Rise of The Red Engineers:
The Cultural Revolution and The Origins of China's New Class* 翻譯而成。

出版：中文大學出版社

香港 新界 沙田・香港中文大學

傳真：+852 2603 7355

電郵：cup@cuhk.edu.hk

網址：www.chineseupress.com

■ 30/30 SERIES

Rise of the Red Engineers:
The Cultural Revolution and the Origins of China's New Class (in Chinese)

By Joel Andreas

Translated By He Daming

Edited By Dong Yige

ISBN: 978-962-996-796-3

First edition 2016
Second printing 2018

Published by The Chinese University Press

The Chinese University of Hong Kong

Sha Tin, N.T., Hong Kong

Fax: +852 2603 7355

E-mail: cup@cuhk.edu.hk

Website: www.chineseupress.com

Printed in Hong Kong

群峰並峙　峰峰相映

《三十‧三十書系》編者按

在中國人的觀念裏，「三十年為一世，而道更也」。中華人民共和國建國迄今六十餘年，已歷兩世，人們開始談論前三十年與後三十年，或強調其間的斷裂性及變革意旨，或著眼其整體性和連續性。這一談論以至爭論當然不是清談，背後指向的乃是中國未來十年、二十年、三十年以至更長遠的道路選擇。

《三十‧三十書系》，旨在利用香港中文大學出版社獨立開放的學術出版平台，使不同學術背景、不同立場、不同方法的有關共和國六十年的研究，皆可在各自的知識場域充分完整地展開。期待群峰並峙，自然形成充滿張力的對話和問辯，而峰峰相映，帶來更為遼闊和超越的認識景觀。

《三十‧三十書系》自2013年起，首批已推出四種著作：

郭于華《受苦人的講述：驥村歷史與一種文明的邏輯》、高王凌《中國農民反行為研究 (1950–1980)》、高默波《高家村：共和國農村生活素描》與郭益耀《中國農業的不穩定性 (1931–1991)：氣候、技術、制度》。

這四本書探討的都是集體化時期的農村、農民和農業，卻呈現出截然不同的時代圖景。頗有意味的是，作者的背景、研究方法不盡相同，作品之間的立場和結論甚至相互衝突，但當它們在同一平台上呈現時，

恰恰拼合出一個豐富而多元的光譜；作品之間的衝突和砥礪，使這光譜
更接近《三十‧三十書系》所期待的學術景觀：群峰並峙，峰峰相映。

在此基礎上，《三十‧三十書系》的第二批著作試圖將關注擴展至
全球視野下的中國學，利用香港中文大學出版社獨特的雙語出版平台，
聚焦世界範圍內的共和國研究。由此推出六部著作：

蘇陽《文革時期中國農村的集體殺戮》、安舟 (Joel Andreas)《紅色工
程師的崛起：清華大學與中國技術官僚階級的起源》、丹尼爾‧里斯
(Daniel Leese)《崇拜毛：中國文化大革命中的言辭崇拜與儀式崇拜》、白
思鼎 (Thomas P. Bernstein) 與李華鈺編《中國學習蘇聯 (1949 年至今)》、
文浩 (Felix Wemheuer)《饑荒政治：毛時代中國與蘇聯的比較研究》及彭
麗君《複製的藝術：文革期間的文化生產及實踐》。

延續「群峰並峙」的基本理念，這批作品試圖突破傳統研究對象的
局限、地域分隔造成的研究盲點和學科間的專業壁壘，呈現一個更開闊
而富有生機的中國研究圖景。從書名就可看出，與第一批中國學者關於
農村集體化的論述不同，第二批著作探討了共和國史中更豐富的細分領
域與主題，如集體殺戮、技術官僚、領袖崇拜、中蘇關係、大饑荒、文
革期間的文化生產模式等。此外，無論從作者的地域背景還是研究的學
科分野來說，這六種作品都更加多元。三本書的作者來自美國，其中蘇
陽和安舟是社會學學者，白思鼎和李華鈺則是政治學家；兩位德國學者
里斯和文浩的研究方法更偏重歷史學；彭麗君則是來自香港的文化研究
學者。每部著作都帶著各自學科內的優秀傳統和全新視角，為中國研究
注入更多樣的可能。

儘管這六種著作頗不相同，但它們都代表了各自領域內具有前瞻
性、成長性的研究方向，這正是《三十‧三十書系》所看重與尋找的特
質─全球視野下關於共和國六十年的前沿研究。

蘇陽在《文革時期中國農村的集體殺戮》中收集了大量地方檔案、
政府公開文件和一手訪談，首次提出極具解釋力的「社區模型」，深入了

西方主流種族屠殺研究使用的「國家政策模型」所無法觸及到的細緻層面。研究因其揭示史實與建構理論兩方面的傑出成就，獲得2012年美國社會學學會 Barrington Moore 最佳著作獎。

安舟的《紅色工程師的崛起》，首次關注到對中國當代歷史具有重要意義的技術官僚階級。該研究詳細展示了這個新興階級如何產生、發展並最終成為共產黨核心領導力量的過程。這一過程引發了中國權力格局的變化，也在融合了農民革命家與知識精英這兩個傳統階級之後，帶來了截然不同的領導思路和風格。

里斯的《崇拜毛》和白思鼎、李華鈺編的《中國學習蘇聯》都是首本將相關題材作為專題研究並進行了充分且多角度探討的作品。《崇拜毛》揭示了個人崇拜的力量如何被毛澤東、其他黨內領袖、軍隊等多方利用與引導，並從中共黨內與基層民眾兩方面追溯了那段政治動亂下的個人崇拜史。而《中國學習蘇聯》則幾乎覆蓋了該題材所有方面的討論，以最新資料和多元視角詳細分析了蘇聯模式對中國政治、經濟、軍事、文教、科技等方面長期的、潛移默化的影響。

文浩的《饑荒政治》體現了近年來歷史研究中的一種新興路徑：將中國史放在世界史中重新審視。大躍進導致大饑荒的現象並非中國特有，蘇聯在1931–1933年間也發生了同類的「大躍進饑荒」。作者將饑荒放在農業帝國進行社會主義革命這個大背景下分析，深化了對共產主義國家發展進程的理解。

彭麗君的《複製的藝術》則為研究文革中的文化生態提供了新的解釋工具——社會模仿。通過「模仿」這一概念，作者將文化、社會、政治串連起來，解釋了毛時期的文化複製行為如何助長人們對權力的服從，如何重構了獨特的時代文化。

在兩批十種著作之後，《三十·三十書系》的第三批已在準備之中，兼收中、英文著作及譯著。本社一貫注重學術翻譯，對譯著的翻譯品質要求與對原著的學術要求共同構成學術評審的指標。因讀者對

象不同，中文出版品將以《三十‧三十書系》標識出版，英文專著則以單行本面世。

「廣大出胸襟，悠久見生成」是香港中文大學的大學精神所在。以此精神為感召，本書系將繼續向不同的學術立場開放，向多樣的研究理路開放，向未來三十年開放，歡迎學界同仁賜稿、薦稿、批評、襄助。

有關《三十‧三十書系》，電郵請致：cup-edit@cuhk.edu.hk

香港中文大學出版社編輯部

2016年12月

獻給我的母親 Carol Andreas（1933–2004），
她使我關注社會不公，並送我走上探索其根源之路。

目錄

中文版序

　　《紅色工程師的崛起》一書中文版即將問世，我甚感欣慰。書中所論述的中國社會的深刻變革，舉世矚目。中國讀者身處其中，理所當然對此更為關切。1949年中國共產黨掌權以後推行激進的社會平等計劃，1976年後又逐步實行市場經濟。這些變革，一直是中國國內爭論的話題。為了參與這場論戰，我撰寫了此書，現在很高興看到它將成為相關中文文獻的一部分。在本書英文版問世後的七年間，中國發生了一系列重要的變化。最為突出的，即是由習近平為核心的中共第五代領導人的執政。習近平在清華大學學習過工程，他這一代領導人在眾多方面延續了技術專家治國的體制 (technocratic regime)，本書詳細回溯了這個體制崛起的過程。但是，該體制的性質也在不斷演變。自1992至2012這二十年間，是紅色工程師治國體制最典型的階段。這一時期中共第三代、第四代領導治理國家，他們都是由1950年代和1960年代的工科院校培訓出來的精英；在那個年代，社會主義計劃經濟首抓物質建設和資源分配。朱鎔基與胡錦濤都是清華的工科畢業生，也是這兩代中共領導人中技術專家的代表人物。這兩代領袖領導了中國從社會主義經濟制度向資本主義經濟制度的轉型，這一轉型也推動了技術官員在成員構成上的轉變。雖然習近平及其許多第五代的同事受過工科培訓，但他們現在越來越多地與受過經濟學、管理學、法學培訓的領袖們分享舞臺，這些學科與中共目前主導的國家資本主義類型更為一致。然而，這一轉變並未減弱該政權技術專家治國的性質，也沒有降低清華大學的至尊聲望及地

位。清華新開辦的經濟管理學院和法學院正在培養政治精英的新梯隊。事實上，本書中我所命名、描述的學術及政治兩大選拔認證體系（即精英院校的等級制和黨的選拔、晉升機制），還在繼續完善、深化。它們是中國技術專家治國制度的基石。

市場化、私有化和經濟兩極化正深切地改變著中國社會，日久天長，這些變化將有可能侵蝕中共政權「技術專家治國」的性質。有兩種特別的威脅應被指出：腐敗與民粹主義。一方面，旨在贏利的企業——公有的及私有的——正運用著日益強大的勢力，使具有技術專家性質的領導層及相關規則屈從於它們金錢上的狹隘利益。另一方面，財富及權力的日益集中，特別是兩者之間更為讓人震驚的聯繫，必然激起民眾的義憤，並隨之激發民眾爭取共享、爭取公正的要求。中共領袖們可以選擇抵禦或遷就這些壓力，但無論怎麼選擇，他們將最終改變政權及現存制度的性質。

有很多人為本書中文版出版而盡力。首先，我必須感謝何大明的精彩翻譯，由於英文原版中包含有許多長且複雜的句子，使得翻譯一事頗具挑戰性。最終，他創造出一個生動的中文譯本，既反映出他本人對中文的嫻熟把握，也展示了他對書中描述的鮮明獨特時代的熟知。其次，我必須感謝董一格為修飾最後稿本那才華橫溢及不辭辛勞的工作。我也感謝楊婷婷花費很多時間去翻查原始資料，來復原最初的中文術語及引語。我也深深地感激我的同事蔡欣怡（Kellee Tsai），她不僅為英文本成稿提供了寶貴的幫助，也向我引薦何大明而大大便利了中文翻譯。香港中文大學出版社的編輯們熟練地完成了此版本的出版，創造出精美製作的書籍。本書能夠躋身於中文大學出版社繁茂壯觀的30/30叢書之林，我很自豪。

安舟
美國，馬里蘭州，巴爾的摩
2016年1月

序

　　1997年我第一次訪問清華大學，目的是要了解三十年前文化革命中在那裏發生的武鬥。我已經聽説了清華大學兩派學生之間的「百日戰爭」，並且知道其中一派由蒯大富領導，他是清華大學的學生，其名字已經成了當時造反精神的同義詞。我對文化革命的好奇心，是由對1949年革命以來，中國階級結構改造這一更大的興趣所激發的，但漸漸地隨著我對清華大學教職員工和校友採訪的深入，我發現清華除了是文化革命中武鬥的重要場所，幾十年間，還一直是一些衝突的震中；這些衝突圍繞著一個技術專家官僚的新階級的出現而起。

　　在文化大革命以前，清華——作為中國第一名的工程技術大學——一直承擔著培養「紅色工程師」的任務。技術官僚治國的觀點在清華大學中盛行，而且學生們相信，他們將把國家改造成一個工業化的社會主義共和國。但這些觀點一直是受爭議的。它們與中共致力消滅階級差別（包括那些基於腦力勞動與體力勞動差異的差別）的綱領性信仰是不一致的；而且，對於大多數中共幹部來説，這些知識精英是異己；那些中共幹部是農民革命家，他們歌頌與讚美產生於農村戰爭的那些傳統，心中深深地不信任知識精英。在文化大革命中，這些醞釀已久的緊張關係達到頂點。清華大學成了聲名遠揚的靶子，而且在派性武鬥被鎮壓下去後，毛澤東派遣工人和軍人到大學來，賦予他們消滅精英教育和防止學校變成「官僚階級」溫床的重任。在將近十年的時間裏，清華校園成了試行激進教育及管理的著名場所。在毛澤東死後，文革的激進政策遭到

拋棄，清華大學成為培養技術過硬、政治可靠的幹部的最高級機構；而這樣的紅專幹部是新政權所需要的，這個新政權已經寄希望於由技術專家治理中國的未來。清華大學的畢業生很快登上了黨和國家層級體制的頂端。

我所採訪的對象大多數都在清華大學待了幾十年，最初是作為學生，然後是教授或管理者，他們親歷了這段動盪歷史的大部分階段。我逐漸明白下面這個事實：清華大學一直是一些關鍵衝突的中心，而所有這些衝突最終產生了一個由技術官僚治國的秩序。因此，我認識到從基礎層面密切審視這所機構歷史的價值——在這裏，政策得以實施，社會關係得到改造。這就是我對中國的技術官僚階級起源的調查，為何以清華大學為中心進行的原因。最終我不僅對如今統治中國的技術官僚的起源感興趣，也對二十世紀共產主義實驗的命運感興趣，清華大學在我的研究中扮演了舉足輕重的角色。在對中國第一的這所工程大學的描述中，我努力捕捉掌權的共產主義政權軌跡的關鍵要素，開始時，它從事著一項激進的社會平等工程，結束時，它卻成了一個巨大的官僚政治事業，有著精心打造的社會等級制度。

我很幸運，清華大學是一個相當開放的地方。校園的公寓區裏，滿是願意與我分享其經歷與看法的人(在職的與退休的)；學校的圖書館裏，滿是提供該校豐富歷史文獻的材料。我在清華大學總共呆了二十個月，主要是在1997至2001年間，從回顧性的及當時同期的資料來源蒐集數據。最重要的回顧性資料的來源，是對近一百人的採訪，他們是畢業生、教師、職員、工人和管理者(採訪對象的名單在書後的附錄2中)；我從各種各樣社會出身以及不同政治觀點的人士中尋求受訪者。已發表的回顧性資料來源，包括回憶錄、名教授及校領導的傳記、彙編有歷史數據的學校公報，還有官方及半官方的校史。我還參考了有關清華校史的學術著作和文章。文革同期的資料來源，則包括官方校報及校刊，由對立的學生派別發行的報紙及小冊子，在全國報刊上發表的有關清華的文章，還有清華印行的統計年報、管理總結及政治報告。我還從美國及中國的圖書館(包括清華大學及其附中的圖書館)、清華大學檔案館、舊書市場，以及受訪者及他人的個人收藏中獲取了文獻。

　　所有的描述——回顧性的及同期的、口頭的及書面的(包括官方文獻中記錄的統計數字)——都反映了其製作者及時代的偏見。同期的及回顧性的資料來源,各有著能夠互補的強項及弱點。在中國,公開表達從來都受到主導意識形態和政治考慮的限制。在中共掌權的前幾十年裏,不協調一致的政治辯論只在兩個短暫的階段成為可能:1957年黨的整風運動和文化大革命的早期;即使在那時,雖然辯論中有尖銳的爭議,它們通常還是停留在狹窄的政治界限之內。另一方面,這些材料記錄了當時的政治論調,從某個階段當時的觀點來闡釋事件。而用回顧的方法獲取的數據——諸如採訪、回憶錄及歷史——則免除了過去的限制及鼓動,但又要受制於其他的制約及誤導。再說,對於那些在幾十年深遠的社會變革之後的個人追憶,也得謹慎地加以處理。過去事件、動機及觀點的回憶,不僅隨著時間褪色,而且隨著以後的事件、政治及意識形態變化(官方的、集體的及個人的)留下各自的印記,它們也經歷了一個有意識或無意識的變質及變形。因此,我小心地比較了多種多樣的來源,以重構歷史事件,包括激活它們的那些有爭議的觀點。集中關注單一的一所學校有一個優勢,那就是有可能考察針對同一事件的多種不同看法。

　　本書的寫作長達十年以上,多年來,許許多多人助我良多,我無法在此一一指出。我特別感激所有那些花費了時間給我講述其故事的人士。許多人慷慨地用了數小時甚至幾天來詳細講述他們對事件的理解,而且有些人尋找照片及文獻來說明他們的觀點。(除了蒯大富,我在此書中都沒有使用他們的真名。)清華大學教育研究所為我的研究,不僅提供了可靠的信息及訪談來源,也提供了一個舒適的辦公室。我特別想感激王曉陽和王孫禺,當我在該所時,他們是我的東道主。所裏和大學其他機構的圖書館員及檔案員,在尋找材料上,都提供了很大的幫助。

　　唐少傑曾花費多年研究清華的文革,他第一個鼓勵我把清華大學當作一個研究場所,我從他的研究以及我們兩人多年的談話中獲益多多。我特別從三個人的幫助和智慧中受益,他們是戴建中、武彩霞和徐海亮,他們參加過文化大革命,並花費多年時間,根據隨後的事件來調查及重新考慮那個時代的事件。他們慷慨地給我提供了許多文獻,每個人

在我的理解形成的過程中（雖然他們都並非同意我的闡釋）中都起到重要的作用。沈邁克（Michael Schoenhals）、蕭慶平（Richard Siao）和王友琴也提供了其他途徑無法得到的重要文獻。

我之所以能形成對革命後中國權力階層發展的研究方法，特別是因為美國加州大學洛杉磯分校的指導老師及同事的指導。我從羅傑斯‧布魯貝克（Rogers Brubaker）和邁克爾‧曼（Michael Mann）那裏學到了很多東西，他們提供了榜樣，教我如何從社會學的角度來學習歷史，並持續不斷地提供卓有遠見的建議。伊萬‧塞勒尼（Ivan Szelenyi）的影響特別明顯，他指導我朝向多重類型的資本及相爭鬥的精英的概念框架前進，而且，他的工作對我自己的是一個充滿智慧的借鑒。Rebecca Emigh、黃宗智、William Roy、申起旭（Gi-Wook Shin）、唐啟明（Donald Treiman），和閻雲翔都提供了極有價值的意見。佩里‧安德森（Perry Anderson）、羅伯特‧布倫納（Robert Brenner）、陳小珊（Susanne Chan）、Eileen Cheng、Steven Day、杜克雷（Clayton Dube）、Jon Fox、郭貞娣（Margaret Kuo）、Mara Loveman、Mark Lupher、孟悅、Dylan Riley、宋時歌、Elizabeth VanderVen、王超華、吳盛青和吳曉剛等閱讀了我此書許多章節或論文的草稿，並給了我有益的建議。我特別感謝叢小平的幫助，她除了閱讀草稿，還幫我分析文獻資料，以她自己的經歷提供洞見。

多年來，許多別的人在寫作的各階段為此書各部分也提供了有價值的評論、批評和建議，他們是崔之元、德里克（Arif Dirlik）、陽和平、周錫瑞（Joseph Esherick）、希拉‧菲茨帕特里克（Sheila Fitzpatrick）、韓東屏、任柯安（Andrew Kipnis）、李路路、路愛國、白威廉（William Parish）、彭玉生、胡素珊（Suzanne Pepper）、方迪（Stephen Philion）、畢克偉（Paul Pickowicz）、蘇黛瑞（Dorothy Solinger）、蘇陽、湯思奧（Saul Thomas）、田立為、安戈（Jonathan Unger）、魏昂德（Andrew Walder）、白霖（Lynn White）、武麗麗、吳一慶、嚴海蓉、印紅標、占少華、趙鼎新和鄭小威。

自從我到巴爾的摩以來，我在約翰‧霍普金斯大學的同事，包括Rina Agarwala、喬萬尼‧阿瑞基（Giovanni Arrighi）、韓嵩（Marta Hanson）、梅爾文‧科恩（Mel Kohn）、梅爾清（Tobie Meyer-Fong）、羅威廉（William Rowe）、貝弗利‧西爾弗（Beverly Silver）和蔡欣怡，幫我把此書收尾，提

供了有價值的建議和鼓勵。我特別感激蔡欣怡具有分析批評的支持及建議。在研究及編輯方面的幫助，我感謝 Laila Bushra、Angela Huang、黃伶俐、Li Meng、Li Yuyu、Sun Haitao、王穎曜和岳崟。

我之所以能夠在中國待很多月，是由於美國教育部、北京大學、加州大學洛杉磯分校和社會科學研究理事會的富布賴特—哈耶斯項目（Fulbright-Hays program）所提供的研究獎金。加州大學洛杉磯分校和斯賓塞基金會（Spencer Foundation）為寫作提供了支持。

當代亞太問題系列（Contemporary Issues in Asia and the Pacific series）編輯部的成員及匿名的審稿者，通過激勵我加強自己的許多弱項，並對近期的發展增添更詳盡的分析，幫助我最後定稿。東西方中心（East-West Center）的 Elisa Johnston 和斯坦福大學出版社的 Stacy Wagner 從初稿到審校樣，為指導本書做出了出色的工作。

最後，我想感謝 Peter Andreas，他既是我堅強的弟弟，又一直是我在學術世界裏主要的輔導老師；還有我的妻子 Ay Vinijkul，她在完成此書的漫長過程中，既是我的伴侶，又是最重要的支持者；隨著這本書的最終完成，她將和我一樣幸福快樂。

安舟

美國，馬里蘭州，巴爾的摩

2008 年 4 月

導言

導言

今日的中國，由紅色工程師統治。「紅色工程師」這個稱謂，源於20世紀50年代，中國正在開始共產主義工業化的時候。但這個稱謂在文化大革命中遭到批判，從此以後，一直未被人提及。然而，在20世紀80年代，那些在50、60年代初期曾在著名工科大學裏接受過學術及政治訓練的紅色工程師們，開始登上權力的寶座。他們系統性地替換了共產黨的第一代幹部，最初是在基層和中層幹起，然後在90年代攀上了中共的最高層。今天，中共政治局的九名常委中，有八名曾被作為工程師培養。

中國的紅色工程師們，類似1989年以前蘇聯和東歐國家機器裏較高層的官僚，這一點並非出於巧合。蘇聯為共產黨掌權的中國及其他國家提供了一個示範——幾十年來，蘇聯由擁有工程及農學學位的人們所領導，這些人包括列昂尼德·勃烈日涅夫（Leonid Brezhnev）、阿列克謝·柯西金（Alexei Kosygin）、安德烈·格羅米柯（Andrei Gromyko）、尤里·安德羅波夫（Yuri Andropov）以及米卡伊爾·戈爾巴喬夫（Mikhail Gorbachev）。在蘇聯、中國及別處，紅色工程師們統治著社會主義社會，這在很多方面類似於亨利·聖西門（Henri Saint-Simon）的技術專家治國願景。在十九世紀初期，聖西門的信徒們已經預見到一種工業的秩序，將把生產資料轉變成公共財產，並立足於科學原則以從事經濟計畫，從而超越資本主義的貪婪邪惡。雖然他們視繼承權、世襲權和私有財產為不公正且有礙進步之物，但他們的觀點是一種至高精英統治論的

看法，依其之見，一羣才華橫溢且開明進步的工業領袖、科學家和工程師們將治理社會。[1]

當然，中國共產黨就像俄國的布爾什維克，最初擁護與倡導一種馬克思主義的社會主義觀，而非聖西門的社會主義觀。馬克思採用了聖西門式社會主義的基本前提，但是，拒絕了其社會分級的特點。聖西門致力於建立一個由傑出人士統治的社會，而馬克思則尋求消滅所有的階級差別，包括腦力勞動與體力勞動的差別；聖西門著手組織一場知識精英們的運動，並從著名的巴黎綜合理工學院的畢業生中招募熱情的追隨者，而馬克思則號召無產階級去充當革命的先鋒。他的理由是，無產階級推翻現存的階級等級制度，並沒有甚麼可喪失的。[2]正是馬克思的思想——而不是聖西門的想法，以其平等主義的磅礴氣勢，最終激發了19世紀和20世紀聲勢浩大的社會主義運動。另外，在俄國、中國和其他國家當權的共產黨，採用了對馬克思思想的一個特別激進的闡釋，這使他們得以致力於動員最受壓制的階級，依靠暴力奪取國家政權，粉碎昔日精英的抵抗，無情地消滅所有的階級差別。在他們掌權後，這些黨確確實實從根本上改變了階級秩序，但是，他們最終並未剷除階級差別。基於私有財產的階級等級制度被摧毀了，但一個立足於政治權力和文化權力的新的等級制度浮現出來，其頂層，是黨的技術官僚階級。

在本書中，我尋求解釋中共如何以及為何最終以聖西門的觀點，取代了馬克思關於無階級社會的願景。一個可能的解釋是，勝利了的共產黨員們儘管使用剷平階級的修辭，卻一直打算建立一個技術專家治國的社會。這種觀點最具說服力的論證，見於喬治·康拉德（George Konrad）和伊萬·塞勒尼（Ivan Szelenyi）的經典著作《知識分子在通向階級權力的道路上》。康拉德和塞勒尼論證，各國共產黨儘管聲稱代表無產階級，實際上，卻是知識界的先鋒。他們寫道，共產主義者的基本目標，就是要實現知識分子長期以來懷抱的雄心，要取代貴族及資本家，通過用公

1　聖西門的信徒變得比他本人更強烈地鼓吹公共財產。有關聖西門及其信徒們的思想的闡釋，請見Carlisle (1987); MacIver (1922); Manuel (1956)。

2　消滅腦力勞動與體力勞動的分工，是馬克思著作的一個基本主題，例子請見Marx (1978, 531)。

有財產代替私有財產、用計畫代替市場的辦法，把社會掌握在自己手中。康、塞二人屬於20世紀60、70年代那一波的學者，他們強調蘇聯、東歐各國精英的技術官僚屬性，並從內部人士的角度，提供了對蘇聯式社會權力分配、運作的精彩描述。[3] 雖然親身參與了自己描述的「新階級工程」，康拉德和塞勒尼卻對它進行了毫不感情用事的利益分析，披露了階級權力與推崇知識、科學之間的聯繫。他們所描述的緊張關係，是共產主義先鋒與更廣泛的知識分子階級之間的爭鬥帶來的；這些共產先鋒頑固地試圖維護政治權力的優先性，而廣大的知識階級卻力圖讓知識成為階級權力的主要基礎。這一鬥爭，圍繞著政治資本（黨員身分及政治聯繫）與文化資本（知識及學術資歷）之間的競爭展開。康拉德、塞勒尼二人預見，社會主義計畫的理性前提，最終將導致文化資本的勝利，實現他們所謂共產主義的使命的真諦。[4] 他們的觀點引起爭論，激發興趣，深深地影響了有關社會主義的階級結構的學術討論。

3　此階段有關技術專家治國論的描述，還有Bayliss (1974); Bell (1973); Galbraith (1967); Gouldner (1979); Ludz (1972)。要解釋共產黨統治的國家裏一個新的掌控階級的崛起，以前的研究一般集中關注政治權力。在密洛凡·吉拉斯（Milovan Djilas）1957年的《新階級》（該書鞏固和加強了此名詞在民眾中的想像）一書中，他把此階級的先驅描述為一幫無產階級革命家，他們摧毀了現存的精英階級，剷平了社會權力所有的互相競鬥的基礎；正在掌權的共產黨及其國家官僚機器（政治權力）成了社會分化的唯一的統治集團和等級制度。康拉德和塞勒尼二人對此觀點提出質疑，雖然他們承認新階級的政治基礎，但他們對其文化基礎更感興趣，對他們來說，它不僅對社會主義各個社會，或許也對整個世界都預示著一個由技術專家治理的未來。

4　政治資本和文化資本的術語並非由康拉德、塞勒尼二人使用，而是由塞勒尼在對此題目後續的研究著作中所採用。《知識分子在通向階級權力的道路上》一書1979年出版，幾年後，塞勒尼 (1986) 承認，新階級工程——使知識成為階級權力的主要基礎——由於官僚精英盡力維持其政治壟斷，而至少暫時在東歐受阻。然而，直至1989年，塞勒尼還堅持認為，該工程在東方比在西方更可能成功，因為計畫比市場更適宜這樣一個工程 (Szelenyi and Martin 1988)。然而，1989年以後，他和同事們論證說，共產主義崩潰後，新階級工程依然倖存，並能夠在資本主義的旗幟下興旺 (Eyal, Szelenyi, and Townsley 1998)。

雖然中國「新階級」的技術官僚屬性絲毫不差地符合康拉德和塞勒尼的理論，但這個「新階級」的歷史卻並不符合該理論。在這段歷史中，一個極為矛盾的因素，是在中共掌權的頭幾十年中對知識分子的嚴厲攻擊。在超過四分之一世紀的時間裏，中共不遺餘力地要消滅把知識分子與工農分隔的階級差別，在其最激進的階段，中共系統性地歧視昔日知識階級的成員，廢除大學升學考試，讓大學教室裏坐滿了沒有讀過中學的農民，貶低抽象知識的價值，把知識分子送到鄉下生活以接受農民的再教育，給每個人——無論是知識分子、工人還是農民的孩子——都提供九至十年的教育，然後讓他們去工作，以此盡力去剷平教育上的差別。這些看起來很不像是由知識界的擁護者制定的政策。另外，並非唯有中國進行了文化剷平。布爾什維克把馬克思消滅腦、體差別的目標當作他們規劃的一個中心原則。蘇聯早年——特別是在伴隨著第一個五年計畫(1928–1932)的文化激進主義階段——推行過與中國後來相似的激進的教育政策。康拉德與塞勒尼對早期共產黨人敵視知識精英之政策的簡單解釋——說它們僅僅是為建設一個由技術官僚治理的強大國家而要走的「昂貴但又必不可少的彎路」——似乎並不恰當。[5]而毛澤東破壞黨員幹部官僚權力的舉動，就更難符合康、塞二人的理論。毛澤東的這些舉措，包括反對幹部特權及濫用權力的各個嚴酷的運動，最終在中國的文化大革命中達到高潮。當時，毛澤東號召工人、農民和學生推翻各地黨的權力當局，以防止共產黨官員變成「官僚階級」。

在此書中，我將講述中國的「新階級」興起的故事。為了解釋上述的相互矛盾之處，我的闡釋將有別於康拉德和塞勒尼。首先，我並不堅持認為共產黨的幹部充當著知識界先鋒的角色，他們大多數都是農民革命者，甚少接受過教育。我發展了一個新的分析框架——新生的政治精英與昔日知識精英之間的爭鬥與合作——我相信它能更準確地描述1949年革命後的大部分衝突。新的政治精英大部分由農民革命者組成，昔日的知識精英則主要由那些被剝奪了財產的階級之成員組成。雖然兩大羣體之間會有相互重疊之處，但總體而言，他們的社會出身截然不同，擁

5　Konrad and Szelenyi (1979, 184–92, 203).

有著互不調和的價值體系，而且各自依賴著不同類型的資源。第一個羣體的成員掌控著政治權力，但沒受過甚麼教育；而第二羣體的成員面臨著嚴峻的政治障礙，但擁有實實在在的文化資源。我將論證，中國的新階級是一個暴力的、抗爭性的過程的產物，最後，此過程在新、老精英的匯合中達到頂峰。

　　其次，我認真地看待中共消除階級差別的努力。康拉德和塞勒尼把技術官僚階級的出現當作共產黨建立階級策略的成就來看待，我則把它視為共產黨剷平階級舉措的失敗。如果新階級是蓄意構建的產物，此過程並不需要經歷如此多慘烈的迂迴與挫折。我將論證，各國共產黨基本上都改變了航線，放棄了剷平階級的道路，代之以技術專家治國之路。他們從文化資本的敵人轉化成文化資本的擁護者，這轉折被康拉德和塞勒尼無視了，他們認為共產主義運動從一開始就是知識分子操作的一個專家治國的工程。因此，我要證明，康拉德、塞勒尼最大膽的觀點——即勝利的共產主義革命家處心積慮地建設了一個由知識精英統治的技術專家治國的秩序——並不屬實。如果我們除去了對此意圖的假定，人們就有可能去追問一個更為有趣的問題：為甚麼——儘管有著正相反又強有力的舉動——共產主義者的工程卻導致了一個由「紅色」專家統治的新階級的創立？回答這個問題，便是本書的主要目的。

　　有相當多的理由能得出結論說，這個結果是必不可免的。每一個列寧主義的國家，只要存活了相當長的一段時間，最終都會產生出一個由技術專家治國的階級秩序，經濟計畫對技術的要求為此後果的一致性提供了一個現成的功能性解釋。因此，有人可能會傾向於就此下結論而不再做進一步的調查。然而，小心謹慎地審視基於歷史必然性及功能必要性的斷言，總歸是明智之舉；特別是在調查一個社會分化的制度的起源，而其中又涉及羣體利益時，就更是如此了。雖然我沒有被康拉德和塞勒尼說服，但我與他們共有一個傾向，即把歷史當作利益羣體之間衝突的產物來解釋。此外，我們可以通過研究20世紀各國共產黨剷平階級的工程所遭遇的難題，而獲益良多。馬克思主義的革命家們鄭重起誓，不僅要消滅私有財富，還要重新分配政治權力和文化權力給廣大羣眾，而且，他們那激進的民主及平等主義的話語，轉化成了廣泛的社會

實驗。小心細緻地審視這些實驗，並鑑明他們失敗的原因，可以指導未來的重新分配權力的舉動，彼時我們肯定會遭遇到一些同樣的難題。

研究策略

我選擇研究中國，是因為它是一個極端的案例。中國與實施蘇聯模式的其他國家，有很多相同之處；使中國案例不同一般之處，是文化大革命。如接下來的章節將會展示的，文革意在堅決地打擊孕育「紅色」專家階層的政治及文化基礎。研究其他列寧主義國家的學者們，已經將這些國家的政治運動及政策，與中國文革的各個方面作了恰當的比較，但沒有哪個別的國家，為了防止一個技術官僚階級的出現，經歷了如此曠日持久、鍥而不捨且具破壞性的運動。如果我們想要知道，這樣一個階級的興起是否確為不可避免之事，研究中國就有意義。

這本書立足於對單獨一所教育機構的案例研究，即位於北京的清華大學。清華大學是中國「紅色」工程師的頂級培養機構，它是全國最好的工科大學，而且該大學的黨組織以培養、推薦政治幹部聞名遐邇。今天，清華大學的畢業生在黨和國家的官僚機構高層佔據著關鍵的位置，政治局裏三分之一的常委，包括總書記胡錦濤，都是清華的校友。[6]

中國的「紅色」工程師一直是被兩大有高度選擇性的選拔認證制度所培育的，其中一個是學術的，另一個是政治的，兩者均仿效蘇聯的制度。學術選拔認證體系由金字塔式的、選拔逐漸嚴格的學校系統所組成，從小學就開始，終止於少數精英大學。政治選拔認證體系是中共的選拔系統，它由一個平行於學校的、選拔逐漸嚴格的組織系統組成。在小學，孩子們競爭加入少年先鋒隊，在中學和大學，他們競爭著加入共產主義青年團，然後是共產黨。清華大學跟其他精英理工科大學在技術要求和思想傾向方面都與工業化相關聯，它們位於兩大選拔認證體系的塔尖。

6　見第十章。

　　我選擇研究一所大學，是因為我想要能夠密切地審視圍繞學術及
政治兩大選拔認證制度而起的鬥爭；而我選擇清華大學，是因為它是一
處獨一無二的重要戰場。無論政策轉向「左」或轉向「右」，清華大學都
是其他學校仿效的榜樣。在1949年以後的幾十年裏，清華已經成長為
一個蔓生的多面體機構，囊括精英的小學及中學，許許多多的附屬工
廠，培訓工人、農民和「工農幹部」的現場實地項目，以及在遙遠的工
地和鄉村辦的衛星學校。所有這些項目，都被當作有高度爭議性的社會
實驗的展示櫥窗。進行一項詳盡的案例研究，就能使我從一個基層的視
角，去分析學術及政治兩大選拔認證制度是如何實際運作的，它們又是
怎樣變化的，就它們而起的衝突又是怎樣展開的。我能夠觀察不同的激
進的教育政策如何得以貫徹，以及追蹤大學的黨團組織的建設，還有它
們在文革期間的崩潰，及其日後的重組。通過密切追蹤一個特定機構的
變化，比起僅僅研究黨的高層領袖的衝突、國家政策的演變以及全國範
圍的統計學上的趨勢來說，我發掘出了一個更豐富多彩、更具體詳盡的
故事。

　　在本書中，我試圖——用麥克爾·布洛維（Michael Burawoy）的話說
——「從特殊中提取出一般」。[7] 清華大學很難說是中國的一所典型的大
學；它位於教育體系的頂峰，其他院校從來也得不到資源——而且往往
也沒有意願——去充分實施清華發展出的示範性政策及方案。在後面的
章節中，我將時常指出清華大學特殊或獨特的方面。儘管如此，清華大
學的武鬥是更廣泛衝突的典型，我們可以通過審視這些衝突是如何在一
直作為「震中」的清華上演的，來了解更多的東西。中國也很難說是列
寧主義國家的典型。然而，實施了蘇聯模式的國家，在很多方面都有共
通之處，是值得開發出一種共同的理論框架的。研究蘇聯及其他由共產
黨通過本土革命掌權的國家早期歷史的學者們，在隨後的篇章裏描述的
許多矛盾、衝突和政策中，肯定會認出同源的相似之處。中國固然有很
多無法化簡的獨特之處，但我們仔細地分析了中國的案例後，將有可能
比較各國案例，並得出更一般的結論。

7　　Burawoy (1998, 5).

以前的學術研究成就

這本書所覆蓋的領域，部分已經被他人研究涉及。特別地，有四種類型的文獻，與我的研究有很大的重疊。本書有四個中心要素——兩大精英羣體，以及兩大選拔認證制度——每個要素分別為四種文獻之一的主導內容。前兩種類型關注中共幹部和知識分子，而第三種和第四種則審視中國的教育制度及政治制度。第一種類型的研究，已經詳細地敘述了一個受教育水平低下的農民革命者的黨如何轉化成了一個技術官僚的黨。[8]雖然大多數中共幹部在1949年以後都接受過至少一點技術培訓，這個類型的學術文獻講述的基本上是一個代際變化的故事，即1978年的跨時代決策強調了技術資歷優先於政治資歷。昔日精英階級的殘餘仍留在背景之中，而新技術精英的階級出身極少受到關注。第二個類型的研究，描述了中國知識分子與中共政權之間緊張的關係，[9]在毛澤東時代，它主要是一個衝突的故事，其中「反右」運動和文革最為突出。知識分子被黨／國所僱用，但也受它的迫害；他們被提供了服務的機會，但只能按共產黨的標準來做；他們必須選擇，是合作以影響政策，還是抵抗。有些知識分子加入了黨，在改革時代，其境遇大大改善，但故事的主角仍然不變：知識分子在一邊，黨／國在另一邊。雖然衝突是這些

8　有三本專題著作已經審視了中共向技術專家治國方向的改造：Lee (1991); Li (2001); Zang (2004)。最近大量的定量分析，記錄了政治和技術雙軌制的持續存在，並證實了中國官員日益必須擁有學術文憑，但仍必須有政治資格一事，見Bian, Shu, and Logan (2001); Dickson and Rublee (2000); Walder, Li, and Treiman (2000); Zang (2001)。另外，許多學者已經分析了中共中央領導機構成員的特點（Li and White 1988, 1990, 1991, 1998, 2003; North and Pool 1966; Scalapino 1972; Zang 1993）；單個城市官員的特點（Chamberlain 1972; Kao 1969; Lieberthal 1980; Vogel 1967, 1969; Wang 1995; White 1984）；以及中共領袖特定羣體的特點（Isreal and Klein 1976）。

9.　例如，見Chen (1960); Goldman (1967, 1970, 1981); Liu (劉賓雁) (1990); Mac Farquhar (1960); Mu (1963); Goldman, Cheek and Hamrin (1987); Gu and Goldman (2004)；以及Hamrin and Cheek (1986) 編輯的論文。

敘事的中心，但羣體利益卻極少被顯示；代之的較典型的對於鬥爭的描述，是關於在黨／國干涉下，如何保護科研奮鬥的空間，知識分子的自主性，以及人文主義的理想。

關於中國教育制度的研究，已經分析了教育政策的劇烈變化；而關於政治制度的研究，已經調查了中共制度的演變，包括文革中該制度的分崩離析。[10] 一些學者已經探索了這些制度作為階級分化機制是如何分別運作的；但是，研究教育制度的大部分著作的主要分析興趣，一直是按常規教育目標（教育培養的質量和數量）來評析相關政策的功效，而研究政治制度的大部分著作的主要分析興趣，則一直是按常規政治目標（政治控制和社會控制）來評析相關政策的功效。

我的研究極大地得益於從事上述四類研究的學者們的真知灼見，但我的研究方向與他們並不相同，我講述的是一個所有這幾種類型的著作都未曾講述過的故事。雖然前兩種類型的研究關於本書核心的兩大精英羣體中的一個或另一個之軌跡啟人良多，但它們都未捕捉到本書隨後篇章中所描述的問題，即兩大精英內部匯聚這一有爭議的過程。第三種和第四種類型的研究，關於本書核心的兩大選拔認證體系的任一種，雖講述很多，但它們大多漏掉了兩者之間的互動。論述教育制度的著作順便提及政治制度，論述政治制度的著作順便提及教育制度，但它們的分析興趣往往侷限於一個領域或另一領域。而本書則論及兩大制度，它對每

10　研究 1949 年後中國教育政策的重要著作，包括：Chen (1981); Cleverly (1985); Cui (1993); Han (2003); Hayhoe (1996); Pepper (1996); Tailor (1981); Unger (1982); White (1981); Zhou (1999); Zhu (2000)。除了討論常規的教育目標，許多作者已經考慮到教育制度作為階級分化的一個機制的作用，幾個定量分析已經測量了變動著的政策對於教育成果的不平等的影響，見 Deng and Treiman (1997); Hannum (1999); Hanmum and Xie (1994); Knight and Shi (1996); 劉精明 (1999)。在已經分析了黨國體制的結構與功能的研究裏，有 Barnett (1967); Harding (1981); Lewis (1963); Lieberthal (1995); Schurmann (1968); Walder (1986); Whyte (1974a); Zheng (1997)。在已經特別審視了黨團招收成員的機構的研究裏，有 Bian, Shu, and Logan (2001); Funnel (1970); Leader (1974); Shirk (1982)。

一制度的分析興趣都是一樣的：制度是如何再造階級分化的。另外，我特別關注兩大制度之間的聯繫，本書中按編年記述的政治鬥爭，幾乎總是涉及兩大制度，以及兩大精英羣體。

第五種類型的研究，關注一個更為狹窄範圍，它分析了文革中爭鬥的地方派別的社會基礎。[11]這些描述突顯了知識分子與中共官員的衝突，突顯了兩大羣體子女之間的衝突。此外，它們將教育和政治的招收錄用政策——其中有些優惠了知識分子的子女，而另一些則優惠了中共官員的子女——視為文革爭鬥的關鍵目標及劃分派別的決定因素。於是，本研究的一個中心議題——就學術及政治兩大選拔認證體系而起的兩大精英內部的衝突——非常適合歸於這一類型，而我對文革中清華大學學生派別鬥爭的分析（見第四章和第五章）將會與這些研究仔細對話。不過，這一類型研究強調兩大精英內部的衝突，而我卻突顯了兩大精英內部昭然若揭的團結一致，即使在文革武鬥高峰期間也是如此；我將把這些武鬥刻畫為兩大精英內部匯聚這一較長過程的一部分。

概念框架

我使用皮埃爾‧布迪厄（Pierre Bourdieu）所發展的概念框架，來分析立足於不同資本類型的階級差別。[12]雖然布氏主要使用他的三邊框架

11　見Chan, Rosen, and Unger (1980); Li (1978); Liu（劉國凱）(1986–87); Rosen (1982); Wang (1995); White (1976); Yin (1997a); Xu (1996)。

12　若綜覽布迪厄的三邊框架，見Bourdieu (1986)；有關法國文化領域階級分化的更詳盡的討論，見Bourdieu (1984, 1989)。布迪厄的階級定義要比韋伯所採用的更寬泛，韋伯僅僅把階級侷限在市場位置（market position）上（Weber 1978, 926-40）。布迪厄的框架也比許多馬克思主義者所採用的更寬泛，他們大多把階級定義為財產所有權；但是，布迪厄與馬克思本人更寬泛的階級定義相一致，二者都把階級定義為生產關係中的位置。馬克思在討論資本主義前的各社會時，強調人的階級位置主要由其社會地位及對技能的掌握所決定，而財產的私人所有權則只起一個次要的作用（Marx 1973, 491–502）。

——經濟資本、文化資本和社會資本——來分析一個穩定的資本主義社會的階級結構，但其他人已經發現，它在分析激烈的階級結構變化時同樣有用。塞勒尼和其他學者已經按照這三種類型資本的相對重要性中的變化，來有說服力地描述通向社會主義以及背離社會主義的轉型。[13]孫立平使用這個三邊框架，發展出了一個對中國階級轉型有洞察力的分析。[14]共產黨政權廢除生產資料中的私有財產，從而消滅了經濟資本，雖然對這些生產資料的控制仍然要緊，但對獲取經濟資本控制的途徑不再由私有制所提供，而由文化資本和社會資本來提供。由於東歐社會由共產黨所掌控，社會資本的關鍵形式就是政治的。結果，階級地位主要由一個人所持有的文化資本及政治資本的所決定。[15]

當布迪厄談到文化資本時，他心目中的資產——讓人能進入優勢階級的教育文憑以及知識——與許多經濟學家及社會學家所討論的「人力資本」大致相同。[16]然而，這兩個術語標誌著不同的分析旨趣。人力資本的理論家研究投資的回報如何促進個人及社會進步，布迪厄則研究個人及羣體如何使用那些支撐文化資本的制度，對階級特權與權力進行再生產。在布氏的框架中，政治資本也是有關特權與權力的。他把政治資本設想為社會資本的一種形式，並將之定義為「實際的或潛在的資源，這些資源與獲取一個持久的關係網絡有關，組成這個網絡的是多多少少制度化的、相互知曉及認可的關係；換句話說，這些資源與某種羣體的成員身分相聯，這個羣體給其每個成員提供一個集體所有的資本的後盾，一種能給他們獲得被信任的資格的『憑證』」。[17]布迪厄同意，在蘇聯集團

13　塞勒尼對布迪厄框架的採用可在下述之處找到：Konrad and Szelenyi (1991)，以及Eyal, Szelenyi, and Townsley (1998)。

14　孫（2002）。

15　雖然所用的術語各不相同，學者之間達成了寬泛的共識，即在缺少私人財產權的情況下，各社會主義社會裏階級分化的主要機制是政治的和文化的。例如，見Bell (1973); Gouldner (1979); Inkeles (1966); Lane (1982); Parkin (1971); Wright (1994)。

16　論述「人力資本」的經典論文是Becker (1964)。

17　Bourdieu (1986, 248–49).

的國家裏，社會資本最重要的形式是基於黨員身分的政治資本。[18]

由於我已經選擇集中關注圍繞學術及政治兩大選拔認證制度的衝突，我主要關注布迪厄所稱的制度化的資本形式。由這些制度所分發的認證資格——包括學術文憑及黨員身分——是關鍵性的資源，它們能被用來獲取進入優勢階級地位的通行證。然而，政治資本及文化資本的這些制度化的形式，與不那麼明確可觸知的實體化的形式密切相聯。在文化領域，實體化的資本是由每個個人所掌握的實際知識所組成，其中包括：作為學校課程的一部分所授予的知識，以及能區分知識階級與無知識階級的範圍更廣泛的文化競爭力——諸如風度及品味。實體化的政治資本，則由每個個人圍繞一個黨組織所培育的社會網絡所組成。遺憾的是，在本書中，為了集中關注制度化的資本形式，我不得不給予以實體形式體現的資本少於其所應得的關注。

本質上，本書是對就不同類型資本的重新分配所起的鬥爭的分析。像塞勒尼一樣，我特別感興趣的是，當革命性的社會變遷貶低某種資本的價值，同時擡高其他類型的資本的價值時，精英在其中維持其社會地位的能力。然而，除了精英羣體的命運，我還感興趣的是，共產黨為了消滅階級差別而分散資本掌控的計畫所帶來的結果。布氏的三邊框架提供了一個有用的概念框架，可以供考量共產黨剷平階級舉動的結果。階級分化的程度，可以根據資本在經濟、文化及政治等領域的集中狀況來加以評價。任何資源——無論物質財產、知識或政治權力——在其不平均分配之時，只能成為階級分化的一種手段。階級權力產生的條件，是這些資源集中在少數人手中，並靠再生產此不平等分配的制度來永久存在。重新分配，可以使資本從一個精英羣體轉移到另一個羣體，或是進一步把資本集中在某一個精英羣體的手中，又或是在民眾中更廣泛地分散資本。進一步集中資本的政策，加深了階級之間的鴻溝；而分散資本的政策，則會弱化這一鴻溝。

---

18 當布迪厄簡要地討論到社會主義東德的階級結構時，他強調黨員身分的至關重要性，視之為社會資本的一種政治形式（Bourdieu 1998）。

中國「新階級」騷動的崛起

中國的「新階級」崛起的故事，就像本書中所講述的那樣，說到底，最基本的要素可以總結如下：在1949年中國革命之後的頭些年，經濟資本和文化資本仍集中在昔日精英階級的手中，而政治資本卻集中在新生的共產黨精英手中，這些中共精英多由農民革命者組成。新政權首先重新分配經濟資本，剝奪了昔日精英的資產，並把生產資料轉化成國有財產或集體財產。雖然所有制名義上是公有的，控制權卻集中在國家或集體的機構，而進入這些機構則主要需要掌握政治資本及文化資本。中共實際上已經消滅了經濟資本，因此把其注意力轉向重新分配文化資本，旨在進一步削去昔日精英的優勢，這一舉措在文革中登峰造極。然而，文革的主要靶子，則是壟斷了政治資本的共產黨新精英。在毛澤東的號召下，草根層面的造反者向中共地方官員的權力發起挑戰，引發了兩年的派別武鬥。劇變最初加劇了昔日精英與新精英之間的緊張關係。但是，毛澤東同時對兩大羣體的攻擊，反而在最後凝聚了兩大精英內部的團結。1976年毛澤東死後，新的中共領導層摒棄了剷平階級之舉，並與昔日精英和解。此舉促進了技術官僚階級秩序的鞏固，以及一個「新階級」的出現；這個「新階級」植根於新、舊兩大精英，並兼有了兩者的政治資產和文化資產。

通過清華大學這個狹窄的框架，來講述這個故事，會漏掉整個國家權力的頂層梯隊及基本經濟結構。然而，此大學提供了一個極好的切入點，以密切觀察學術及政治兩大選拔認證制度的演變，此兩大制度已成為技術專家治國秩序的關鍵制度根基。清華及其他精英大學，就位於新、舊精英那引起爭議的匯聚的中心。它們過去是兩大羣體相會的重要場所，最初是在職的教師個人與中共派來接管學校的幹部之間的相會，前一羣體的成員實際上都是來自富裕家庭，他們曾在中國、美國、日本和歐洲最好的學校裏受過教育，而後一羣體的成員，則是農村戰爭的年代裏久經戰火考驗的革命家。更重要的是，這些大學當時正在選拔和培養要變成「又紅又專」型精英的學生。來自兩大精英羣體的子女，伴隨著一小部分而人數正在增長的工農子女，佔據了名牌大學的教室。在這

些頂尖的大學裏,他們不僅在學業上競爭,也爭著入團、入黨,努力變得「又紅又專」。

清華大學堪稱學術與政治兩大選拔認證制度衝突的首要聚焦點。在中共掌權的前十七年裏,清華大學享有「紅色工程師搖籃」的美稱,而且,正因為這個原因,清華及其校領導在文革中成了樹大招風的靶子。該大學成了相互爭鬥的學生派別最有影響的基地,而且在一段「大鳴大放」的派性鬥爭被鎮壓下去後,清華被一些激進的領導人接管過來,他們決心消滅教育精英主義、摧毀中共官員們的官僚主義權力。後來,隨著毛澤東的去世,文革受到批判,清華則鞏固了它在高校中至高無上的地位,成為中共新領袖們所垂青的技術專家幹部的首要培養基地。因此,清華提供了一個理想的場域,能讓我來詳細分析那有爭議的進程,即新、舊精英結合成一個「新階級」以及毛澤東未能阻止其道路的進程。

本書依年代順序,分為四個部分,每一部分又分成各有主題的章節。第一部分覆蓋1949年共產黨奪得政權到1966年文革爆發之間的階段,它有三章。前兩章審視圍繞在清華建立學術及政治兩大選拔認證制度而起的論戰及衝突。第三章回顧了中共如何把「紅」與「專」結合在一起的決心,它最初是受階級戰爭邏輯的驅動,最終卻促進了新、老精英的凝聚。該章以鑑明強大的政治障礙及結構障礙來收尾,這些障礙有效地阻止了一個技術官僚階級的崛起。

第二部分回顧了文革早期,即1966至1968年,當時,毛澤東號召學生、工人和農民來攻擊政治精英及知識精英。第四章和第五章通過詳細審視隨之而來的派性鬥爭如何在清華及其附中展開,顯示運動在最初極大地擴大了新、舊精英之間的衝突,造成中共幹部子女與知識分子子女之間派性鬥爭的爆發,但最終卻也促成了兩大精英內部之間的團結。

第三部分覆蓋了從1968至1976年的文革後期歲月,這時,毛澤東試圖把導致他發動文革的剷平階級的激進規劃加以制度化;該規劃的明確目標,是要防止一個新特權階級的發展。第六章審視在此階段創造的實驗性治理制度,這個制度是建立在對制度化了的派系鬥爭反覆無常的安排上的。第七章仔細考察了旨在消滅腦力勞動與體力勞動之間職業差別的激進的教育政策,第八章關注以新創造的「羣眾推薦」制度來取代

大學升學考試一事，這一制度旨在增加來自工農家庭的學生的數量。這些章節審視這些政策如何在實踐中得以實施，並評估了其在實際上縮小階級差別的可能性。

第四部分審視了在毛澤東1976年去世後一個技術專家治國秩序的建立，及其隨後的演變。第九章回顧了學術及政治兩大選拔認證制度如何得以重建並得到了加強，以更有效地選拔和培養一批紅專幹部以充實國家官僚機構高層。第十章回溯了新、老精英的匯聚，以及一個新的技術專家階級的鞏固。第十一章考量1990年代開始的經濟改革狂潮的後果，它使得中國的「紅色」工程師們掌控了資本主義的一個特殊的變種。此章主要關注的是查明、弄清曾經立足於政治與文化資本上的中國的技術官僚階級秩序，在當下正如何被經濟資本的重新出現所改造。

結論比較了20世紀在蘇聯和中國發生的兩個最重要的共產主義實驗，提出對「新階級」理論的修正。我闡明，兩國共產政權都在早期強力採取剷平階級之舉，但後來又都決斷地拋棄了這一目標，以實施技術專家治國的政策，並導致了非常相似的結果。我將提出中國為何做出這一根本性轉變的原因，並分析這一轉變是否必不可免。

第一部

建設社會主義（1949−1966）

第1章

階級權力的政治基礎

　　1948年12月15日，挺進北京的中共軍隊抵達該城西北郊的清華大學附近。前一天，清華大學校長梅貽琦已經匆匆離開校園，飛赴南京，南京當時仍在敗退中的國民政府的手中。然而，清華大學的其他人幾乎都決定留下來。清華大學的大多數教師，都出身於殷實的家庭，在財富及社會地位上高於一般人家，許多人對共產黨所宣稱的重新分配財富的激進目標感到憂心忡忡，並因聽聞共產黨殘暴無情而感到恐慌。然而，經過多年的戰爭，許多人也充滿了希望，認為一個新政權會帶來秩序和更誠實的政府；而且，一些人甚至同情共產黨要創建一個更平等的社會的諾言。無論他們同情中共到何種程度，他們明白，自己得遷就、服從它將建立的新秩序。中共正將迎來內戰中一個決定性的勝利，它獲得了廣泛的民眾支持，而且勢不可擋。

　　12月17日，中共軍隊的一個代表團來到清華大學的校園，要來會見學校教職員工及學生的代表；會面的目的，是為保護學校設施做出安排。會見的一方，是飽學的文雅之士；另一方是久經戰火考驗的農民革命家。中共代表團由劉道生率領。劉道生是湖南的農民，1928年加入共產主義運動，並作為一名革命戰士經過長征的嚴峻歲月以及史詩般的抗日遊擊戰爭。劉道生現在是中共的一支龐大的軍隊的政委，這支軍隊剛粉碎了駐守北京的國民黨軍。清華大學的代表團則由周培源為首。周培源是江蘇一家富裕的地主的子弟，他的父親在清朝時曾是一名士大夫。周培源1924年畢業於清華大學，在返回母校任教之前，他先在芝

加哥大學學習，後在普林斯頓大學，師從愛因斯坦。[1] 兩支代表團及其
領導人，在很多方面都很典型地代表著極為不同的兩大羣體，在共產黨
權力的頭幾十年裏，他們將在中國社會的頂端梯隊中狹路相逢。

「紅」壓倒「專」的權力結構

中共是由知識分子創建的，但在長達二十多年的鄉村武裝起義暴動
中，它變成了一個農民的黨。它的隊伍裏充滿了在抗日戰爭和內戰中拿
起武器的貧苦村民，甚至它的大多數領導人，也都是農村出身，只受過
相對少的教育。羅伯特‧諾斯 (Robert North) 和伊契爾‧普爾 (Ithiel
Pool) 分析過中共高層領袖在為奪權而戰的幾十年間的變化，並記載了
它是如何被農村戰爭所改造的。「特別是，現在所發生的一切，就是一
個農民領導層的興起，」他們寫道：「毛澤東的掌權和崛起，以及紅色蘇
區在中國內陸地區的出現，都伴隨著中上階級背景的知識分子被農民子
弟所取代的局面。」[2]

當中共奪取了中國的城市，它能夠部署一支由大批久經沙場的幹部
所組成的令人生畏的隊伍，來掌控政府機關、工廠和學校。這些幹部很
年輕，但其中許多人已經在有千百萬民眾居住的共產黨農村根據地，有
多年的行政管理經驗。他們幾乎所有人都出自農村，極少人受過正規教
育。在1949年，中共80%的黨員都是農民出身，而且絕大多數不識字
或僅讀過小學。[3] 那些在黨的隊伍裏得到升遷者，通常並不是出自農村
赤貧的家庭，而是出自按農村標準來說中等富裕的農家，並能供得起至
少一個孩子上學；然而，即使是他們之中上學最多者，也極少超過中學

1　劉道生後來成為人民海軍的創始人之一，並擔任海軍副司令員。周培源在
　　1952年高校重組時調往北京大學；他最終擔任北大校長和全國政協副主
　　席。他們的傳記可見於：http://www.library.hn.cn/difangwx/hxrw/xdrw/jfj/
　　liudaosheng.html；http://www.cast.org.cn/n435777/n435799/n676835/n6772
　　37/20641.html。

2　North and Pool (1966, 389).

3　Townsend (1970, 303); Lee (1991, 45).

水平。[4]雖然，還有許多中共最高端領袖們生於精英家庭，在大學裏讀書時就入了黨，但即使在黨的最高層裏，數目大得多的人來自更低下的鄉村家庭，這些人是靠著組織能力和軍事才能升遷至領導崗位的。

中共在其掌權的頭十年裏，靠著有計畫、有步驟地沒收昔日精英的生產性財產，消滅了支撐他們權力及社會地位的主要根基。這是通過一系列羣眾性的政治運動來完成的；這些運動，始於農村的土地改革。在這場暴烈的土改運動中，中共幹部動員起貧苦農民去羞辱、毆打地主，甚至殺害他們，然後重新分配他們的土地。地主和富農不僅被剝奪了土地，甚至居所，而且還被貶為社會賤民。隨後的集體化高潮不那麼暴烈，但後果更為深遠，土地私有權一下子統統被取消。[5]在城市，國家奪取了大型工廠，而小作坊被合併進了合作社，這個過程大體上是和平的，但根本上是強迫性的。在一系列反對偷稅漏稅、貪汙腐化、鋪張浪費及反革命活動的運動中，中共幹部動員工人們反對其僱主，在每一個企業裏建立起共產黨的統治，為國家徵用鋪平了道路。[6]然而，城市精英的命運並不像農村精英的那麼悲慘，因為中共無法剝奪他們的技術專長。新政府給被公私合營的工廠主提供了名義上的補償和管理職位，而且，在政府機關、廠礦企業、學校以及其他機構中，絕大多數過去的管理層、專業和技術員工，在其職位上得到留用。儘管如此，昔日城市精英的成員經過共產黨的早期運動，也都成了殘花衰柳。他們已經被剝奪去大部分財產，政治上弱不禁風。然而，他們還保留著其他資產，它在大部分人不識字的一個國家裏非常珍貴——那就是他們的教育及技術專長。

隨著中共掌控了城市的機構，新到來的共產黨幹部負責監管在職的經理廠長和專家，按共產黨的說法，叫「紅監管著專」。中共高級領導人之一薄一波，在其回憶錄中，這樣描述這一遭遇。薄一波說，「究其原

4　考進農村中學的許多未來中共領袖，往往上的是免學費的鄉村師範學校，在學校被地下黨組織者發展入黨（Cong 2007）。

5　Hinton (1966)，以及 Friedman, Pickowicz, and Selden (1991)。

6　見 Brugger (1976); Gardner (1969); Lieberthal (1980); Vogel (1969)。

因，主要是進城之後，我們各方面的領導骨幹，多是從戰場下來的工農出身的幹部，這是很自然的。而這些幹部大多文化水平不高，他們過去同知識分子接觸又很少，不熟悉不瞭解他們的特長、心理、工作方式。」[7] 共產黨人的勝利創造了一個大形勢，在此形勢下，兩大迥異的羣體在革命後社會秩序的頂端不自在地共處著：一個新的政治精英，大多由農民革命者組成；一個昔日的知識精英，大多由財產被剝奪了的階級的成員組成。[8]雖然兩大羣體之間有著重疊之處，總體而言，他們有非常不同的出身，也有截然相異的文化及價值觀。他們還各自依賴著不同類型的階級資源——前者依賴政治資本，後者依賴文化資本。雖然出於實際考慮他們必須合作，但在共產黨統治的前幾十年裏，歷史見證著兩大羣體之間尖銳的衝突。

在清華大學建立共產黨的權力

在教育領域，新舊精英之間的對比不那麼顯著，因為黨通常派遣教育水平較高的幹部去負責學校。儘管如此，在清華大學，新到來的中共幹部與大學教員之間的差別——按其社會出身及受教育水平來講——是非常明顯的。

清華大學的教授是一個非常高精尖且有文化教養的羣體，其中有一些是在全國領先的學者。根據1946年所作的一個調查，清華大學134名教授與副教授中的一多半，都有博士學位，這在當時的任何國家，特別是在中國，都是很了不起的。他們幾乎所有人都在國外留過學，大多數是在美國，幾乎一半人拿到哈佛大學、麻省理工學院、康乃爾大學、芝加哥大學或哥倫比亞大學的學位。[9]清華教員中特別強的國外教育背景，是該大學歷史的一個產物。1911年，清華大學由美國使用中國政府

7　薄一波的講述引自Zhu (2000, 1494)。

8　Chamberlain (1972)和Wang (1995)記述了天津、廣州、上海和武漢等地「雙精英」的情況。

9　Li (2001)。

庚子賠款的部分資金所建立，最初是作為向美國大學派遣留學生的留美預備學校。[10] 後來，清華由中國政府接管，重組為大學，20世紀30年代和40年代時，它在中國是一所擁有特別強的理工科實力的領先高校。它繼續與美國的大學保持著密切的關係，派遣畢業生到美國去接受碩士、博士研究生教育，然後等他們回國後再聘用他們。

在當時，教育與財富高度相關，清華教員的家庭出身就足以顯示這一事實。當中共官員對清華教授的階級背景進行調查時，其中60%多被定為出身於地主或資本家家庭，27%來自專業人士或其他中等家庭，僅不足2%的人出身於工人或貧下中農家庭（工人或貧下中農家庭佔中國總人口的80%以上）。[11] 該羣體那引人側目的學術資格及精英家庭出身，是與政治資格結合在一起的；但這政治資格在1949年後的環境中，並不有助於維持其身分地位。他們沒有一個是中共黨員，而且許多人還與遭打敗的國民黨有關係。這些關係，在舊政權之下曾是資產，現在卻成了嚴重的政治債務；那些曾是國民黨黨員，甚至僅是三青團團員的人，當時都為此牽連而後悔不及。

1952年前來接管清華的中共幹部隊伍，是由蔣南翔率領的。蔣南翔原是清華大學的一名學生，也和清華教員一樣有著精英的社會出身（他家在江蘇省擁有相當多的田產）。蔣南翔在1935年領導過清華大學反對日本侵略的學生抗議運動，並因其抗議活動被學校開除，然後，就成了共產黨地下活動的一名專職幹部。在他三十九歲返回清華的1952年，他已經是共青團團中央的一名副書記，並有從事中共地下活動的經驗。蔣南翔帶到清華的中共幹部總體上更年輕、教育水平較低，並出身於更低下的家庭。許多從部隊轉業的戰士被安排在大學的行政管理職位上。這些工農幹部普遍是農村的貧苦出身，其中文化水平最高的，上過專為培訓中共幹部而辦的速成中學。

蔣南翔成了清華大學的校長，後來又被任命為學校的黨委書記，在

10　庚子賠款，是美國及歐洲幾個強國在1900年入侵中國鎮壓反西方的義和團後，強迫清王朝支付的賠款。

11　見表3.2。這一調查使用了中共的階級分類。

此後的十四年裏，成了清華園裏說一不二的人物。他最終組建了一個穩定的黨委會領導班子，其中所有人都有卓著的革命資格。蔣南翔麾下，兩名副書記——何東昌和艾知生——都曾是清華大學的學生，擔任過學校地下組織的領袖。其他四名副書記則是蔣南翔從外面帶進清華的中共老資格的革命家。老幹部之中，只有李壽慈的文化水平最高，他在30年代中期清華大學的抗日活動中也很活躍。但是，在清華，甚至蔣和李的教育資歷也沒有太多的威望，因為他倆都沒有拿到畢業文憑，且讀的是文科，而不是理工科。[12]其他三名副書記，劉冰、高沂和胡健，都是農民出身，在參加共產主義運動之前，僅讀過小學或中學（雖然他們在黨校還受過進一步的教育）。[13]

總的來說，1949年以前經辦、管理大學的清華教員，儘量遷就、服從新政權。他們都被要求參加政治學習會，在這些會上，他們被催促與「資產階級思想」及「崇美」傾向決裂，來改造自己的思想。蔣南翔的行政管理機構任命了幾位同情中共的教員擔任領導職務；一些有名的教授，包括錢偉長、劉仙洲、張維和陳士驊，被任命為大學副校長和校管理委員會的領導職位，校委會過去是學校的最高管理機構。高級教授們也被任命為系主任，這個職位過去擁有很大的權力。然而，隨著中共在學校各個部門建立了支部，各級權力的真正中心移到了學校的黨組織。

政治資本的制度基礎

隨著生產資料轉化為公有財產，獲取優勢階級位置的通道，不再由經濟資本（私有財產）來提供，而靠政治資本和文化資本。優勢的階級位置——無論是在農村的人民公社、國有和集體企業、學校、醫院或政府機關——現在都被稱作幹部職位。而要當幹部，就需要學術資格或政治資格。前者在獲得技術幹部的職位時更為重要，後者在獲取政治或管

12　擔任清華大學黨委書記（該職位1956年被蔣南翔所頂替）的袁永熙也是高級知識分子。

13　方惠堅、張思敬（2001, 25–26），及Li (1994, 10)。

理幹部職位時更重要。學術資格，由教育系統發放（第二章討論）；而政
治資格，則由黨吸收黨員的組織機構發放。

黨組織

　　政治資本的價值，由共產黨組織的超凡權力所加強，黨組織掌控著
一個縱貫中國社會頂端到基層的官僚機構系統。黨不僅預防和阻止了政
治競爭，還把整個平民大眾組織到它的政治基礎設施周圍。鄉下的村
莊，被改編成了集體的生產大隊；而城市社會，則被整頓成了共產主義
式的工作單位。普天之下，大大小小的單位都由一個黨委會或黨支部來
領導。清華大學也按這個模式加以改組，審視該大學的結構，將使黨的
權力的性質清楚明白地顯示出來。

　　中共領導人在清華大學建立了一個黨組織，它與學校的行政管理等
級制度相平行，黨委會和黨支部成了各級的決策中心。學生、教師和其
他職員，全被組織進了小的團體；而在每一個團體的中心，都有一個黨
員或團員的核心。教師按學術上的各個專業，被安排在「教學研究室」；
學生屬於固定不變的班級；大學的工人，則被組織成生產班組。這些團
體，除了集體地組織教書、學習和工作外，還是政治活動的場所。每一
團體處理它自己的事務，但是要接受黨的監管，以此既促進活動的積極
參與又保證有效的社會管控。這兩大特點，可以從學生班級的組織裏一
目瞭然。一個班由二十五到三十名學生組成，在大學的整個學習歲月裏
一直呆在一起；他們一起上所有的課程，並住在公共宿舍裏。一位老
師，通常是一位年青的黨員，擔任班主任，而且每個班有一個團支部，
它的規模隨著新團員的加入而增大。團員們選出一個領導機構，由團支
書、負責宣傳及組織工作的宣傳委員和組織委員組成，他們組織全班同
學的政治學習及各項活動。另外，全班還會選出一個班委會，由班長和
班委組成，負責組織學習、體育鍛鍊、勞動、文藝活動等。

　　這種類型的小團體組織，就是中共那非凡的政治控制系統的關鍵。[14]
黨有一個清晰的指揮鏈條，其中，單個黨員執行其所直接隸屬的黨的單

14　見Whyte (1974a)。

位的決定，下級執行上級傳下來的指示。黨能夠動員起黨員——並通過黨員動員起全體民眾——是因為那些入了黨的人特別的忠誠及投入。借用邁克爾‧曼 (Michael Mann) 的概念，通過這種深厚的國家基礎權力 (infrastructure power)，黨不僅能在常規意義上管理大學，還能夠動員起學校的大眾來執行共產黨那社會改造的規劃。[15]

政治資格選拔認證體系

中共建立了一套吸收新成員的機關，它由一些選拔標準隨等級升高而逐漸嚴格的組織構成，按自下而上的順序，它們分別是少年先鋒隊、共產主義青年團、共產黨。小孩子在九歲時有資格加入少先隊，少年在十五歲時可以入團，青年在十八歲時可以入黨。在每一級，他們都面臨著逐漸嚴格的選拔條件和更激烈的競爭。在60年代初期，幾乎所有的學校的小孩子都被要求加入少先隊，約有20%的適齡者是團員，而約有5%的成年人是黨員。[16]這些平均數字多少低估了團員、黨員中青年人的比例：因為15至25歲的青年人中，一些人尚未入團就入了黨，或已經退了團後又入了黨；而且，青年成年人才是黨吸收新黨員的主要目標，比起1949年前就已經成年的那些人來說，他們更有可能成為黨員。儘管如此，黨、團組織都把入團或入黨搞成需要花費很大努力才能實現的成就。

加入青年團主要集中在高中、大學和軍隊，所有這些單位都是精英培訓中心。被挑選進入這些門檻很高的機構的年青人，非常有可能入團，在青年團裏，他們被引導進共產主義活動的天地。與之相對照，那些沒有考入高中或未能參軍的青年人，雖然仍可以在其鄉村和工作單位

15　Mann (1986).

16　入了團的15–25歲人口比例的估計引自 Leader (1974, 701)。在1965年，約3.76億成年人口 (中國社科院人口研究中心1985，602–3；數據得自於1964年人口普查) 中，大約有1,800萬黨員 (Lee 1991, 17)。黨團員在城市人口中佔更高的比例，在有些工廠，五分之一的職工是黨員。

申請入團，但只有少數人才能入團。另外，在農村及工作單位的大千世界里加入團組織有些不一樣，比起在軍隊和精英學校的入團，它是一個在認真與熱望程度上要差得多的經歷，因為軍隊和學校兩者是培養未來幹部之處。在鄉村，僅有少數青年人才能上中學，因此，參軍(軍隊也挑選得很嚴，並享有高的地位)就成了入團、入黨的一條重要渠道。然而，入團、入黨之舉的中心，是在教育系統。

黨吸收新黨員的機構，就成了清華及其他學校黨組織的政治核心。清華大學的大部分黨組織負責監管學術及行政事務，而它的組織部則負責挑選及推薦年青人填充領導職位，並實施黨的基層組織的大部分思想及政治教育。一大批被專門挑選出來的幹部，負責執行這些任務，它們以「學生政治思想工作」，或簡稱「學生工作」著稱。學生工作機構負責黨的大部分政治活動——出版大學的報紙、經管學校公共廣播網、組織政治學習運動、監督政治方針路線、動員義務勞動，以及吸收新黨員、新團員。

青年團是學生工作的中心，高級團幹部是大學任用的黨員，他們在校園裏屬於最有權勢的人物。在負責學生工作的幹部之中，有政治教員，他們講授必修的黨史課和馬列主義哲學；有選來擔任班主任的老師，他們與所在班的團支部學生領袖密切合作。蔣校長還倡導了一種制度，遴選有政治前途的學生來擔任政治輔導員，每個輔導員負責監督幾個班學生的政治活動以及吸納黨團員的工作。[17]被選來在大學的黨、團組織裏擔任領導職位的學生，特別是那些被任命為政治輔導員的學生，會被培養、推薦進入政治領導崗位。他們畢業後，許多被任命為清華大學或別處的政治幹部或行政幹部，而且在1970年代末中共轉向技術官僚治國後，一些人被提拔到最高領導層。在蔣南翔時代擔任過清華大學政治輔導員的人物中，就有現任中共總書記胡錦濤，還有現任全國人大常委會委員長吳邦國。

入團是一個艱苦的過程，需要證明自己參加過多年的政治活動及義務勞動，每班的團支部投票接受或拒絕學生的入團申請。班主任負責為

17　劉克選、方明東《北大與清華》(1998, 536)。

每個學生的政治表現撰寫評語，在準備這些評語時，班主任與班級團支部的領導人協商，徵求他們的意見。[18] 像清華這樣的精英院校，比起非精英的學校，比例大得多的學生被吸收進了共青團；1960 年初，多數清華大學的學生在中學時就已經入了團，而到了他們從大學畢業前夕，入了團的更是絕大多數。例如，1963 年，84% 的清華畢業生加入了共青團。[19] 與之相比，入黨則是少數學生才能取得的成就，要經過不懈的政治積極活動才可以。在清華大學 1963 年的畢業班中，僅有 17% 的學生是黨員。[20] 許多人會在畢業後參加工作時再申請入黨。例如，到 1965 年，清華大學的青年教師中，剛過一半的人入了黨。[21]

綜合起來的多種動機，激勵著每個人入團和入黨。如上所述，要想晉升到行政管理職位，一般需要先入黨，而且到了 1960 年代初期，甚至技術幹部也被期望著至少是個團員。[22] 因此，很清楚的是，學生入團的熱情是為職業考慮所激發，而想加入黨團組織。然而，若認為他們的動機都是簡單的功利考量，那便錯了。在這一時期，許多學生深深地信奉、擁護共產主義理想及集體主義價值觀。這信奉表現在我採訪時，常聽到當事人對往事的懷念，其中時而夾雜的來自那個年代的口號。許多學生懷抱共產主義的期望，願意把自己的事業雄心理解為為公共服務而非個人晉升。例如，1960 年初期在清華讀書時入團的梅學思指出，他和其他人都深知入團對他們未來的生涯很重要。他解釋說，如果你想有所成就，你必須得入團，入黨。然而，他堅持說，那時學生的想法不像現在這樣功利，他告訴我，今天的學生入團和入黨僅僅是為了提升自己的職業前程。「那個時代，我們沒有想過那些事情——我們那麼單純，我們相信黨。我沒想過自己的前程，我就是想做個好人，當個好學生，把

18　對入團的過程及標準的描述，見 Montaperto (1972); Shirk (1982)。

19　這一比例包括那些已退團並入了黨的學生。數據由 1963 年冬天及夏天畢業的學生提供。見《清華公報》（1963 年 3 月 16 日；1963 年 5 月 11 日）。

20　《清華公報》（1963 年 3 月 16 日；1963 年 5 月 11 日）。

21　見表 3.5。

22　對行政管理軌道中政治資格的持續重要性的分析，見 Walder (1995); Walder, Li, and Treiman (2000)。

我的工作做好。」梅又說，入團就像一個年輕人的時尚潮流——要想適應風氣，你就得入團。[23] 無論前程考量、思想信仰、道德動力以及同輩人的仰慕，在每個學生的動機中佔多大的分量，結果都是入團那形勢逼人的巨大壓力。極少數未能入團的人，面臨著社會孤立和一個受損的未來。這就加強了那些「政治守門人」的權力。

吸收新成員的標準

在吸收新成員時，黨支部和團支部考慮的政治標準分為兩大類。第一類，政治表現，基於個人的業績；而第二類，家庭背景則是先賦性的。政治表現是最重要的標準，而個人的表現按三大要素來評判：意識形態的信奉，集體主義的道德，以及對黨組織權威的服從。組織鼓勵那些渴望入團的人勤奮地學習馬列主義，通過行動展示其對共產主義理想的信奉：努力工作、大公無私並願意為人民服務。這些品質，被視為一個人道德品質的反映。[24]

在小學加入少先隊的主要標準，是互助合作、循規蹈矩和依從權威。1960 年代初在清華大學附屬小學上學的童小玲，把所需的素質描述如下：「不打架，幫助其他同學，幫助老師，而且服從聽話。」[25] 每一年，在激動人心的入隊儀式上，都要給新隊員戴上紅領巾。入隊的年齡，被視為一個學生未來政治前程的好的預測器，只有一小撮「有問題」的學生才不能在畢業前得到紅領巾。學生進了中學後，也被要求熟知共產主義的政治原則。然而，共青團最終要尋求的，還是與少先隊一樣的道德品質。梅學思解釋，要加入共青團，得當個好學生，努力工作，助人為樂，到農村去參加義務勞動，對老師、黨和國家，不要說任何壞話。[26]

23　受訪者 63。

24　Shirk (1982) 寫到，中共努力選取品行高尚的年輕人，因為像其他追求意識形態的革命運動一樣，它也正在尋求創建一個「新德治政體 (virtuocracy)」。

25　受訪者 58。

26　受訪者 63。

在黨史課上，學生們學習、瞭解共產黨革命家的英勇業績，也受到鼓勵去入團和入黨，以追隨革命先輩們的足跡。然而，在1949年以後的歲月裏，積極參加政治活動已經喪失了其造反性質，而變成一種更馴服的舉動。當時，活動分子最受重視的特點，是忠於新政府並服從權威。黨組織的首領劉少奇，在一系列講話上將這一點講得很清楚，這一系列講話談的是共產黨幹部要做到的個人行為舉止。這些講話發表在一本叫做《論共產黨員的修養》的小冊子裏，是入黨必讀材料。[27]服從權威，絕不意味著奴顏婢膝。相反，黨要的是那些有能力在一個官僚等級制度中有效率工作的人，他們既接受上級的指導，又給下級指導方向。

對清華大學及其附屬中、小學的老師們來說，共產黨的教學道德準則裏闡述的品質，並不完全陌生，其中許多基本主題並不新穎。在儒家傳統裏，正當的道德培訓早就被視為培育誠實、仁愛及忠心耿耿的國家官員至關重要的部分；朝廷官員們享受的相當多優惠，伴隨著要他們獻身於公共服務的道德責任。在前清王朝及民國時期，現代的愛國主義嫁接在這些更古老的儒家觀念上。1949年以後，道德教育課程繼續推進所有這些主題，只不過，中共政權給了它注入了一個新的思想內容。

在吸收新成員時的另一個主要考量——家庭背景——涉及兩套類別：階級出身和政治背景。根據中共的階級分類（見表1.1），所有的家庭都被劃定一個階級出身。這些劃定所根據的，是1946年至1949年間一個家庭之家長的地位；而且在1949年革命之後的頭三十年裏，這成分按父系繼承下去。[28]伴隨著階級出身，一個人的政治歷史被加以評價，那些被定為反革命的或犯過罪的，就面臨著歧視，其家庭成員也是如此命運。[29]

27　Liu（劉少奇）（1967）。

28　階級出身制度產生於土地改革運動，在土改中，每個農村家庭都被劃定一個階級標誌，作為重新分配財產前調查的一部分；該制度後來擴展到城市地區。

29　雖然階級出身與政治背景在形式上有區分（官方正式表格上通常分別列出），但在民眾的意識及實踐中，兩項常合在一起。在學術論述中，也常常重複這一實踐上的合併。

階級路線政策使用這些劃定，在政治納新上（在學校錄取和工作安排上也一樣），優先工人階級、貧下中農、革命幹部、軍人及烈士家庭的成員。中國人口的絕大多數屬於這些種類；其他的種類中，大部分是中等成分，享受不了優惠，但也不受大的阻礙。然而，對於認定是前剝削階級或牽涉反革命的少數家庭的成員，階級路線歧視會有毀滅性的後果。在農村尤為如此，但甚至在城市，即便過去的資本家及舊政權官員往往享有受人尊敬的地位，問題階級和戴政治帽子的個人，也面臨著歧視，當階級路線政策嚴酷之時，他們特別易受傷害。[30]

表1.1 階級出身種類

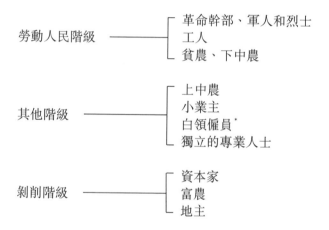

勞動人民階級 ——— 革命幹部、軍人和烈士 / 工人 / 貧農、下中農

其他階級 ——— 上中農 / 小業主 / 白領僱員* / 獨立的專業人士

剝削階級 ——— 資本家 / 富農 / 地主

*「職員」一類，我譯作「白領僱員」，它包括有政府官員、辦公室人員、教師，以及管理人員、專業人員和技術人員。這些職業需要相當高的文化水平，而且職員的人數在革命前中國的人口中顯得非常少。因此，這些階級地位要高於發達國家的一般辦事員。

階級路線政策，使1949年革命之前存在的階級等級制度發生了倒轉；它給那些原在底層的人們以優勢和好處，而給那曾在頂端的人們帶來劣勢。它們基於兩個相關的政治及社會根據。第一，黨想把一些社會

---

30 Krauss (1981, 20–26); Wang (1995, 25–33); White (1976, 2); White (1984, 143–44).

羣體中的人提拔到領導崗位,即那些共產黨視之為自己事業的擁護者及受益者的羣體;並想防止這些崗位落入另一些人士之手,這些人與被認為敵視或可能敵視共產黨事業的社會羣體有牽連。第二,黨想給那些受教育機會曾更受限制的人們提供政治優勢,以此來對抗教育水平更高的家庭的成員所享有的實實在在的文化優勢。[31]

這些政策,極大地有利於新政治精英的成員,而傷害了昔日知識精英的成員。然而,在吸收新成員時,家庭出身並不是唯一的考量。黨決心招進能幹又忠誠的新成員,而且,黨、團支部受到指示,要首先看政治表現。革命幹部的子女在入團、入黨的競爭中享受巨大的優惠,而且,黨的官員時常非常關心這些學生,鼓勵他們早提申請,並提供機會讓他們擔任領導責任。儘管如此,即使是這些學生,也需要要通過努力工作才能獲取其政治資格,貴族式懶散的表現照樣會被批評。曾被貼上壞階級標籤的昔日精英家庭的學生,也被要求入團和入黨,但是,他們面臨著對其政治可靠性特別嚴格的考驗。然而,這些障礙還是有可能克服的,許多人在政治競爭中成功了。

官僚權威、個人從屬和社會等級制度

在蔣南翔時代,清華的黨組織被稱作一個「永不漏氣的發動機」。蔣南翔通過從權力崗位上清除異己(包括黨外的教員及黨內的官員),並換上忠於他的人,創造了一個異常團結一致並高效的組織。在清華,和在中國所有工作單位一樣,有關聘用和晉升的決定,都是由黨組織處理的。中國的大學一般願意任用自己的畢業生,而且,蔣南翔特別堅持要用清華的畢業生。他堅信,該大學提供了最好的技術培訓,但他也傾心於從他自己的政治圈子裏培養的人中選取教師和幹部。那些被選來在大學裏當行政幹部和政治幹部的清華畢業生,被稱為「清華牌幹部」,而且,他們以強烈忠於蔣南翔及清華校黨委著稱。

---

31 從農民及無產階級的階級出身得到的優勢,應與從與共產黨有關聯所得到的優勢相區分。兩者都是政治優勢,但農民家庭出身幾乎不預兆成功,而與黨有關聯則可以。

在1960年代初，蔣南翔既是清華大學校長和黨委書記，同時又兼任中國高等教育部部長時，他在清華大學享有不容挑戰的個人權威。他是個威嚴的領袖，有著強烈的個人意志，又嗜好秩序與紀律。他在全校大會上的發言中講的格言是，「聽話，出活」。「你不可能不同意他，」莊定謙，這位對前校長懷著深厚敬意的清華中層幹部說，「蔣南翔在清華的權威非常強大——每個人都聽他的。」[32]雖然蔣南翔的嚴密控制窒息了爭辯，但有秩序、守紀律的氣氛也在大學裏培養了某種動力；而且，甚至那些在蔣南翔的政治監控下受過傷害的人也承認，1960年代初期大學的士氣還是高的。受激烈的政治及學術競爭以及廣泛認同的為公眾服務的道德的激勵，師生們極端辛勤地工作。麥青文，大學的一位中共官員，帶著思念之情回憶當年：在蔣南翔領導下的清華，控制非常嚴格，幹部不貪汙腐敗，沒有權力鬥爭，他們不互相攻擊；大家都是為清華的未來工作。[33]

蔣南翔的個人權威與大學黨組織的權力，完全是纏繞在一起的，而且，黨的正規等級制度變成了一座棚架，非正式的個人網絡就在其上繁榮興旺地蔓延。雖然這些個人關係在某些方面妨礙了黨組織那非個人的官僚規則，但它們也加強了上下級之間的權威關係，且也變成了一個正在浮現的社會等級制度有機的一部分。集中在中共官員手中的權力，催進了與其部下依從關係的發展，它反過來了也加強了官員的權力。黨獎勵忠於黨組織的措施，不可避免地被中共幹部用來獎勵其部下之中的個人忠誠。[34]這樣的庇護性主從關係，是在招收新成員過程的最早期就建立起來的，因為這一過程使得忠誠成為一個關鍵的選取標準，而且，它所培養的積極性，具有服從、屈於權威的特點。這種依從式的積極性，就成了黨的政治文化最基本的特色。

從國家構建的角度來看，黨組織是實現社會控制的一種高度有效的工具，它給了新政權一種巨大的能力，去動員民眾實施黨的規劃。政治

32　受訪者51。

33　受訪者92。

34　正如Walder (1986) 所指出的，限制流動及對工作單位所分配的商品和服務的依賴，提升了單位領導控制其成員的權力。

資格選拔認證體系，扮演了一個關鍵的角色，能讓黨去選拔和培養未來的領袖，並把共產黨的價值觀及意識形態灌輸給年青人。與此同時，該體系成了個人奮進升遷策略的目標。由於由此體系所分發的認證資格——黨、團的成員身分及在黨、團內的領導崗位——是在國家官僚機構裏贏得工作及晉升所必需的東西，它們就成了一種非常明確、可見、制度化形式的政治資本。而更加非正式和不那麼明晰可見、但同樣重要的，是與執政黨相聯繫而獲得的個人網絡。

通過擴充和鞏固黨的權力，中共官員也捎帶著撐起了他們自己的精英地位。他們在黨的等級制度中的位置，給他們提供了個人的政治資本，也給他們機會，把其優勢傳給自己的子女。然而，黨不是一個封閉的組織，昔日精英階級的子女，還有更低下出身的子女，也正在不遺餘力地參加到黨所主持的政治資格選拔認證的競爭中來。於是，黨組織及其招收新成員的組織部門，就成了一個必然出現的階級秩序的政治基礎。事實上，隨著生產資料私有財產的消滅，它成了革命後中國最重要的階級分化機制。

向政治等級制度挑戰

1957年春，毛澤東邀請黨外人士參加整頓黨的工作作風的運動。這個運動，是在黨正在慶祝中國向社會主義轉型完成（消滅了農業、工商業中的私有財產）之時發起的，是毛澤東糾正一個難題的第一個重大舉動。這個難題——由中共官員組成的一個特權精英的產生——將從此困擾他的餘生。在發起「整風」運動時，毛澤東強調了三大問題——官僚主義、宗派主義和主觀主義。在中共的辭典裏，「官僚主義」指的是，幹部把權力集中在他們自己手裏；「宗派主義」指的是，幹部自外於非黨人士；「主觀主義」指的是，幹部基於狹隘的知識及考慮就做決定。所有這三個問題，都是毛澤東多年擔慮之事，他在以前黨的「整風」運動中，也曾把它們當作運動的靶子。然而，這一次，治病的方法卻不同了。過去，人們也曾受邀來批評黨的地方幹部，但總是在黨特地安排的座談會

上。[35]現在，人們被邀請以更自發的方式說出自己的怨氣，而且這種未曾排練、無人監督的批評是前所未有的。

1957年黨的「整風」運動，是一年前發動的百花齊放、百家爭鳴運動的後續；但是，現在毛澤東要求，這次批評要專門針對黨的做法及黨的官員。使黨其他領袖苦惱的是，毛澤東把歡迎批評的邀請專門擴展到知識分子，他們供職在企業、學校、政府機關的辦公室，就在共產黨老資格幹部的監督之下工作。[36]毛澤東邀請知識分子幫黨「整風」的呼籲，給中國政治與知識精英之間在共產黨掌權頭八年裏積聚起來的衝突，帶來了一場風暴。首先，知識分子抓住機會批評黨的官員，然後，黨的官員以毀滅性的力量反擊。政治資格選拔認證制度成了辯論的焦點，批評者挑戰了政治資格的價值，譴責了該制度培育的服從行為。

在1957年「整風」之前的歲月裏，毛澤東時常表達他的不滿之情，討厭黨掌權以來實行的僵化、守紀律的政治作風，而且，他特別厭惡共產主義原則教學中的八股習氣。「政治課講的沒興趣，要打瞌睡，」他建議，「這樣最好不講，打瞌睡時可以節省精力保養精神。」[37]毛澤東懷念革命的動盪歲月，他傾心於讓年青人直接通過政治鬥爭來學習政治。清華大學校長及共產黨其他領袖所賞識的有秩序、守紀律、服從，使毛澤東不安。他喜愛公開的爭論，這就是他在1957年春天所要求的。在「整風」運動開始時，毛澤東告訴黨的官員，「黨中央的意思，就是不能收，只能放；就是放手讓大家講意見，使人們敢於說話，敢於批評，敢於爭論。」[38]據說，當蔣南翔抵制這一要求，並繼續阻止清華的學生聚會時，毛澤東告訴他，「沒有甚麼可怕的。如果守不住清華大學，可以撤退到

35　見Teiwes (1976)。Hinton (1966)提供了一個精彩的民族誌式的敘事，描述在1947年黨的「整風」運動中，一支黨的工作隊組織村民批評當地黨的幹部之事。

36　Chen (1960); Goldman (1967); MacFarquhar (1960); MacFarquhar (1974).

37　毛澤東的講話引自周全華《「文化大革命」中的「教育革命」》(1999, 22)。

38　毛澤東的講話引自劉克選、方明東《北大與清華》(1998, 561)。

東長安街；人民解放軍在那。如果守不住東長安街，那就撤退到石家莊，撤到延安。」[39]

在1957年的5月和6月初，黨的「整風」運動在清華大學蓬勃發展起來，擺脫了自1952年以來那種黨組織性質的嚴密政治控制。學生和老師在各系組織了自由論壇，還有大型的室外會議，去批評大學的官員及政策，他們在學校的牆壁上貼出火藥味十足的大字報、手寫的宣言，使之成了公開政治論戰的重要形式。學生還在一封申訴書上收集簽名，要求清華重組為一所綜合性大學，改變共產黨把清華改造為一所蘇聯式理工科院校的做法（見第二章）。附近大學的師生訪問清華，清華的師生也去別的大學校園，去目睹毛澤東「大鳴、大放、大辯論」的號召所掀起的論戰。

挑戰政治資格的價值

在國民黨政府時期(1927–49)，清華的老師抵制過政府對大學的干涉，在那一時期的大部分時間裏擔任校長的梅貽琦，在「教授治校」的口號下，鼓吹學校自治。現在，中共不僅堅持管理大學，還按照蘇聯模式徹底地改造了它。雖然蔣校長把高級教授安排在校當局的高位上，但他們發現，真正的權力穩穩地轉移到了校黨組織的手中。新的權力機制顛倒了傳統的地位秩序，其行為方式使得教師們感到不順心，高級教授尤然。首先，他們得聽從比他們年輕得多的中共幹部，第二，這些幹部中，很多人的文化水平遠遠低於自己的。雖然清華的大多數教師盡了很大的努力去遷就、服從新政權，許多人對它所要求的變化仍耿耿於懷，大多數人難於服從新秩序所提出的「紅壓倒專」的前提。1957年，他們質問了這個前提，使政治與學術資格的相對價值成了隨後辯論的中心議題。

39　毛澤東的講話引自《井岡山》(1967年9月6日，第4版)。東長安街指的是中南海，黨在北京的總部。石家莊市在內戰中一次關鍵的戰鬥中被中共攻佔，並成為攻打北京的跳板。而延安在抗日戰爭中是中共的總部所在地。

　　兩大對立者是蔣南翔和錢偉長。1930年代時，蔣南翔、錢偉長兩人都在清華上學，兩人都參加了1935年具有歷史意義的抗日的「一二·九」學生運動。之後，蔣南翔離校從事共產黨地下活動，當他1952年返回清華，他早就脫下了學生時穿過的文人的絲綢長衫，並穿習慣了革命幹部那簡樸的棉製服；與之相對的是，錢偉長去了加拿大，後又去了美國，在加州理工學院學了火箭設計，1946年回國，身著西裝，在清華獲得教職。1949年，錢偉長位於堅定支持新政權的教授之列，而且，他鼓勵年輕的科學家和工程師從海外返回清華，幫助建設一個興旺的大學和一個強大的國家。錢偉長被任命為大學的副校長及管學術的教務長，並且身為同情政府的著名科學家，他在受邀討論國家科學政策時起了突出的作用，與中共高層官員們有交往。

　　蔣南翔和錢偉長說出了中共官員與資深教授各自要在清華掌權的針鋒相對的聲言。岳長林，1957年最尖銳批評黨的清華高級教授，簡潔地描述了蔣與錢之間的衝突。「1949年後，沒有哪個教授是大學的真正領導，即使他們名義上當了領導，他們也沒有實際權力，」岳告訴我：「這就是為甚麼錢偉長與蔣南翔鬥的原因……錢是教務長，但他想領導學校……蔣只是一個官僚；錢堅持說，校領導應該是一位科學家。蔣要求共產黨控制；他堅持政治是關鍵問題……他們倆個實際都是為了爭權。」[40]

　　錢偉長曾與共產黨充分合作，但他惱恨黨控制一切，現在他批評黨的官員把學者排擠出決策過程。「但是這些年來，」他抱怨，「當家做主的味道越來越稀薄了。」[41]以快人快語著稱、極有自信的錢偉長，話鋒犀利地說出一句話，後來變成了知識分子們中反覆出現的關鍵之語：「外行不能領導內行。」「我們應該找有學術水平的人講話，不要找不學無術的哇哇地叫，」錢偉長宣稱，「開展爭論也應該是有學術水平的人開展爭論，升級也應以學術水平為標準。從羣眾基礎上、從能說會道上來提級

40　受訪者45。

41　新清華編輯委員會（1957, 186）。

是不對的。……我所講的學術領導不是老頭領導，年老年輕只要有學術都可以領導。」[42]

錢偉長和其他的老教授，批評黨把受過相對較少正規教育的農村幹部弄進大學，並將他們置於學貫中西的教授之上。負責黨的組織工作的兩個副書記，劉冰和胡健，專門被指出來加以批評。劉冰和胡健都是農民出身；劉冰沒有讀完中學，而胡健僅進過小學（雖然兩人都參加過黨在延安辦的培訓班）。用憤怒的教授們的話說，他們是「土包子」，沒有資格去領導一所大學。[43]這些資深教員們還感到不安的是，年輕的黨員，其中許多人才剛剛畢業，就被安放在學校及系的領導崗位上，並對他們原先的教授發號施令。高級教授，甚至名義上是系主任的人，也被排斥在決策的圈子外，決策日漸變為在系黨支部之內進行。此外，他們抱怨，那些學生及青年教師要獲得專門培訓的機會和晉升，更多的是靠政治標準，而不是學術標準。

清華的教授們也為校方要他們教一些特殊的課而憤恨不已，這些課的學生是以前沒上過甚麼學的工農出身的中共幹部。「工農班也是個典型的宗派主義作法，」康書香講師在「電機系部分講師座談人民內部矛盾」會上發言，「找些工農黨員來學習，花了很大力量培養效果也不好。」[44]錢偉長和其他批評黨的人所明確表達的一個突出主題是，年青的黨團員──學生和年輕教師──對年長、專業資歷深、知識淵博的教授們缺乏應有的尊重。錢偉長抱怨，共產黨正在毀掉師生關係。「你要在學術上幫助他，他卻抱著懷疑、批判的態度來學習，甚至還要鬥爭你，」他寫道：「試問這樣如何教？又如何學呢？」[45]

當錢偉長和其他教授爭辯說外行領導內行是錯的之時，他們正在直接向共產黨在大學樹立的權威提出挑戰。然後，雙方都認識到，此話的含義要遠為深廣。辯論涉及的是，在向社會各決策職位選拔輸送人才的時候，學術資格與政治資格哪個相對更重要，而且，知識精英

42　新清華編輯委員會（1957, 183–84）。

43　Hinton (1972, 36); Li (1994).

44　《新清華》(1957年5月22日，第3版)。

45　新清華編輯委員會（1957, 187）。

的成員正在説出一個深藏於心的信念──他們比共產黨篡位者更有資格領導社會。

譴責政治特權與服從心理

除了批評政治對文化資本王國的侵入，批評黨的知識分子們也譴責共產黨的嚴密政治控制，並警告，新制度正在產生一個基於政治附庸的社會分化。他們所使用的語言，被黨為討論限定的狹窄思想範圍所形塑，大多數鳴放的人遵守這個規則，他們知道，自己的批評若在主導的政治範式中提出，將會最有效。事實上，共產黨關於民主及社會平等的修辭，為尖刻辛辣地批評黨的做法提供了現成的樣板。一位青年團的普通團員指出，團委會崗位的選舉往往更像是包辦婚姻，因為上級領導安排好了自己中意之人；他批評政治輔導員制度就像官僚政治，因為它把權力集中在上級任命的少數人手中。

教員們批評新出現的與政治從屬相關的地位等級制度。一個人指出，黨員和那些正在申請入黨的人在食堂裏吃飯時，都要在同一張桌子一起吃，拒絕與羣眾混在一起。另一個抱怨，他的學生們入了黨後甚至不再給他打招呼。他説，當了黨員，似乎就等於高人一等，入了一個不同的階級。出於同樣的原因，丁則裕教授批評了優待證制度，該制度設立於 1956 年，給高級教授及幹部提供特殊的醫療服務、其他商品及服務，他委婉地指出，這等級正在代替財富來提供特權。「過去國民黨也只憑有錢，到處佔羣眾便宜，還沒有發給甚麼優待證。」[46]

錢偉長有力地批評了黨的服從文化，以及其在共產黨幹部身上產生的荒謬可笑的效果。「現在培養的幹部都是些『聽話的』，實際上是推一推動一動，」他聲稱：「不會獨立思考沒有能力的人，據我看平常沒有甚麼意見的、也不大動腦筋想問題的人和黨就處得好。」[47]錢偉長在國家大報──《中國青年報》上發表的一篇講話中，進一步闡述了這一主題，他譴責了共產黨給青年人在思想及組織上套枷鎖之舉。「一談到『教育』

46　《新清華》(1957 年 5 月 18 日，第 4 版)。

47　新清華編輯委員會 (1957, 203–6)。

青年，就代表著一套無數的清規戒律，對青年畫地為牢，」他寫道，「為甚麼積極的字眼會發生消極的作用呢？為甚麼把教育理解為限制管教呢？這不僅是反映了幹部水平問題，更主要的是反映了封建社會的思想殘餘。封建社會對青年的『教育』有一整套，現在我們雖然已經不用那一套『老成持重』、『溫文典雅』的字眼，但是這些字眼的某些內容卻在『服從』、『虛心聽取羣眾意見』等另外一套字眼內借屍回魂了。」[48]

到6月初，批評黨的人正在變得日益大膽。在清華舉行的自由論壇上，黨的領導人被痛斥為「土豪劣紳」、「法西斯分子」和「特權階級的成員」，而且黨團的積極分子被指為他們的「走狗」。一位教授把共產黨員比做清朝的滿族統治者，這個比喻使人聯想到民族主義者關於漢人的文明被野蠻人推翻的說法。發言人號召取消黨委會制度，甚至要求黨從學校退出去。其他人則建議黨「還政於民」。[49]

反右派的回擊

1957年6月中旬，在忍受了六週日益尖銳的批評之後，中共官員開始猛烈地報復，發動了一場反對「資產階級右派分子」的運動。中共總書記鄧小平組織了反右運動，毛澤東認可了它。曾經大鳴大放的批評者被譴責為舊的剝削階級的擁護者，說他們想復辟奪回權力，保留他們對知識的壟斷以及隨之而來的特權。黨運用在歷次政治運動中完善的、自上而下的動員方法，號召黨團積極分子起來保衛黨。在清華，召開了各系以及全校大會，來痛斥那些被指為右派分子的老師與學生，學校的牆壁上貼滿了新一層的大字報。然而，這一次，發言及大字報的內容是由黨組織精心安排的。在校報第一版的一篇文章中，被劃為右派分子的電子系主任孟昭英的幾位學生，批判他把黨員毀謗成「唯唯諾諾的木腦瓜」。「一個共產黨員是應該服從黨的決議和上級組織的指示的，只有這樣才能保證黨的堅決的戰鬥力，」他們論證說，「如果黨員都按照孟先生

48　新清華編輯委員會（1957, 77–78）。

49　《新清華》(1957年6月15日，第1版；1957年6月22日，第1版；1957年6月24日，第4版；1958年2月11日，第3版)。

的意圖，對上面的號召都要打上一個『？』號，那還有甚麼黨的統一行動？那還不是使黨在組織上思想上陷於瓦解嗎？」[50]孟昭英及其他發言批評黨的人，被迫為他們的輕率及魯莽付出了沉重的代價。全國上下，成千上萬的人被打成右派分子，其中就包括清華大學的403名學生及168名教職員工。[51]許多老師被從其位上拿下，一些人還被送到農村去勞動改造。錢偉長、孟昭英以及其他幾名高級教授，被撤消了他們所擔任的行政管理職務。那些得到提拔以取代他們的人中，包括年輕的黨員，還有在黨的「整風」運動中少言寡語，又在隨後的反右鬥爭中證實了自己的忠誠的高級教授。曾在1949年前的清華擔任學生地下活動領袖的何東昌，被推選取代錢偉長，成為監管學術業務的副校長。

反右運動也針對了許多曾在「整風」中發言的黨團員。在1959年，一場後續的運動專門針對黨內的「右傾機會主義分子」：11位黨員被打成右傾分子，據說53人犯有「嚴重的右傾思想問題錯誤」，146名黨員被挑出來接受「幫助」。[52]最後，幾乎所有受到懲處的老師，包括錢偉長，都被允許返回教學崗位，到1964年，清華168名被打成右派的教職員工中，除了10人以外，都被摘去了右派帽子。儘管如此，那些捱整的人們，包括右派帽子已被摘去的人士，繼續受到歧視，一直持續到「文革」十年的結束。

反右鬥爭清楚地表明，批評黨的官員及黨的政策是絕不容許的。1958年，在一次全校大會上講話時，蔣南翔警告說，「（右派分子）低估了他人，低估了羣眾，低估了黨；他們缺乏實事求是的態度，不老實做人。他們以為自己真有甚麼了不起了，可以耍戲他人……右派分子今後也不應該高估自己——最後他們會輸得乾乾淨淨。這個經驗應該被研

50　《新清華》（1957年7月4日，第1版）。

51　有關「反右」運動的記事，見Chen (1960); Goldman (1967); MacFarquhar (1974)。403名清華學生被打成右派分子，佔學生總數的4.4%。被打成右派分子的168名教職員工中，大多數應該都是教師，那麼，超過10%的大學教師可能都是右派分子。見劉舒立等 (1987, 70)，及方惠堅、張思敬（2001：第1卷，216, 490, 521, 525）。

52　《新清華》（1980年6月6日，第1版）。

究，以培養老老實實的態度。」[53]反右運動對大學校園裏成員的影響是深遠的，目睹了那些鳴放人士遭懲罰一事的師生，懂得了檢點自己的言語。1957年剛開始在清華讀書的楊玉田回憶，「對我們的影響是——不要胡言亂語；你要聽黨的話。」[54]在反右運動後入校的學生急於與爭論保持距離。魏學誠，1958年入清華的一位年輕女生，告訴我，她的同伴們對批評黨不感興趣。「我們覺得，人就應該聽黨的話；我們想做黨的馴服工具。」[55]

為甚麼毛澤東在1957年首先號召知識分子批評黨，然後，又對響應他的號召的人翻臉？一個常見的答案是，他與其他中共領袖只是對知識分子要了個陰謀詭計，先是鼓勵那些有不同意見的人士大鳴大放，這樣他們就可以引蛇出洞，然後加以鎮壓。[56]其他的人則提出了更復雜的理由，馬若德 (Roderick MacFarquhar) 提出，毛澤東邀請知識分子對黨進行不受監督的批評的決定，遭到大多數中共領袖的強烈反對，一旦批評失控，他就被迫急速後退。[57]梅爾·戈德曼 (Merle Goldman) 則提出，這個插曲只不過是一系列循環之一，在這些循環之中，黨先是放鬆對知識分子的控制，以鼓勵他們創造性地參與行動，去解決它所面臨的難題，然後，又鎮壓異見以重新實施政治控制。[58]由於本書並不鑽研個人傳記，也不探求黨內精英政治的詳情，我無法在這些闡釋中作出仲裁。然而，如果按照毛澤東時代政治權力與文化權力持久的衝突來考慮1957年的事件，我們可以得出三個總的觀察結果。第一，中共官員的官僚權力——毛澤東視之為1957年黨「整風」運動的靶子——是他一再動手去解決的難題，每一次都以更猛烈的程度來從事。比起黨內自己「整風」，通過聽取知識分子不受監督的批評，毛澤東為更深刻地討論此難題開闢了道路。第二，對於知識分子確信因為擁有專長而比共產黨更適治理國

53　《井岡山》(1967年9月6日，第4版)。

54　受訪者48。

55　受訪者46。

56　例如，見Chang and Halliday (2005, 416–21)。

57　MacFarquhar (1974).

58　Goldman (1967).

家一事，毛澤東是徹底地反感的；在反右運動中，那些針對知識分子的很多最有敵意的痛罵與抨擊，就反映了他的思想。第三，毛澤東本人是馬基雅維里式權謀的大師，他極善於操縱互有爭議的政治力量去達到自己的目的，對由黨的「整風」運動所產生的新舊兩大精英之間的尖銳衝突，他可能並不沮喪、驚愕。然而，要等對十年後文化大革命期間展開的激烈的戲劇性事件加以細看詳審，這些要點才可能得到充分的討論。在隨後的這個大動盪中，1957 年反官僚的主題，又一次登上舞臺；這一次的動盪，有著更為寬廣的階級基礎以及愈加暴烈的破壞力量。

　　無論如何，1957 年的這些事件尖銳地凸現了中國新舊精英之間的對抗。黨的「整風」運動給了昔日知識精英的成員一個機會，去發洩自己關於「紅監管專」的怨氣，他們虎視眈眈地挑戰黨組織的權威，譴責新生政治精英的權力與特權。在隨後的反右運動中，黨組織以報復性反擊回應他們，重申黨的權威，恫嚇進一步的異見，牢牢地維護著新階級秩序的政治基礎。反右運動，拉開了對舊精英及其權力的文化基礎的持續攻擊的序幕。下一章，便將討論這些階級權力的文化基礎。

第2章

階級權力的文化基礎

　　1952年10月25日，清華大學召開了歡迎新生的年度大會。這一年的慶祝特別隆重，最高的黨政領袖都出席了。該事件標誌著一個重組的高等教育制度的開始，它是按照蘇聯的原則加以改造的。清華已經從一個綜合性的大學轉變成了一所多技術學科的工科院校，推動它走上共產主義工業化高潮的第一線。此外，1952年入校的新生，是第一屆由全國高等學校統一入學考試錄取的學生。清華，像其他高校一樣，傳統上是各自組織自己的入學考試的；現在，錄取新生由中央統一、標準化進行。作為一所全國性的大學，清華被分派從全國每個省都錄取一定數額的學生，以保證它的畢業生將代表整個國家。聚集在大學最大的禮堂裏的一千多名新生應該感到很自豪，因為他們是以全國最高的考分被錄取的。

　　幾乎所有的學生都來自舊的精英家庭。1952年，隨著全國考試製度的創立，政府也第一次仔細地記錄下大學學生的階級出身。從階級路線的角度來看，結果令人失望：清華大學的3,160名在校學生中，僅有14%出自工農家庭。[1]底層家庭子女太少的不佳狀況並不令人吃驚：在50年代初期，僅有不足1%的年輕人從高中畢業，畢業生的絕大多數都出自受過教育的富裕家庭。[2]此外，在全國統一高考的14年間（1952–

1　　新清華編輯委員會（1957：第2卷，120）。

2　　Andreas (2004, 18).

1965），高考制度繼續集中地從極少數知識家庭的子女中選取，井井有條地再造知識精英的文化優勢。[3]儘管共產黨努力迅速擴大中小學教育，只要錄取一事由考試來控制，考入清華及其他一流大學的大多數學生，還是來自昔日精英階級。

在1949年革命與1966年文化大革命之間，教育政策搖擺不定，在專家治國傾向與激進的平均主義傾向之間震盪。一方面，新政權創造的教育制度，是一個高度集中的、分等級的唯才是用式（meritocracy）的制度，該制度緊密地模仿蘇聯的制度，而蘇聯教育當時已經按照專家治國的原則來組織了。中國的制度被設計來迅速培養一大批技術專家，好在共產主義工業化的高潮中出力；另一方面，中共又堅決地相信一個理念，要通過教育來消除階級差別。中共領袖也從其蘇聯導師那裏繼承了這一信念。按照馬列主義的原理，在奪得政治權力及生產資料社會化後，共產黨人還面臨著消除「三大差別」——工農差別、城鄉差別、腦力勞動與體力勞動的差別——的任務。在馬克思那宏大的歷史敘事中，腦力勞動與體力勞動的分工，是隨著早期人類社會分化成階級而興起的，它將在一個社會主義社會進入共產主義之前被削除。在蘇維埃政權的早年歲月，布爾什維克曾把消除腦力勞動與體力勞動的差別，當作社會主義國家的一項基本任務；而且，就在這面旗幟之下，他們也曾推行過極端激進的教育政策。[4]

到20世紀50年代，蘇聯早已放棄了這些政策，而轉向了專家治國的政策。但是，毛澤東與其他中共領袖，對蘇聯模式的精英性質感到日益不安。他們不僅仍然信奉馬克思主義剷平階級的信條，而且還深深地懷疑昔日知識精英，並決心阻止他們再生產他們的階級優勢。對昔日知識精英的這種不信任，被相當一部分黨的領導層及黨員所分享，他們大部分都極少受過教育。到50年代末，在毛澤東的領導下，中共拒絕了大部分的蘇聯模式，轉而實施一套激進的規劃以使「教育革命化」，並逐步削弱及破壞知識階級的社會地位。

3　見第三章。

4　見本書結論。

重構學術資格選拔認證制度

在中共掌權的頭十年裏，它從上至下重組了學校制度。私立學校被國家所接收，所有學校都納入一個全國統一的行政管理等級制度，而且，全國協調的考試制度擴展到統管各級學校的招生工作。在小學四年級，學生們接受考試，以決定他們之中的哪些人可以繼續上五年級（高等小學），那些成功者在進入初中、高中和大學時，面臨著進一步的考試障礙。學校制度就像一座金字塔，上層的位置極少，競爭非常激烈。[5]

新政權靠迅速擴展教育體系，特別是在基層，極大地增加了民眾受教育的機會。1949 年，絕大多數的孩子根本不上學，不足 7% 的上完了小學，僅有 2% 上完了初中，不足 1% 的高中畢業，上過大學的比例甚至更小。17 年後，在「文革」前夕，幾乎所有的孩子都讀過初小，約 36% 的上過高小，超過 10% 的初中畢業，約 3% 讀完了高中，超過 1% 的上過大學。[6] 然而，即使有了如此飛速的發展，教育制度繼續極不平均地分配知識資源及學術資格，而且，大多數孩子——特別是在農村——讀了幾年書後，便被淘汰在教育體制外。

中共政權也極大地改變了學校體系所傳授的知識的內容及種類。1952 年，高等院校按照蘇聯模式加以重組，大多數大學被指定了專門的教學任務，學科範圍狹窄。[7] 這個改造對清華有很大的影響。清華原本一直是仿效美國的綜合性大學的模式的，現在卻變成了一所蘇聯式的多種技術學科的工科大學。清華的人文學科及理科各系被調整到了北京大學，它的農學系和飛機制造系被遷出去，分到了附近專門成立的學院，而建築及工程各系，則因從別的學校調來老師，而得到了進一步加強。學術方面，學科結構也加以改變，以與蘇聯的制度相匹配。教學方法、評估程序、課程以及學術資料也都變化了。在 1952 年以前，清華自豪地追隨美國的做法，甚至借鑑其校園文化的要素，包括體育競賽及對新生搞的惡作劇。許多工程課的課程及教科書都是借自美國麻省理工學院

5　Chen (1981); Cleverly (1985); Hayhoe (1996); Pepper (1996); Unger (1982).

6　Andreas (2004, 18) 和《蔣南翔文集》(1998, 853)。

7　Hayhoe (1996).

及其他美國大學，清華的教師就是在那裏培養出來的。實際上，所有的師生讀的——甚至說的——都是英文，教授上課夾雜著英語詞彙和句子。[8] 現在，課程設計從蘇聯進口，英語教材被拋置，代之以俄語教材或匆匆翻譯過來的課本。

美國模式提供一種寬闊的通才教育，而蘇聯模式更適於培養出高度專業化的工程師。蘇聯模式對應的是蘇聯統一安排工作的制度，這也被中國採用了，大學畢業生直接分配到與其專業相關的工作崗位。在清華實行的蘇聯專業化培訓模式學科面窄，內容難，訓練極為嚴格。學生從一進校就被安置在一個特定的專業，一系列規定好的課程，而且課程的具體內容也是嚴絲合縫規定死了的。伴隨著蘇聯的教學法，中共還進口了一整套等級制度，它高度理性地劃定了學術及專業的級別，而學術資格則決定了人們能否進入該等級制度。但構成該制度基礎的唯才是用原則，又被集體主義的原則所調和、軟化了，因為蘇聯教育哲學強調團體及組織的需要，它不鼓勵明星學生，並且抵制把學生按能力分成不同班級的做法。「蘇聯制度為所有學生規定了一個標準水平，到畢業時一定要達到，」清華的一位高級領導童玉坤解釋，「或許它不允許太多的創造性，不允許最好的學生超越其能力；但它限制了頂尖學生與差生之間的鴻溝。」[9]

蘇聯引導的教育改革，旨在支持一個迅速工業化的規劃，它也是仿效蘇聯的經驗，在蘇聯的幫助下實施的。通過中央集權的計畫安排及資源分配，新的中共政權創造了全面的新的工業，把小城市改造成巨大的工業中心，修建鐵路和電網，把國家的大部分地方聯通起來。自1952年第一個五年計畫啟始，至1978年，工業生產以每年平均11.5%的速度增長。在同一時期，工業對國民生產總值（GNP）的貢獻從18%提升到44%。[10] 迅速的工業化需要大量的工程師，中共極大地加強了中國大學過去一直薄弱的工科訓練。在1947年至1965年間，中國大學生的數量

8　　Israel (1982–83, vi)；Li (2001)。

9　　受訪者57。

10　　Naughton (2007, 56)，也見 Riskin (1991)。

增加了近五倍（從130,715到644,885），而且，更為顯著的是，學習工科的大學生增加了十二倍之多（從23,035到292,680）。[11]另外，雖然在共產黨時代之前也有少量的工科大學生，但他們那時不是都能找到工程方面的工作，而現在，儘管工科畢業生數量大量增加，仍是供不應求。大學、專科以及中等技術專業學校的所有畢業生，都能保證分配幹部工作。[12]工作分配是與學校的等級相對應的，由於清華是第一流的國家級大學，它的畢業生通常獲得最佳的安排，被安置在國家及各省政府機關、工業各部委、大型工礦企業、研究機構以及大學。

於是，在共產黨掌權的頭十年裏，學術資格選拔認證體系被集中化、理性化，變得更加技術取向，而且也得到了極大的擴展，對工農家庭的子女更加開放了。此外，這個體系的蘇聯印記也使得它所提供的學術資格具有社會主義的正當性。儘管如此，它仍舊是階級分化的強大工具，繼續促進昔日知識精英的再造。50年代的教育改革，給1949年之前培養的中國的知識分子帶來了重大的挑戰。他們之中，許多人經過多年的中、西大學裏的學習，其文言文、英文及其他西方語言文學傳統的造詣很深。1949年後，掌握這些文化傳統繼續受到很大的敬重；但是，現在，它們作為「封建的」或「資產階級的」文化的標誌物，也招致懷疑，而且，英文及文言文的價值也急劇跌落，因為通向智識進步的教科書——無論是科學技術的還是思想理論方面的——現在都是用現代白話文或俄文書寫的。知識分子們在與新的語言要求及文化要求奮力較量之時，也幾乎沒有別的選擇，只好脫下傳統的長衫與西裝，而在過去，正是這些使他們與那些缺文少雅的階級區分開來。所有這些變化，都極大地改變界定文化資本的常規範疇與習慣。

清華教員中，有不少人對他們的大學被改成一所工科院校一事深深失望，在他們的眼中，此舉降低了學校的品位，他們對蘇聯的課程、資料及教學方法也不舒心。儘管如此，他們還是去適應新的情況。清華的教授學習了勢頭日旺的俄語及馬克思主義，他們自我調整以適應蘇聯工

11　國家教育委員會（1984, 56–58）。

12　幹部的職位可以是行政管理的或技術的；幹部的頭銜使之與工人有別。

程專業的狹窄天地,把它們變成自己的東西。清華及其他大學的學生,雖然大多數都出自昔日精英家庭,但要比他們的父母處於一個更好的位置,去擁抱新的期望與新的機會。許多人在為奔向共產主義工業化高潮而營造的熱烈的學術氛圍中茁壯成長,他們使用著可以支配的文化資源,去實現由新的考試製度及理性化的專業等級制度所設立的目標。

雖然昔日精英階級的成員被迫交出他們私人的財富,而且,許多人現在處在革命幹部的監督下工作,但他們仍保留著自己的文化優勢,況且,中共政權繼續依賴他們的專長。這在教育機構裏特別明顯,因為教育機構雖然被徹底重組,但仍舊要依靠在職教員所積累的知識。這些變化給昔日知識精英成員帶來的困難,是實實在在的,但是全然沒有危險到要把他們從社會的高層驅逐出去,或是會極大地威脅到他們在教育王國的中心地位。這一切在1957年將會改變,那一年,中共做出了遠為激進的舉動,要剷平文化領域的階級差別。

教育革命

到20世紀50年代末期,毛澤東私下裏開始批評當時蘇聯的各項政策,包括它的教育政策,認為它太保守。毛的思想反映在他寫的一些評論上,這是在他批評中國學校裏使用的一本蘇聯經濟學教科書時寫下的。雖然他贊同蘇聯作者的觀點,即一旦社會主義生產關係被確立,資本主義階級復辟的陰謀就不會得逞(後來,他改變了自己的這個看法),他仍然堅持,「在社會主義社會裏,還有階級、階級矛盾和階級鬥爭,還有保守的階層,還有類似『既得利益集團』,還存在著腦力勞動和體力勞動的差別,城市和鄉村的差別,工人和農民的差別。要解決這些矛盾,消除這些差別,不經過鬥爭是不行的。」[13]毛澤東已經變得確信,蘇聯政策趨向於保留這些階級差別,而他要開始推進更激進的政策。

1957年春天,當毛澤東鼓勵知識分子批評黨的缺點之後,他也率

13　Mao（毛澤東）（1977, 71）。

領著中共官員對知識分子進行反擊。[14]最後，他不僅允准了隨後的「反右」鬥爭，還把它改換成一個更為廣闊的運動，逐步摧毀昔日知識精英的影響及社會地位。在他的指示下，「反右」鬥爭讓位給「大躍進」這一聲勢浩大之舉，旨在讓中國急速地向馬克思主義原理所預見的共產主義社會邁進。雖然「大躍進」被人所憶，主要是因為它那快速經濟建設的規劃，但它也囊括了文化領域中一個雄心勃勃的規劃，有時被稱為一場「文化革命」，也有時被稱作一場「教育革命」。這場革命被表現為共產黨剷平階級的規劃，從經濟領域到文化領域的一個自然延續。中共已經消滅了昔日精英階級的經濟掌控，現在又把其注意力轉到他們的文化掌控上來。然而，日後證實，文化資源的重新分配之舉比物質財富的重新分配要遠為複雜。

向昔日知識精英開戰的這新一輪攻擊，要贏得許多中共幹部的支持並不困難。大多數中共幹部受教育程度相對低，在工作崗位上（從中央各部到工廠車間和小學）就時常與昔日精英的成員進行直接的競爭；而且，他們的子女也正在開始在學術及政治兩大資格選拔認證體系中競爭。於是，這些不利於昔日精英以及破壞其權力的文化基礎的政治運動，能讓中共幹部們個人從中獲利。然而，他們的動機不僅僅是功利性的；深厚的道德信念，也激勵著他們去支持文化領域的剷平階級之舉。共產黨已在其成員中培育起對昔日精英階級的社會權利及政治權利的義憤，而且，共產黨已經內化了一種思想，即文化資源的不平均分配——就像私有財產的不平均分配一樣——是不公平的。黨的幹部絕大多數都是農民出身，他們認同於農民的身分地位，他們認為自己是工人與農民的代表。

在伴隨著「大躍進」的「教育革命」中，搖撼著中國學校的激進口號及做法，成為了在文化領域消除階級差別的激進規劃的要素。這個規劃，可分為三個方面——以損害文化權力為代價，增加政治權力；重新分配文化資本；以及，替換常規的學術資格和職業種類，以讓腦力勞動與體力勞動相結合。

14　MacFarquhar (1974).

以損害文化權力為代價，增加政治權力

對於錢偉長及其他人在1957年提出的觀點，「外行不能領導內行」，中共當局的回應是拒絕做出任何讓步。而且，他們甚至更強烈地重申，他們堅持認為，所有其他的考量——包括學術的、技術的及經濟的考量——必須服從於中共確立的總的政治方向。他們強調，其他的利益都是狹隘的和特殊化的；只有黨的深思熟慮，才能夠恰當地表達廣大人民群眾的需要和利益。這種觀點用一句口號來表達，就是「政治掛帥」，而且，一個邏輯上的推論是專家應聽命於政治領袖。在1958年「大躍進」開始時，毛澤東就勸誡共產黨人不要被知識分子嚇倒：「怕教授，進城以來相當怕……看人家一大堆學問，自己好像甚麼都不行……我看這種精神狀態也是奴隸制度……我看再不能忍受了。」[15]

中共領袖深深地擔慮，專業知識繼續幾乎完全掌握在非黨人士手中。大多數專家出身於昔日精英階級，而且，他們對共產黨大計的忠誠度大可懷疑。在大多數工作單位及各地，知識貧乏的中共官員一直企圖監管非黨專家；但即使他們能在形式上實施權威，可其領導能力卻因缺乏技術知識而打了折扣。要糾正這個難題，中共為其幹部提供了技術培訓，並花氣力去贏得在職專家的政治忠順。但是長期的解決方法，是要培養出新一代的幹部，他們必須既懂專業又忠於黨，即是「又紅又專」的幹部。

1958年春，中共發起了一場「拔白旗、樹紅旗」的運動。在清華，校報上讚揚那些被視為該大學的「紅旗」的大學幹部及老師，包括那些既展示了突出的政治領導能力、又有驚人的技術專長的年輕幹部，還有那些才入黨的高級教授。文章強調，這些新的「紅旗」正在證明自身在各個方面都優於「老白旗」，即那些深以自己的學術專長及技術專長而自傲的人。該運動的一個中心目標就是，「把學校從資產階級知識分子的手中奪回來。」它不僅鞏固了大學黨組織的權力，也給大學各個系的日常做法帶來了變化。以前，雖然大多數高級教授一直小心翼翼，不去冒犯黨的領導，在有清晰政治含義的問題上總是遵從他們，但許多人還是堅持

15　Mao（毛澤東）（1974, 116）。

負責課程設計。現在，他們被迫把這份權威交給了教研室的集體智慧，由年輕的教員參與，而且，學術因素和政治因素都要計算在內。年輕教師，特別是那些入了黨的，受到黨領導的鼓勵去「革命化」大學。畢業於清華、並在1959年開始在該大學教書的楊玉田回憶，「我們當了老師，當時的想法是，老教師都是資產階級社會教育出來的，而我們年青教師是在無產階級社會中培養的，所以我們要奪回陣地、佔領陣地。」[16]

重新分配文化資本

雖然「拔白旗、樹紅旗」的運動搞得轟轟烈烈，但它遠不如中共的另一個目標來的雄心勃勃：要在全體人口中徹底重新分配教育成果。這是要通過快速擴大學校體系，以及在學校錄取學生時實施階級優先權之法，才能實現的。在1958至1960年間，幾十萬所小學和幾萬所初中在農村地區興辦起來，中小學的兒童入學率有了極大的增加。新成立的農村人民公社得到指示，要辦基於村莊的初中，以提供與農村生活相關的實用知識及技能，這是第一次大規模地在村莊一級引進中學教育。當擴展受教育機會的舉動主要集中在農村和貧窮的城市社區之時，清華也被捲了進去。除了為大學的工人作技術培訓外，它還辦了一所夜校提供基礎教育。一千多名工人參加了這些課程，另外數百名工人及家庭成員上了掃盲班。[17]1958年，以前只為清華大學以及相鄰的北京大學職工子弟辦的清華大學附中接到指示，「教育要向工農開門」，意即招收附近村莊的孩子。結果，清華附中的學生，現在約有20%是從農村小學招來的。

清華大學也為準備在經濟企業及政府機關擔任行政管理職務的低學歷工農幹部開辦過特別的培訓，這些項目要開始得更早些，1952年就在清華校園裏開辦了一所「工農速成中學」。第一批學生基本是在內戰中打過仗的農民，以後的幾批學生中包括有政治前途的工廠工人，這些學生幾乎都是黨員。清華給予這所學校以很高的地位，曾在愛因斯坦門下學

16　受訪者48。

17　工人的學校創辦於1955年。見方惠堅、張思敬（2001：第1卷，301–2）；《新清華》（1958年10月15日，第2版）。

習過的傑出科學家周培源，受邀擔任了學校的校長，而且，特別有才華、有熱情的教師及幹部被派去辦校、教書。在50年代，總共有903名學生從三年的速成中學裏畢業。其中，567名繼續上大學（包括147名上清華大學的），而且，其中許多人繼續擔任重要的領導職務。在政權過渡時期旨在幫助培訓幹部的這所學校，於1958年關閉。[18]在那個時期，清華還為已開始在管理位置上工作的中共幹部，舉辦了更大型的短期培訓項目。

雖然中共基於家庭出身的階級歧視政策由來已久，但在「大躍進」時期，階級路線政策特別顯著。在此之前，相對少的大學學生是工農出身，因為絕大多數能夠通過高校入學考試的人都來自知識家庭。就如1956年，清華錄取的學生中，五個裏面僅有一個是工農出身（這個類別裏包括革命幹部的子女）。[19]魏學誠，1953年進校的一位富農之子，回憶說，50年代初期的學校領導並不特別關注階級成分，「因為每個人的家庭出身都不好。」[20]然而，到了1950年代末期，日益增加的工農出身的中學生畢業，正好又逢上針對昔日精英的新的政治攻勢。「到了58年，他們開始看重家庭出身，」1956年進清華的貧農出身的學生楊玉田回憶，「那時的想法是，『我們需要培養更多的貧下中農孩子，而不是那麼多地主、資本家的孩子。』」[21]

在升學競爭中，階級路線優先的政策，明顯地被用來對抗、抵消昔日精英子女所享有的優勢。1958年，清華突然特招了幾百名年輕的軍人和工農速成中學（包括清華自己辦的那一所）的畢業生。儘管這些學生的學術基礎較低，他們還是與考試進校的學生分在同一班上課。兩個羣體的學習基礎不一，給教學造成了困難，但在「大躍進」的思想氛圍下，其他的學生與老師很關心這些工農同學，他們中很多已是黨員，受到同學們的尊重，並在學生組織中擔任了領導職務。此外，在「大躍進」中，

18　劉舒立等（1987, 27, 81）；萬邦儒（1987, 8–20）；《新清華》（1958年6月23日，第2版）。

19　見表3.4。

20　受訪者46。

21　受訪者48。

老師們被鼓勵多關注那些有困難的學生，而不是優等生。這是大趨勢的一部分，當時要普及教育，而不是集中關注培養精英；這個大方向，是伴隨著教育上要推進「羣眾路線」、反對「天才道路」的一場思想運動的。當時，前者被認為不僅促進平等，還會由於充分調動了工農大眾的能力，而讓國家更快地發展；而後者既會導致不平等永久存在，又會妨礙國家發展。

教育與生產勞動相結合

「大躍進」中有一句關鍵口號，從此「教育必須為無產階級政治服務，必須同生產勞動相結合」。50年代在仿效蘇聯模式之中，中國大學已經朝著生產和實際培訓的方向，將其課程大幅度重新定向，清華和其他工科大學已經採用了一條蘇聯的要求：學生拿出一個學期的時間，來做模擬真實生活難題的畢業設計。蘇聯大學制度的實踐取向，反映了要減小抽象學問與實際工作之間差別的一種努力，這是由志在消滅腦力勞動與體力勞動差別的共產主義理想所激發出來的。在「大躍進」中，中國的大學朝著這個方向邁得尤為遠，這表現在兩個方面。

第一，修改教學方法與教學資料，以進一步強調理論與實踐相結合。現在，清華的學生被要求「真刀真槍」地搞畢業設計，包括參與大型水庫及其他公共工程項目的設計與建設，參加機器與設備的設計與製造。清華也派師生小分隊到45個縣及150個工作單位，去幫助工業項目，包括建造短命的小型鍊鐵、冶鋼的高爐。另外，在校園附近或日益擴張的校園內，大學還興辦了61所工廠及車間。這些工廠實實在在地改造了大學，改變了它的工作人員的組成(學校那時擁有二千多名工業工人)，也真正地改動了教育實施的方法。蘇聯人在專門從事高等教育的機構(大學)、研究機構(研究所)以及生產機構(工廠)之間做了仔細的區分；現在，中國人要把這三者統統結合在一起，使學校校園裏的工廠成為教學、研究及生產的中心。清華大學在這些工業方面努力的成功，不但奠定了它在技術方面全國第一位的地位，還提高了蔣南翔的聲譽，他成了有中國特色的高等教育之路的開拓者。

　　第二，現在要求師生定期參加體力勞動。這種做法始於1957年秋，當時師生到附近公社去幫助秋收，1958年春天又在一個更大的範圍展開，當時派出6,500名清華師生去北京郊區一處大型水庫工地參加建設，用獨輪手推車運土。以後的兩年裏，清華的師生繼續去附近公社收莊稼，在大學內及附近地區參加許許多多建設項目，並在新辦的校工廠裏定期勞動。

　　在必修的馬列主義哲學課上，清華的學生們被告知，腦力勞動與體力勞動的分工，最終會隨著共產主義的到來而消失。然而，在中共掌權近十年以來，學生們可以只是把它視為一個遙遠的目標，這個目標對目前來說，僅有著有限的實際意義，他們目前應該一心撲在學習工程公式上，這些都是畢業後正等待他們的專業、技術及管理工作所需要的。突然間，隨著「大躍進」展開，徹底的平均主義原則出現，重新形塑了整個世界。毛澤東認為，大學的目標應該是培養「有社會主義覺悟、有文化的勞動者」。清華校報上的文章提出，腦力勞動與體力勞動職業之間的差別，很快就要減少到最小；學生應該懷有做一名「普通勞動者」的平常心。

　　1958年秋，清華大學的學生們一邊建設水庫大壩和收割莊稼，一邊出席會議，辯論在新願景下大學教育的意義。校報上登滿了這些會議的詳細報道，還有學生的文章，他們對這些會議上提出的哲學問題進行爭辯。為了驅動人們努力奮鬥，有必要有一個分階層的制度、不平均地分配物質商品嗎？腦力勞動與體力勞動的分工有功能效用嗎？受過高等教育的大學生及教授應該把時間用在搬土上嗎？學生應該為自己能上清華大學這樣的精英院校而自豪嗎？個人的學術成就反映的是天生的才華，還是社會環境的差別？為個人名利奮鬥會起到正面的社會效用嗎？觀點互相對立的文章，代表了雙方可能最強烈的看法，而共產黨的正確觀點是甚麼，那是一目瞭然的。

唯才是用制的復活

　　1960年「大躍進」崩潰所殘留下的廢墟之中，就有著「教育革命」那雄心勃勃的目標。隨著全國經濟步履蹣跚，饑荒席捲中國農村的廣大地區，數萬所新學校關閉，各級學校的生源錄取銳減。在清華，大學黨組織掙扎著去籌措師生員工的吃飯問題，體力活動減少到最低限度，以保存能量，「大躍進」的狂亂活動也變得無精打采。因「大躍進」垮臺而縮減與枯萎的，不僅是快速擴展學校體系的計畫，還有旨在變更教育性質的激進政策。

　　1960年，隨著近年來清華的傑出表現，確立了一條有中國特色的高教之路，蔣南翔被任命為教育部負責高等教育的副部長。[22]在這個職位上，他在組織從「大躍進」撤退並設定前進的道路中，起到了關鍵的作用；新路是在「調整、鞏固、充實、提高」的方針指導下設立的。1961年，蔣南翔監督了一個文件的起草，文件中，包括有此後五年一直到文化大革命的高等教育六十條主要政策方針。[23]這份文件，通常被稱為高教「六十條」，為緊縮與恢復的這一階段定調；它標誌著退回常規的教育實踐，以及從極端化做法急劇抽身，從而支持精英教育，這個取向允許教育者懷抱唯才是用的教育理想。蔣南翔和其他教育官員得出結論，「大躍進」在教育領域造成很多扭曲，其中他們特別關注的有兩項：以犧牲教學為代價，過分強調勞動；培養出一種損害教育質量的平均主義心態。

　　清華和其他技術院校保留了教學、研究和生產相結合的方法，這曾是在大躍進中一馬領先的創新之物，但現在他們強調了教學，並極大地削減了校園內的生產活動。清華曾經開辦的幾十個小工廠及車間關閉了，成百上千的工人（其中許多是轉業軍人）被送回農村老家。儘管如此，幾個重大的設施得以保留，其中包括一臺核實驗加速器，以及生產

22　1965年，蔣南翔被任命了一個新職位，高等教育部部長。

23　鄧小平主持了為高等教育採用這些指導方針的會議，清華大學是其典範。清華大學官員李壽慈、何東昌、艾知生和高景德在起草過程中發揮了重要作用。

先進機床、工業設備和計算機的工廠。將南翔繼續強調動手學習的重要性，派學生到這些工廠及校外的其他工廠去獲取實踐經驗，但是，他強調的是技術，課程中的體力勞動對他已沒甚麼用了。

在這次唯才是用的轉向後，雖然招生繼續執行階級區分原則，清華只接受高考成績超過該校極高門檻的那些優等生。派到各省去招生的老師，會審查高分考生的檔案，考慮介紹考生家庭出身及政治表現的評語。那些家史有問題的考生面臨著被淘汰的下場，雖然特別高的考分或特別好的表現可能會彌補一下。在決定考生被錄取在哪個系的問題上，家庭背景仍然顯得很重要，出身有問題的學生難以進入與軍事相關的領域，諸如工程化學、核物理、無線電工程、儀器製造以及其他電氣工程的學科。

學校之間質量的差別，也被「重點」制度的建立而正式化且強化了，該制度把更多的資源彙集給中選的學校。[24] 在每一級，入學考試有系統、有計畫地把考過線的考生分到質量不同的學校。教育官員規定了國家級及省級的重點大學，還有省級、市級及區級的重點中學。甚至連小學也分成重點小學和普通小學。根據這一政策，在1960年，清華大學附屬中學被轉成北京市區的一所重點中學。在此之前，清華附中服務於清華及附近北大的全體教職員工的子女，教授子女與大學工人的子女在教育水平上的差別，曾給老師造成了難題，在「大躍進」中，附中招收了附近村莊的孩子們後，此問題加劇。清華附中轉成市級重點中學後，它只在全市最高分的考生中錄取，排除由能力不等而造成的問題。大部分教授的子女能夠通過考試進入該校，而大學工人的子女以及村莊的孩子就極少有機會考上了。作為一所重點中學的新體現，清華附中增加了高中部而得到擴展，並徵用了就在清華大學北邊的一個村莊的土地，搬遷到一個又大又美麗的新校園。它迅速成為北京市最好的中學之一，在1960年代初期，約85%的畢業生能夠考入大學，這個升學率在當時顯得奇高，因為當時全國平均上大學的比率僅有約1%。許多學生選擇上

24　重點學校的深度討論見Pepper (1996); Unger (1982)；袁振國《論中國教育政策的轉變：對我國重點中學平等與效益的個案研究》(1999)。

這所中學，目的就是要上清華大學，在1960至1966年間，它的畢業生中有139名實現了這一目標。[25]

作為教育部的副部長，蔣南翔發起了一場運動，來反「平均主義」。作為該運動的一部分，在1961年，清華大學黨委副書記劉冰主張，學校官員及教師必得放棄平均主義的思想，以激發年輕人充分實現其潛力。「我們應該鼓勵年輕人的理想和雄心壯志」，他宣佈：「批評成名成家的思想，會傷害年輕人的熱情——年輕人應該成名成家，以為人民服務。」[26] 1962年，清華實施了一個旨在「因材施教」的項目。挑選出來參加此項目的學生（約佔學生總數的3%），搬到一個設施較好的分開的宿舍，由最好的教授來教他們，提供個性化的指導。該項目專門用來推翻從蘇聯引進的禁令，該禁令反對將學生按能力分班；對此禁令，現在蔣南翔宣佈它不合時宜，造成了大學不能恰當地關注其最佳的學生。[27] 在清華校報教師版上的一篇文章中，金希武教授說，得消除平均主義的思想，以識別和培養有特殊才華的學生：「……把因材施教理解為只是一般地反對教學工作中的平均主義，也是不夠的……應特別注意少數優秀學生的培養問題。人們的智力和才能是有所不同的，必須承認這種客觀存在的差異性……我們可以通過思想教育，使學生發揮主觀能動性，在一定程度上來縮小這種差異性。但是這種努力畢竟是有一定限度的。我們既不能設想使所有的人都能登上珠穆朗瑪峰，同樣也不能設想所有的人都能登上科學技術的頂峰。」[28]

同樣的原則也適於中小學這兩級。在清華大學附屬小學，一畢一年級的小學生被選來參加一個「實驗班」，學習加速的課程。參加者都是教授的子女，他們進校前上過大學辦的學前班（工人們一般不送自己的子女上學前班，這是要收費的）。在清華大學附中，進校的新生根據其數學及外語考試成績，被分進不同的班，非正式的稱謂叫「快班」、「中班」與「慢班」。1964年，清華附中精心挑選出來五十名高中生，辦了一個

25　萬邦儒（1987, 22–67）。

26　《井岡山報》（1967年12月21日，第3版）。

27　《蔣南翔文集》（1998, 810–11）。

28　《新清華‧教師專刊》（1962年10月11日，第3版）。

大學預科班，這個班除了由大學的教授來教課外，還由本校最好的老師
來任課，科學實驗課就在大學的實驗室裏進行。相應的計畫制定好了
——最好的畢業生將不參加全國高考就直接進入清華學習，以促進創造
性思維。這個項目，是蔣校長自己腦子裏的點子，他打算發展清華的附
小及附中，這樣，清華大學就可以在自己的體系內培養高質量的大學新
生了。

附中的學科，按大學入學考試的要求而給以加強。高考內容決定了
中學的課程，準備高考消耗了學生的生命。所有的中學生，包括那些父
母家就在附近的、清華校園裏的，都集體住在學校宿舍裏，其日常生活
是高度組織化的。課前與課後，他們一起吃飯，參加集體鍛鍊及體育活
動，傍晚，他們在老師的指導下一起上晚自習，學生們讚歎校長萬邦儒
及其招來的能幹的年輕教師們的奉獻精神，許多老師為了集中精力提高
學校的學術名望，甚至推遲了婚期。

在1960年代初期，清華大學及其附中都在讚揚激烈的學術競爭。
在全市、全省及全國的學科競賽與體育比賽中，為了個人及學校的榮
譽，學生們奮力拼搏。注重英才、唯才是用的思想在上升，它導致老師
對待學生的態度發生了急劇的變化。「58年到60年間，老師們更關注的
是幫助學習上的差生；他們不想讓他們落在後面，」年輕的大學老師楊
玉田回憶：「但是60年以後，想法變了——老師現在要更多地關注好
生。」[29] 1958年沒有經過入學考試就進了清華的工農學生不再有地位了；
他們被編入不同的班級，然後提早畢業了。

雙軌制：普及教育和精英培養

1960年代初期，隨著中國從「大躍進」的崩坍中恢復過來，毛澤東
就又打算著把黨的剷平階級大計召回來，他提醒追隨者們「千萬不要忘
記階級鬥爭」。在1964年春節發表的談話中，他再次號召，要來一場
「教育革命」。他對常規的教學實踐表達了蔑視，鼓勵學生們在考試時交

29　受訪者48。

頭接耳，並建議學生在覺得老師講得沉悶時可以打瞌睡。[30] 教育官員們感到迷惑、為難和不安，廣為人知的是，蔣南翔告訴清華的其他領導人，說這個講話對於工科大學生們來說，得「改動一點兒」。[31] 然而，毛澤東那變化無常的講話很快就被具體的動議所跟上，這些動議倒不那麼難於解釋。來自「大躍進」的激進的教育口號和做法，伴隨著開辦農村學校的應急規劃又復活了。在康生及激進教育政策的其他支持者的幫助下，毛澤東派工作隊進駐北京大學及其他學校，以調查教育實踐。

　　清華採取了一些措施，以回應這股激進的新「風」。它把本科生的學制由六年縮短為五年，減少學生上課的學時，試驗開卷考試，鼓勵學生在課堂上發表不同的意見，強調課程安排中的實用取向，並增加學生在實地工作的時間，加強政治及軍事訓練，動員師生在收穫季節到附近的公社去幫忙，在招收新生時強調階級路線政策。大學也開始辦「半工半讀」的工業及農業技術班。北京地區的初中畢業生被招進來，上工業技術培訓班，他們也在學校的工廠裏工作勞動一部分時間。附近公社的青年農民被選拔出來，參加農業技術培訓班，「社來社去」，他們在畢業後還要回到自己的公社去。[32]

　　這些半工半讀的項目，是教育官員們所尋求的一種方法，既遷就毛澤東要普及教育的壓力，同時也維持精英院校的高標準。其目的，是在普及性教育與升大學教育之間確立一個明確的界限。這種由國家主席劉少奇所倡導的方法，被稱為「兩種教育制度，兩套學校體系」。其目的，在於保護精英教育不被削弱，同時又保護職業教育免受升學考試的誘惑。[33] 1964年，蔣南翔簡明扼要地總結了這種雙軌制的哲學，「現在我國的教育狀況，從某種角度上說，可以說是『高不成』，『低不就』，兩頭不落實。」他說，「所謂『高不成』，就是現在我國的高等學校，不但在科

30　Mao（毛澤東）（1974）。

31　受訪者49。

32　《新清華》（1965年6月26日，第4版；1965年12月31日，第1版；1966年4月24日，第1版）。

33　農村定向的教育項目也有生存困難，僅次於課程定向於考試製度的正規學校。Andreas (2004) 和 Pepper (1996) 審視了文化大革命前農業中學的失敗。

學技術水平和重要的儀器設備方面，與工業先進國家的大學相比，還比較落後，存在著相當的差距；」「所謂『低不就』，就是我們的普通教育和高等教育，都偏重於正規學校的一套，對於半工半讀、半耕半讀、各種形式的簡易學校、業餘學校、函授學校重視不夠。」[34]

這種雙軌制的哲學起源於「大躍進」期間，當時，興辦兩種學校的初步計畫已被採用，這兩種學校一是選拔嚴格的重點學校，一是僅用部分時間上課的農業中學。在那些熱情急劇高漲的歲月裏，所有的目標都要同時且迅速地實現，毛澤東已經認可了這一方法。然而，在60年代中期更冷靜的歲月裏，毛開始把這種雙軌制視為使階級差別長久盤據下來的手段。因此，毛澤東要走向恰恰相反的方向，他沒有提拔高的、降格低的，反而是決定把整個教育體系變得一般平，這樣，所有的年輕人都可以上同樣質量的學校、讀同樣的年限，然後都去工作。1966年，他就要對階級權力的文化基礎發起一場更徹底乾脆的總攻，而第一步，將是取消考試製度。

---

34 《蔣南翔文集》（1998, 854–55）。

第3章

紅色工程師的搖籃

1958年3月21日，在大躍進最初的日子裏，蔣南翔在全校大會上對數千名師生發表講話。「我們對培養幹部的要求，」他告訴師生們，「是又『紅』又『專』，如果『紅』的不透，『專』得不深，這就是最大的浪費。」[1] 在以後的數月裏，清華的學生就像全國各地其他大學的學生一樣，被號召就「紅專」問題進行一場「大辯論」，在大字報上及班級的聚會上，發表各自的意見。學生們過去一直受到鼓勵去「走『紅專』之路」，但這場運動很清楚地表明，從現在起，他們將面臨更加嚴格的政治期望。不再可能集中精力學習學業，而把政治放在一邊了，這種觀點被誣衊為「走『白專』道路」。現在，每個人都須要在共青團和黨的領導下，把勤奮攻讀學業與政治積極活躍結合起來。清華要變成「紅色工程師的搖籃」。

掀起『紅專』高潮的動力是階級戰爭。新政權不信任昔日的「白色專家」，並決心用不僅有專長、還忠於共產主義規劃的新一代幹部來代替他們。作為用紅色專家取代白色專家之舉的一部分，中共組織了應急的項目來教育工農幹部，在農村及貧窮的城鎮興辦了數十萬所新的學校，在工廠創辦了識字班和技術培訓班，為了給工人、農民及革命幹部的子女讓路，而實施歧視昔日精英子女的階級路線政策。這些政策的實施是出於1957年「反右」鬥爭之後一種新的緊迫感，而到了1958年，他們更為大躍進的革命熱情所進一步推動。

1　《新清華》(1958年3月22日，第1版)。

　　然而，從長遠上看，中共「紅專」相結合的決心，反倒成了階級和解的一個處方。它鼓勵新的政治精英積累文化資本，鼓勵昔日知識精英積累政治資本，最終促進了精英的匯聚。隨著新老精英成員及其子女努力變得又「紅」又「專」，一個新的社會階層就出現了；其成員有著相似的資質——在新階級秩序的政治、文化兩大支柱上，同時有所建樹。

精英的再造和匯聚

兩大精英世界交叉處的紅色專家

　　在共產主義時代開啟的1949年，新舊兩大精英只佔中國人口極少一部分。衡量兩大羣體規模的一個方法，是使用新政權採用的階級分類。表3.1中呈現的數字，估算出了分佈在這些類別中的人口。這些階級的成員資格，由1949年革命前一段時期家庭戶主的地位來定。類別中的三種，直接對應著新的政治精英：革命幹部、革命軍人和革命烈士後代；加在一起，它們稍低於人口的1%。兩個類別——地主和富農——可被視為昔日農村精英，另三個類別——資本家、白領僱員和獨立專業人士——可被視為昔日城市精英。昔日農村精英佔全國人口的4.3%，昔日城市精英佔1.4%。

　　新舊精英規模的大小，也可以用黨員人數或大學畢業生的人數來表達。1949年，在近四億的成年人口中，有不到500萬黨員和不到18.5萬大學畢業生。[2]新政治精英的潛在人數，還包括幾百萬尚不是黨員但後來會入黨、會被提拔到官員崗位的革命軍人和革命活動分子。昔日知識精英還可以包括那些獲得了高中畢業文憑的人士，在當時，能在高中畢業就算是稀罕的文化人了。然而，即使把高中畢業生也算進去，文化精英也佔不到人口的1%。絕大多數的人是文盲，或僅讀過幾年小學。[3]

2　Schurmann (1968, 129) 引用了 1949 年 10 月有 4,448,080 名黨員的一個數字。Gu (1984, 141)引用了從 19 世紀末第一所大學創辦到 1949 年為止中國高等院校畢業生的總數。其中有些畢業生到 1949 年時肯定已經去世。

3　Andreas (2004, 18).

表3.1 階級出身各類別在人口中的比例

「階級路線」狀況	種類	在被調查者中佔的比例（%）
勞動者	革命幹部、革命軍人或烈士	0.9
	工人或城市貧民/平民	5.1
	貧農、下中農	76.8
其他	白領或獨立專業人士	1.2
	上中農或小業主	11.5
剝削者	資本家	0.2
	地主	2.3
	富農	2.0

　　註釋：表中數據，來自1996年在6,000多城鄉居民中進行的全國概率樣本調查。要求回答者在15個家庭出身類別選取一個。種類中，包括三個用來判定政治地位的「右派分子」、「壞分子」和「反革命分子」，另外還有十二個用來判定階級地位的種類。因為所有的右派分子幾乎都是知識分子，我就把「右派分子」類別中的兩個回答者合併入「白領或獨立專業人士」類別之中。我把極少數選擇「壞分子」或「反革命分子」，以及未選任何種類的人歸入剩餘類別。我只包括1957年以前出生的回答者，因為在取消家庭出身制度以後的後毛澤東時代達到法定年齡的人，不太可能知道其家庭的歸類。該調查源自 Treiman et al (1998)。

　　如果兩大精英羣體中的每一個都很小，那麼，聲稱自己在兩大羣體中都是其中一部分的人士——入了中共的知識分子——數目就少極了。這一羣體的大多數，都是由中學和大學的地下黨組織吸收進來的學生。當然，隨著這些學生中的許多人在運動中升至領導崗位，這一羣體的重要性，要遠遠大於其規模。事實上，中共最高領導層中的許多人，來自精英家庭，受過很好的教育。1945年在延安選出的第七屆中央委員會的44名中央委員中，至少27%是上層階級出身，且至少有一半在先進資本主義國家留過學。[4]清華大學成了中共吸收黨員的重要基地，特別是在政治動盪的兩個時期——抗議日本侵略的（1935年）「一二‧九」學生運動，以及臨近1949年中共勝利之前的內戰歲月。在這兩個時期，數

4　North and Pool (1966, 376–82). 其他的中央委員曾被送往蘇聯培訓。

以百計的清華大學學生參加了地下黨的運動，而且有幾個進而成了黨的
高級官員。[5]然而，受過教育的黨員，僅佔數以百萬計的黨的幹部的一
小部分，中共幹部絕大部分還是文化程度極低的農民。例如，在黑龍江
省，該省95%的黨員是貧農、僱農或工人家庭出身。近四分之三的是半
文盲，其餘的大部分只上過小學，僅有2.4%的讀過中學。[6]其他省的黨
員的文化水平有可能更高些，但從全國來說，黨主要還是由農村貧賤出
身的人組成，而且，它依靠著這些農民幹部治理著廣大的農村根據地。

在1949年以前，極少數的中共知識分子聯繫著兩個不同的世界，
這兩個世界在地理上相距遙遠，而在社會等級上位於相對立的兩極。共
產黨運動立足偏遠的農村根據地，而知識精英日益集中在中國更繁華的
城市。這兩大世界的佔據者——共產黨幹部和城市知識階級——都是高
度自覺的精英，他們有著極為不同的學歷資格、文化和價值體系。當中
共接管了中國的城市機構，這兩大世界發生了碰撞，在兩大群體的交叉
部分，有知識的黨員僅佔據著極小且又非常特殊的一個社會空間。然
而，隨著時間流逝，這個交叉部分的人群穩定地增長，中國精英學校裏
培養出來的紅色專家擴大了它的隊伍。這些紅色專家中的大多數人，出
自上述兩個世界精英群體中的其中一個，但是，從底層被吸收進來的人
數在增加。

資格認證制度作為精英再造和匯聚的機制

前兩章描述的學術及政治兩大資格認證制度，管控著作為專家和管
理者進入幹部職位的入門。按照布迪厄的語言來說，這些資格認證制度

---

5   1936年，清華大學地下黨組織有42名黨員；1948年，200名學生 (佔大
     學學生總數的10%) 是黨員。在此兩個時期，清華在北京的高校中擁有最
     強的中共組織 (方惠堅、張思敬 2001，790、796)。清華及其他學校在
     「一二九」運動時的情況，以及加入中共的學生的政治生涯，見Israel and
     Klein (1976)。Li (2001, 108–9)為13位曾在清華「一二 ·九」運動中活躍或在
     1940年代末的清華上學時入黨的重要中共黨員提供了傳記數據。

6   Lee (1991, 45).

分配著文化資本和政治資本，它們為精英家庭再造其優勢地位提供了機制。在文化或政治領域之內，它是最快、最容易完成的；但是，這些制度也便利了布迪厄所稱的「資本轉換」之事，即利用在一個領域積累的資本，去獲得另一領域的資本。[7]在革命後的中國，最重要的資本轉換策略，發生在政治及文化領域之間。

當然，學術及政治兩大資格認證制度被規定好的目的，是要選取和培養黨及國家幹部的合格候選人，而不是促進精英的再造。兩大制度都不排除非精英人羣。相反，階級路線政策還專門優惠工農子弟；中小學的巨大擴張，旨在給貧寒家庭的子女提供更多的機會，以分散文化資本。儘管如此，兩大制度的運作方式還是促進了精英的再造，比起工農子弟，新政治精英及舊知識精英的子女，贏得認證資格的可能更大得多。

精英家庭——包括新的和舊的——要想世代保留其優勢的社會地位，只能夠通過策略和勤奮。他們的子女得在學校及政治資格認證的激烈競爭中取勝；而成功是絲毫無法打包票的，因為兩大認證制度都要求個人的成績。然而，資產豐厚的家長能夠提供實實在在的優勢。革命幹部可以傳給子女繼承革命事業的信心，以及跟著父母足跡走的動力，還有在入團、入黨之事上如何能先人著鞭的政治關係及知識。而知識分子能夠在與教育制度的關係上（如何能在學校中在信心、動力、社會聯繫及知識方面強過別人），傳給其子女相似的優勢，而且，還能夠傳遞在學術競爭中無價的知識學問。於是，家庭傳承為政治精英的子女提供了獲取政治資本的特權通道，也為文化精英的子女獲取文化資本提供了特權通道。用不那麼直接的方法，政治資本也為獲取文化資本提供了特權通道，而文化資本也為獲取政治資本提供了特權通道。兩大資格認證體系錯綜複雜地交織在一起，兩者之間的聯繫成了資本轉換的機制。

一方面，掌握政治資本給贏得文化資格提供了幾個好處。首先，大學升學考試所需的條件之一，專門要評估考生對政治學說教條的掌握。第二，在考慮通過了升學考試的考生的申請時，大學招生人員要把總結

7　布迪厄的比喻不準確，因為轉換不一定必然需要資本的交換或變化。

考生政治表現及家庭出身的評語考慮進去，它是由中學教師所編寫的。第三，中共當局建立了各種各樣特別的學校，這些學校的錄取主要看政治是否合格。這些學校，包括為成年的黨員及幹部辦的，諸如工農速中學、1950年代清華大學創辦的幹部特別培訓班，還有專為中共官員及軍官子女辦的小學及中學。後者是抗日戰爭及內戰時期為照顧革命者子女而創辦的早期寄宿學校的擴展。1949年後，這些學校都改造成了高度精英化機構，有些為軍事院校培養、推薦學生，還有些為大學考試準備學生。1950年代中期，由於這些學校的排外性質開始透出貴族特權的氣味，中央就要求它們向非幹部子弟敞開大門，但它們仍然主要為政治精英子女而開辦。

另一方面，掌握文化資本也為贏得政治資格提供了好處。最重要的好處是，精英學校成為獲取政治資格的聚焦點。再說，入少先隊、入共青團及加入共產黨，不僅只看政治，也有文化標準。在中學，學業資格特別重要，而中學老師利用入團作為獎賞，以激發學生為升學考試做準備時更聽話、守紀律。大學的政治吸納機構更強調政治標準（特別是在入黨一事上），但學生的學業太差，在政治競爭中就不可能指望著走得太遠。這一點被教育當局不斷地重申。「考分不是衡量學習成績的唯一標準，」1962年，在蔣南翔指導下，教育部的文件這樣說，「但通過考分，我們也可以判別學生的政治特點。」[8]另外，評估入團、入黨者所使用的許多政治標準，也包含了文化水平。掌握政治理論的細微末節、發言踴躍流暢、寫作技巧高、書法好、有音樂才能以及戲劇表演能力等，都能在衡量政治積極性時被看重。因此，在語言及人文課程方面才華出眾的學生，時常在政治活動中嶄露頭角。

於是，學業及政治兩大資格認證制度，不僅培養和促進了政治及文化精英的再造，還通過提供資本轉換機制，使得兩大精英羣體逐漸匯聚。通過審視清華大學教師與學生的階級出身，可以看到精英們的再造和匯聚。

8　　Taylor (1981, 132)。

在清華大學的再造和匯聚

1970年，清華大學對其教師們的家史進行了一次調查，產生的數據見表3.2。通過對比高級教師與初級教師的階級出身，我們可以測定在中共掌權的最初20年裏，旨在重新分配文化資本的政策，在改變這一部分知識精英的社會組成上到了何種程度。1961年後，大學裏實際上停止了教師晉升為正副教授的活動；已獲得正副教授資格的教師，幾乎都是在1949年前就被聘用的。大多數講師是在1950年代聘任的，大多數助教（新教師隊伍中的起點位置）是在1960年代聘任的。

表3.2 清華大學教師的階級出身，1970年

	正、副教授		講師		助教		總計	
	人數	%	人數	%	人數	%	人數	%
工人、貧下中農	3	1.5	43	4.5	216	15.0	262	10.2
白領、中農	52	27.4	301	31.6	680	47.3	1,033	40.0
剝削階級	114	60.0	485	50.9	419	29.1	1,018	39.5
其他	21	11.1	123	12.9	123	8.6	267	10.3
總計	190	100.0	952	100.0	1,438	100.0	2,580	100.0

資料來源：清華大學（1975）

清華大學的高級教師（正、副教授）基本上都出身於昔日精英階級。60%以上都來自被判定為剝削階級的家庭，這些剝削階級加在一起，占人口的不足5%。超過27%的屬於中等類別，它包括白領僱員和上中農（可以合理地推定，這些人中的絕大多數來自白領——即知識精英——家庭）。這些數字表明，在共產黨時代之前的中國社會裏，掌握文化資本與經濟資本的相互關聯程度；而且，它們也指明，工農出身的子女一直是幾乎被完全排除在大多數精英學術機構之外的。當工人及貧下中農佔中國人口的80%以上時，僅有1.5%的高級教師出身自這些羣體。

中共重新分配舉動的影響，也可以從初級教師的組成上看出。階級

路線政策，清楚地限制了為剝削階級標籤所拖累的那些人們可得的機會：他們所佔的比例，從高級教師中的60%，下降到講師的53%，再到助教中的29%。從這條歧視「壞」階級的路線中受益最多者，是中等階級的子女，他們所佔的比例，從高級教師中的27%，上升到講師中的32%，以及助教中的47%。這些新教師中的大多數，毫無疑問來自城市知識家庭，但也有許多人出自中農家庭，他們在中國農村地區（此處對昔日精英家庭的歧視最甚）的中學擴展中沾光最多。初級教師隊伍中，工人、貧下中農家庭出身者的人數，也在穩步地上升，但比例仍很小：僅佔講師中的約5%，助教中的15%。於是，即使在最新聘用的教師隊伍中，絕大多數仍是出自昔日知識精英家庭。儘管共產黨大力推行社會再分配，清華大學初級教師隊伍的組成仍表明了文化資本那高度不均的分配，在當時被再生產的程度。

重新分配的政策，對清華大學學生羣體的組成有著更大的影響，這一點可從表3.3上的數據看出。工農出身學生的比例——按當時的慣例，這一種類不僅包括工人、貧下中農家庭的學生，還包括革命幹部家庭的那些學生——在1950年代穩步增長，然後，在大躍進年代有一個跳躍，在1960年代早期繼續顯著地上升，到1964年達到44%。這些學生之中，有些最終又受聘在大學工作，但教師中工農子弟的低比例表明，這些學生更有可能被分配到廠礦企業和政府各部門的非學術性職位。

表3.3 學生錄取中工農子弟的比例（清華大學1952–1964）

	1952	1953	1954	1955	1956	1958	1959	1964
錄取總數	3,269	4,234	5,214	6,329	8,647	10,889	11,366	10,771
工農子弟比例	14%	17%	19%	18%	21%	32%	36%	44%

資料來源：《新清華》編輯委員會(1957，120)；《清華大學一覽》(1959，1960)；《井岡山》(1967年10月12日)。

表3.4中提供的數據，為1960年代初期清華大學及其附中的學生羣體的組成，提供了一個更為詳盡的呈現。數據有兩個來源：第一豎行是清華大學及其附中記錄的統計數字，應該是從學校檔案中收集而來，發

表在「文革」期間學生派別的出版物上(學校保留著學生羣體階級出身的詳細分類,但沒有公開);第二豎行是1960至1966年間上過清華大學及附中的受訪者對其同班同學家庭出身的回憶。受訪者並不是隨機挑選的,因此,它們不能被視為一個有代表性的樣本,但是,受訪者回憶彙總後的數據,與紅衛兵報刊上發表的數據粗略相仿。

據上過清華附中的學生講,他們的同班同學中,近三分之二來自昔日精英家庭(白領、獨立專業人士,或剝削階級),這一比例被統計數字所確證。這一比例特別高,是因為清華附中優惠清華附小的畢業生——其中許多是教師子女——而對北京市內其他學校的學生要求更高的錄取分數。然而,知識分子家庭的子女在考學上特別成功的主要原因,是他們在升學考試競爭中都是高手。

表3.4 學生的階級出身:清華大學及其附中(1960年代初期)

家庭出身①	清華附中		清華大學	
	紅衛兵報統計數字②	學生們的估計	紅衛兵報統計數字③	學生們的估計
革命幹部	25%	25%	⎫	9%
工人	9%	10%	44%	12%
農民	1%	1%	⎭	26%
白領或獨立專業人士	52%	57%	46%	42%
剝削階級④	14%	7%	10%	12%

注1:上過清華附中的9名受訪者和上過清華大學的14名受訪者,按家庭出身劃分了其同班同學。附中的受訪者描述的班級學生有近400人,大學的受訪者描述的有剛過430名學生。兩者都是寄宿學校,每班同學(25人到50人不等)從入學到畢業都生活、學習在一起,這使得學生們逐漸熟知其同班同學。在「文革」之前及期間,家庭出身成了一個特別突出的個人特徵。儘管如此,這些受訪者記憶力的敏銳性差別很大。有兩個學生能夠回憶起全班所有同學的姓名、學生人數並提供家庭背景的許多詳情。其他的人僅能提供每一階級類別學生人數的粗略估計。非常模糊或不完整的估計,我並未包括在內。

注2:這些數字是清華附中的高中部一個班的數字(約50名學生)(北京林學院紅衛兵戰鬥隊1966)。

注3：清華大學一份學生派別的紅衛兵報報導，該大學1964年時44%的學生是工農出身，10%是剝削階級出身（《井岡山報》，1967年10月12日）。前一數字大概包括了革命幹部（按照當時的定義）的子女。其餘46%的學生，大概是白領僱員、獨立專業人士和其他中等種類的家庭出身。

注4：我在此類別中包括了因政治原因（例如「反革命」和「右派分子」）受連累家庭的學生。

約有四分之一的中學生，出身於革命幹部、革命軍人及烈士家庭，它反映了學術資格認證制度是如何正在促進精英的匯聚。[9]這主要是由於許多革命幹部子女在考試中考得很好這一事實。知識精英及政治精英家庭的子女都有特權進入最好的小學，因為他們住在這些學校所在的學區，或是因為這些學校與其父母所在的工作單位有聯繫——諸如大學或政府機關，或是其父母與老師及學校領導有關係。總而言之，這些新舊精英的子女，佔了清華附中學生的約90%，而僅有約10%的是工農的子女。

來自新、舊精英家庭的學生的高比例，部分上是由於該中學附屬於一所大學，且位於國家首都這一事實，這裏有著政府各部委、研究機構以及密集得不成比例的中國的眾多大學。然而，關於其他城市重點中學學生組成的研究也顯示，這些學生的絕大部分，或是來自知識分子家庭，或是來自革命幹部家庭。[10]這些城市重點中學，向數量極少的中國大學輸送了大部分學生，他們佔據了令人羨慕的位置；而且，這些中學是階級再生產體系中的關鍵節點。

清華大學的學生羣體，要比清華附中的學生多樣化得多；事實上，大學學生中僅有相當少數的工農子弟。清華大學從全國招收學生，而且到1960年代，新政權已在農村和城市貧窮區創辦了一個巨大的中小學網絡。雖然這些學校一般都很落後，但它們已經開始培養出大量工農子

9　考試競爭中若不優秀而被錄取的學生是稀少的。父母干預的一個案例是，賀龍元帥之子賀鵬飛因為低分沒考上清華，被允許進入清華附中復讀一年，此事在文革中被揭發出來，眾人皆知。該事的聲名狼藉似乎表明，這種違反考試程序之事並不常見。在我採訪的師生中，這是共識。

10　Rosen (1979); Unger (1982).

女的畢業生，其中有些能夠考進縣、市和省級的重點中學。我的受訪者指出，他們的同班同學中有近38%來自普通的工農家庭。這些學生中的許多，包括我採訪過的相當多學生，來自貧苦的農村家庭，並在鄉村小學上過學。

儘管貧寒低微家庭的學生數目一直在增加，清華大學學生中的大多數仍然來自精英家庭。學生們估計，其同班同學的42%來自白領和獨立專業人士家庭，且有12%來自剝削階級家庭，這個數字被大學的統計數字粗略地證實了。與此同時，據受訪者回憶，約有10%的同班同學是革命幹部子女。在清華大學，革命幹部子女的比例要比清華附中的比例小，不僅是因為大學從全國（而不僅是從首都）招收學生，還因為許多中共幹部1949年後才建立家庭，其子女還不到上大學的年齡。儘管如此，革命幹部子女在大學裏極大地超過了他們應占的比例，昔日知識精英的子女也是如此。合在一起，這兩大羣體佔據了學生羣體中的大多數，體現了學術資格選拔認證制度促進文化再造和精英匯聚的程度。

建立「教授黨」

即使黨改變清華大學教師隊伍的社會出身的舉動，僅取得有效的成功，它還是能夠穩步地改變教師的政治面貌。蔣南翔不遺餘力地在清華教師隊伍中增加黨員數量，他是在明確尋求精英匯聚這一願景的啟發下這樣做的。要實現這一願景要克服兩個困難：第一，昔日知識精英的成員必須被迫接受黨的領導，擁護黨的綱領；第二，黨內對吸收昔日精英入黨的抵抗必須得克服。1950年代中期，黨發動了一場吸收「高級知識分子」入黨的運動，蔣南翔成了該運動的主要倡導者之一。他批評了許多黨員的排外態度，他們懷疑這一政策，視之為對昔日精英不恰當的懷柔。蔣表示，「對現有的高級知識分子的進步估計不足，信任不夠，還特別表現在對高級知識分子入黨問題上的關門主義傾向。有不少人思想進步，已經具備了入黨條件，但是沒有及時發展他們入黨，甚至有人再三申請入黨，也沒有被接收……解放六年，在北京市二十六所高等學校的教授、副教授中，一共只發展了十七人入黨；在北京市的一級工程

師中，只發展了一個黨員；在北京市的高級醫務人員中，則一個黨員也沒有發展。難怪有的人說：『黨外人士圍繞著黨轉，可是入不了黨，就像月亮圍繞地球，總是挨不上。』」。[11]

1955年，在大肆宣傳鼓吹中，蔣南翔邀請劉仙洲入了黨，劉是一位深受尊重的清華教授，且已被選中擔任大學的副校長。然後，蔣南翔幫助制訂了一份計畫，查明北京有5,300名高級知識分子，設定了到1957年底吸收其中26%入黨的目標。[12]這個計畫被1957年的「反右」鬥爭所中斷，但在1958年又恢復了。曾在「反右」運動中以特別高壓手段在清華重申黨的權威的蔣南翔，大膽地向一些清華教師提供了入黨機會，這些人願意批評他們那些對黨有異議的同事。黨的領導把清華的教師分成「進步」、「中間」和「落後」三種，根據的是對其政治傾向的評估，並強烈鼓勵那些進步教授申請入黨。

蔣南翔的長期目標，是把清華的黨組織變成一個「教授黨」。他說，在1949年以前，地下黨組織一直由學生組成，且從那時起演變成了一個年輕助教們的組織。由於這個原因，黨在大學的權威仍很有限，而且，黨與高級教員的關係緊張。只有當清華的黨組織變成了一個教授的黨，清華的充分潛力才能得以實現。為了完成這個目標，蔣南翔宣佈，「黨員教授化，教授黨員化。」[13]他說，黨的目標，只有靠涉及「兩種人會師」的長期戰略，才能得以實現。這裏，他用了「會師」這樣一個軍事術語，來形容兩支軍隊匯合，以形成一個更強大的力量。他指出，第一種人有政治遠見和權力，第二種人有知識，而且第二種人是必不可少的。「是理論水平不高，認識不透，做得不夠，」他警告黨員，「不能設想老的都不要，從天上派下來一批。文化就是繼承性大，學術問題，科學問題，絕大部分是繼承和接受遺產，應該承認文化還是過去資產階級社會教育出來的人掌握得多，但是知識分子可以改造，為社會主義服務。」[14]

11　《蔣南翔文集》(1998，597)。

12　《蔣南翔文集》(1998，586–88、594–609)。

13　《清華戰報》(1970年10月12日，第4版)。

14　《蔣南翔文集》(1998，814)。

表3.5上呈現的數字表明，到1965年，在把大學黨組織轉化成一個教授的黨上，蔣南翔取得了意義重大的進步。1948年時，教員中沒有一個黨員。到1951年，即蔣南翔到大學的前一年，40名教師入了黨，其中包括169名正教授中的2名。到1965年，約有1,250名教師入了黨，包括70名正、副教授。到那時，超過一半的教員都是黨員，包括三分之一強的高級教師。教師中的黨員比例高於學校工人中的黨員比例，學校工人中僅有15%入了黨。[15]

表3.5 清華大學教師隊伍中按專業職稱的黨員比例（1948–1993）

年	教授	副教授	講師	助教	總計
1948	0	0	0	0	0
1951	1.2%	7.5%	[13.3%]		8.5%
1965	[34.7%]		51.0%	53.0%	50.8%
1985	50.3%	58.5%	53.6%	53.8%	54.1%
1993	77.0%	67.6%	51.6%	31.6%	60.1%

來源：方惠堅、張思敬《清華大學誌》（2001，卷1，第817–19頁）。

儘管蔣南翔有精英匯合的願景，他本人還是不信任大多數昔日精英。他特別懷疑那些美國培養的教授，教員中的這部分人在1949年以前曾掌控清華大學。當錢偉長和批評黨的其他人在「反右」運動中從權位上被拉下臺之後，大學的最高層領導中再沒有一個美國培養的教授了。[16] 即使那些入了黨並留在重要行政職位上的高級教員，也從來沒有進入黨的核心領導圈，校黨委由蔣南翔及六、七名黨的副書記組成。黨委會成員，都是共產黨的老幹部，或是在1949年之前領導大學地下黨活動的前學生。

在1948年12月中共軍隊到達清華時，迅速增長的地下黨組織有205名學生黨員，其中有一些留在了清華，成了第一代清華牌幹部。[17]他們之後是一批批追隨的清華學生，他們接受了蔣南翔要他們成為「雙

15　唐少傑（1998）。

16　Li（2001，94）。

17　方惠堅、張思敬（2001，第1卷，817）。

肩挑」幹部的挑戰;「雙肩挑」,即那些既能實施學術領導,又能擔任政治領導的幹部。蔣南翔親自參與學生幹部的挑選與培養,並安排時間定期與他們會見。一個學生告訴我,「蔣校長非常仔細地處理這件事。他有兩個標準——這個人學業上得非常優秀,還要非常忠於他。」[18]畢業之後,許多人被分配留校,並在學校的行政管理等級中被提拔的很快。蔣南翔和清華的黨組織樂意依賴這新一代的紅色專家,這是他們自己選拔和培養的人,他們並不依靠轉化過來的「舊的資產階級知識分子」。

培養新的一代紅色專家

蔣南翔給1965年秋天到達清華的新生們講話時告訴他們,在未來,中國將由工程師來治理。他說,由於清華是國家頂尖的理工科院校,聽眾學生中的某些人有可能會變成國家領導人,而且他預測有朝一日清華的畢業生會被任命為總理。雖然蔣南翔闡述的是社會主義的專家治國版本,聽眾中沒有人會把他的這一套與1957年錢偉長及其他知識分子鼓吹專家治國的那一套混為一談。蔣南翔強烈擁護黨的領導,在他眼中,只有紅色的專家才有資格治國。

「紅專」文化

中共一直強調紅與專相結合,這在清華大學產生了一種期望,那就是傑出的學術及政治品質應在同一個人身上一致起來,如果不是生性如此,那麼就是勤奮努力的結果。那些政治上忠誠可靠、道德高尚的人,被期望著是學術上優秀的同一批人,反之亦然。這種期望,在清華及其他院校以不同的方式體現著,其中之一就是大名鼎鼎的「三好學生」獎,它被授予一小批在學習上、政治上和身體上成績優秀的年青人。這一觀念還體現在,在每年畢業時,《清華大學公報》上要宣佈黨、團員中以優異成績畢業的學生比例,這一比例通常要高於所有畢業生的一般水平,這是在公報中強調的一項成就。同樣的期望也從反面表現出來,當那些

18　受訪者1。

挑選出來參與「因材施教」精英班的學生的政治表現相對落後，或有些被選來擔任政治輔導員的學生的學習成績在平均水平以下時，蔣南翔會表示不滿。

紅與專應該一致的期望，實質上是要把共產黨轉化成專家黨的指示。然而，在實現這一目標時，蔣南翔小心地保留了黨的許多傳統、意識形態的信念和階級傾向。1960年代初期，當他同時擔任清華大學校長和高等教育部部長時，他繼續推進大躍進時採用的教育政策的要素，並為清華大學率先搞的一些特色東西感到特別自豪，包括在校辦工廠裏搞教學、科研與生產的三結合。清華的學生驕傲地穿上藍工作服，定期到校辦工廠去搞定額的培訓和生產，他們也會到附近的公社去幫助收穫莊稼。蔣南翔強調政治課的重要性，他本人還擔任馬克思主義哲學課的教學。階級路線政策有所緩和與減輕，但它們繼續被實施著，特別是在招生的政治標準上，以及安排學生讀與軍事有關的絕密、機密專業上。

然而，在蔣南翔給清華實施的嚴密政治控制的制度之內，還有留給各種各樣階級背景家庭子女成功的空間。蔣南翔想培養最優秀和最聰明的學生，他不打算機械地把有問題家庭背景的學生一概排斥在外。當然，這些學生要想成功，他們在學業上得特別優秀，而且他們還得做出超凡的努力，來證明自己忠於黨，這裏面就包括有很艱鉅、麻煩的要求：他們得與自己的家庭「劃清界限」。對於一些人來說，這一項要求是無法克服的障礙。清華附中的一位學生蔡建設，其父是1957年「反右」運動中遭整肅的一位著名知識分子，他就一直沒法兒應允這一項要求。「當班主任要我與自己家庭決裂時，我做不到，」他告訴我，「讓一個中國孩子這樣做，非常艱難；它給人造成很多痛苦。」[19] 未能做到此事，就使得蔡建設無法入團，這限制了他的事業前程。然而，其他的學生卻決心入團、入黨，他們做一切必做之事，來彌補有問題的家庭背景，如與自己的家庭決裂，在政治表現方面做出突出的成績等。

清華大學的黨組織鼓勵這些學生克服其家庭背景的羈絆，而且特別強調在此過程中體力勞動的作用。魏佳玲的父親曾是國民黨高官，她回

19　受訪者22。

顧了1958年進入清華以後自己的世界觀是如何改變的。魏回憶，最初，她很不安，因為儘管她在升學考試中取得了頂尖的高分，卻被分到一個沒有名氣的系。「就因為我的家庭出身壞，他們就不讓我進我挑選的系嗎？」她想。然而，一旦魏和同班同學被派去幫助修建巨大的密雲水庫，這樣的個人考慮就被放置一邊。「（我懂得了）不要瞧不起勞動人民，他們的身上雖然髒——但他們是正在改造世界的人，」她說：「我知道了像我這樣壞出身的城裏人，關於幹活，我們實際上甚麼也不懂。」魏對在水庫工地上幹活經歷的回憶，不時地插入當時提倡集體主義、男女平等、與工農相結合的光輝口號所打斷。「我們與工農同吃、同住、同勞動，」她告訴我，「在20萬人幹活的工地上，我突然感到，『一個人在世界上是多麼渺小啊！』這使我感到自己融入到了集體之中，成了改造世界的一部分。」[20]魏變成了一個熱情的政治積極分子，最終克服了由家庭出身造成的障礙，並入了黨。

魏佳玲的許多同學真誠地被共產主義的理想所鼓舞，自豪地與工人農民肩並肩推著裝滿土的獨輪車。不過，就算投入「普通勞動者」生活的口號讓人信服，但學生中的許多人還是不會認為自己是任何意義上的「凡俗」之輩。清華大學的學生一直知道，他們是精選出來的羣體的一部分，甚至在大躍進這樣激進平均主義的日子裏，這一點仍舊千真萬確。例如，讀一下清華大學學生肖來寫的這段文章就明白了，它發表在1958年，作為提倡「紅專」道路運動的一部分：「我們正在進行著歷史上最偉大的社會主義革命和社會主義建設，這樣的事業，不僅需要千百萬工人、農民的熱情勞動，不僅需要卓越的政治領導人才和經濟領導人才，還需要大量的技術專家。只有工人階級的知識分子，只有全心全意為工人階級服務，為社會主義服務，把個人利益放在大眾的利益之中而不是放在大眾利益之上的紅色專家，才可能實現這樣的歷史任務。」[21]

肖來和他這一代清華大學學生的其他成員，愉快地接受了「工人階級知識分子」的稱號，並且接受了為人民服務的思想。許多人心甘情願

20　受訪者46。

21　《中國青年報》（1958年1月4日）。

地去吃苦，和工人農民同吃、同住、同勞動，並培養了有能力幹重體力
活的自豪感——所有這些品質，肯定使他們有別於中國傳統文人。儘管
如此，他們很有可能在做了所有這一切之後，仍有一種深深的唯才是用
觀念：一個人在世界上有自己的特殊作用。在肖來的話中，這一點很明
顯；我們可以想像得到，他絲毫不懷疑自己的遠大前程：未來自己將處
身於完成前面重大任務所必需的傑出政治經濟領導人才之中。通過熱情
地與同學一道幫助農民秋收，一個學生可以展示他忠於腦力勞動與體力
勞動相結合的原則，而在同時，又準備以更適合其才華的方式為社會服
務。

　　雖然意識形態上體現出上述靈活，有些學生還是注意到無產階級理
想與校園生活中的思想的不一致之處：一方面，無產階級理想是他們政
治教育課的主要內容，其中講工人和農民是國家的主人，革命英雄具有
無產階級的特點；另一方面，校園生活中流行著專家治國、英才教育與
唯才是用的思想。清華附中的學生鄭和平，出身於一個有著許多卓有成
就的知識分子的家庭。他把學校裏的精英教育環境歸結於校長萬邦儒的
領導，而萬校長被眾人視為蔣南翔的門徒、親信。「在1960年代，共產
黨把每個人都當成工人、農民，」鄭和平告訴我：「但萬邦儒……想讓
每個人都變成高等階級，像一位大學教授或高級工程師……這對每個
人的影響都很深刻。從很小時，我們就認為自己是個不一樣的人……
清華附中努力使每個孩子變成個天才，而不是芸芸眾生。你必須是個對
社會有貢獻的人——也是說，有知識文化之士。你畢業後，必須做出些
甚麼來回饋社會，而不是只像一般人一樣，朝九晚五地上班，只知道幹
活養家餬口，就算了事。」[22]

兩大精英世界的結合

　　鄭和平和他的同班同學——或至少那些將成功地實現又紅又專的人
——確實將變成一種不同的人，他們具有的特點不僅有別於普通民眾，
也有別於自己的父母。他們的父母之中，有些有學術資格，另一些有政

22　受訪者 21。

治資歷，但是，極少有人二者兼具。現在新的一代將能夠兼有兩者，而
且，在贏得這兩大資格的過程中，他們將逐漸去共享大量共同的常識與
經歷，並且將發展出相似的世界觀、價值觀、文化素養與自我觀念。

　　一方面，通過上精英學校，他們被引入知識精英那被純化了的世
界。這是一個文化精緻優雅的世界，它不僅涉及可資證明的技術和文化
專長，還包括洞明世事、知識精深，並擁有特定的文化愛好、言談舉止
及衣著方式（即那些使布迪厄很感興趣的文化資本中非正式的方面）。這
個世界對於那些出身於知識家庭的清華學生來說，是熟悉的；但對於那
些父母是工人、農民和上學很少的革命幹部的學生來說，卻不甚熟悉。
這些學生，將要加入一個對其父母和絕大多數人來說陌生的世界。

　　另一方面，通過入團，他們也被引入一個共產黨革命運動的熾熱政
治文化之中，這個文化現在正被轉化成一種國家幹部的文化。這是一個
有著強烈的意識形態信仰、集體主義的努力奮進、嚴格的紀律和公共服
務的世界。中國所有的老百姓，在某種程度上都熟知共產黨的政治話語
（用歌曲、故事和教科書來表達）及道德期望，但共青團的團員——特別
是那些進而入黨的人——則更是生活在這種文化裏，與其同呼吸、共命
運。這一共產主義活動激情彭湃的世界，對於父母是革命幹部或革命軍
人的清華學生來說，是熟悉的；但對來自知識分子、工人階級和農民家
庭的學生來說，卻是陌生的。

　　到1966年，在共產黨掌權近20年的歷程中，這兩大精英世界的交
叉地帶已經增長得相當大了。在前兩章裏，我描述了1949年後兩大世
界碰撞時發生的一切，那時，沒有文化的農民革命家從鄉村遷入了城
市，與中國城市社會裏上層的城市資本家、專業人士、專家、經理和官
員朝夕相處，關係並不和諧。隨著農民幹部上了速成的培訓班（諸如清
華大學為他們開辦的）以及知識精英入了黨，這兩大羣體的差別多少有
些減少。然而，儘管農民幹部有了新的文憑，他們在城市知識階級的精
緻世界裏仍是格格不入；而通過巨大的努力，成功入了黨的相對少數城
市精英發現，他們的新黨證根本無法使自己成為革命家，或是徹底地驅
散他們為舊政權服務而沾染的白色氣息。在1949年前就成年的那幾代

人中，真正能在中共以及知識精英世界裏如魚得水的人，只是相對極少的知識分子，諸如蔣南翔這樣參加過共產主義運動的人物。

和大多數前輩不一樣的是，1949 年後培養的又紅又專青年，在兩大世界裏左右逢源，獲得充分的自由。他們舒適地佔據著兩大世界交叉的空間，這是中共——當其重心從偏遠的村莊移到都市的辦公大樓之後——用強大的制度基礎提供的。他們在學校裏出類拔萃，也充分地信奉了共產主義的意識形態，他們的經歷給了他們一種自豪和前程似錦的共識。他們共享的，不僅是教育制度、黨團組織灌輸的美好遠景及價值觀，還有一套無比珍貴的認證資格，能給他們以共同的利益，並使他們與社會上的其他人有別。

然而，又紅又專青年們的團結不應過分誇大。他們的家庭出身相當不同——有些來自昔日知識精英，有的來自新的政治精英，其他的出自更貧寒低下的家庭——每個個人都仍帶著能回溯到其獨特不同背景的品質。這些東西繼續提供著潛在的分裂的線路，它在政治動盪的時刻就大白於世了。

「紅專」道路上的障礙

所有的共產黨領袖，包括毛澤東，都有理由接受又紅又專的邏輯。為了鞏固共產黨的權力，減少對非黨專家的依賴，有必要培養新的一代專家，他們信奉共產主義的規劃，忠於黨。又紅又專的邏輯也肯容易擴展為一個宏大的專家治國願景——即新中國應由紅色專家經管——的基礎。中共要迅速實現工業化的信念，給了此前景強大的推動力量，而且，在指定要培養紅色工程師的諸如清華大學之處，找到了肥沃的土壤。然而，並非所有的共產黨人都共享這個技術專家治國的前景。事實上，中共盛行的政治文化，為實現這樣一個前景設置了難以對付的障礙。

1949 年後，共產黨的幹部突然進入到現存機構的頂端領導崗位；由此創建的「紅壓倒專」的結構，演變成了一個永久性的制度。在清華大學和其他院校，正如在政府機關及經濟企業，存在著兩種不同的職業

軌道──一種是政治/行政管埋的，另一種是技術的。每個機構的最高
領導人，仍是參加過共產黨運動的老幹部；而承擔政治及行政管理權力
的其他職位，則交給了新吸收的黨員。可那些有文憑但還沒入黨的人
士，只能走技術道路；要想在政治及行政管理等級制度中晉升，則需要
黨員身分。技術的和政治/行政管理的兩條軌道之間的差別，在工廠和
其他生產企業中特別顯著；在這些地方，中共領導人羅致到工人們的幫
助來經辦企業、監督專家。1949年後的大學畢業生，被吸納進這個工業
結構裏留給專家的從屬職位上。這些新專家，被認為比舊政權遺留的老
專家更可靠；但是，新專家在許多方面類似於老專家。多數人出身於昔
日精英家庭，甚至那些其他出身的大學生也有著知識精英的特點，包括
認為技術本事高於政治資格、技術考量高於政治考量。於是，即使一個
大學畢業生是黨員，他或她也被視為一個技術人員，而不是一個潛在的
領導人。簡而言之，大學畢業生就是不符合一個黨的領導人的典型形
象，理想的黨的領導人是從羣眾中湧現出來的，仍然保留著粗魯的特
點，說著老百姓的話，能夠很容易地與基層民眾打成一片，善於解決工
人們的困難、減少他們的委曲冤情，並善於動員他們參加政治運動和生
產運動。(技術中專的畢業生，通常比大學畢業生有著更多無產階級的
根基及態度，更可能被視為當領導的材料。)

只要考慮一下1950年代和1960年代分配到工業企業去工作的清華
畢業生面臨的形勢，阻擋建立一個技術專家治國秩序的障礙，便可一目
瞭然。工廠領導人──典型地是革命年代功勳卓著的老幹部，沒受過甚
麼教育──高興地歡迎分配到其企業來工作的大學畢業生，新人們經過
一年左右在基層的強制性的體力勞動鍛鍊之後，領導人急切地把他們安
放在技術崗位上，以把他們寶貴的專業技能用於工作。有能幹表現的很
快會得到晉升，沿著企業內技術崗位的等級制度往上提拔，到頂端處，
是工廠的總工程師，這是個有相當大責任及地位的職位。然而，在每一
級(車間/部門、分廠、總廠、企業集團總部)，最終的權力是在黨的書
記和廠長、主任的手裏。能幹且有雄心抱負的產業工人，可以從班組
長、到工長到車間主任，或沿著工會及黨的等級制度往上爬，有一些甚
至能攀到工廠黨組織及企業管理的高層，特別是在1950年代之時，政

治轉型及工業迅速擴展，打開了頂端的許多職位。[23] 然而，由於技術軌道與政治/行政管理軌道是相互分開的，大學畢業生不能指望到達權力的職位。統計數據表明，這個「紅壓倒專」的結構造成了十分明顯的對比。一方面，工廠領導人比起在他手下工作的技術人員，在受教育上要差得遠。一份1955年的研究報告說，中國工業企業中不足6%的領導人員上過大學，而總工程師、技師中上過大學的卻佔56%多。[24] 另一方面，大多數廠長經理是黨員，而僅有極小部分的技術人員入了黨。甚至遲至1965年，據對十一家大型工業企業的黨員研究，僅有9%的技術人員是黨員，而管理人員中黨員佔56%，事實上，在所有的僱員中，技術幹部是最少有可能被吸收入黨的；18%多的生產工人入了黨，比技術人員中的黨員比例高一倍。結果，技術幹部僅佔這些企業裏黨員人數中的3%。[25]

中國工業企業的黨組織，往往是由農民出身的革命幹部所領導，而且，主要是從工人的隊伍中吸納黨員來組成，這為技術專家治國之路設置了一個可怕的障礙。技術專家治國的觀點，違反了共產黨教義的平均主義前提；這導致人們本能地厭惡昔日精英階級，以及後者打著文化資格旗號奪權的虛偽。專家治國這一觀點，不僅與黨組織的政治文化相矛盾，還與大多數黨的幹部以及基層黨員的實際利益相衝突。

「紅壓倒專」的結構體現了黨組織的主導意識形態及利益，在「反右」鬥爭及大躍進中，又戰鬥性地得到確認及加強，那時，在廠礦企業、政府機關，還有學校裏挑戰了黨的權力與特權的專家們被嚴酷地打擊。在此時期，發表在學術刊物《學習》上的一篇文章，尖銳地表達了黨的立場，它批判了「政治不能領導技術」，「外行不能領導內行」，「在今後生產鬥爭中技術決定一切」，「技術知識分子應該教育黨」等觀點。作者寫道，這些論點反映了技術專家治國論的反動思想；在中文裏，專家治國用「工程師專政」來表達。[26]

23　有關中共如何培養工人擔任領導職位的情況，見Harper (1971)。

24　《統計工作快訊》資料辦公室 (1957，89)。

25　Lee (1991, 295)。

26　蔣一葦 (1957，12)。

技術專家治國論的最堅定的反對者，是黨的最高領袖。毛澤東強烈地支持「紅壓倒專」的結構，而且共享了共產黨幹部對昔日精英階級及其子女的不信任。但是，他也日益不信任共產黨幹部本身，這些幹部——按他的估計——太容易傾向於當官做老爺，並渴求著資產階級那舒適且特權的生活方式。他對兩大羣體——中國新、舊精英——的關注，早在1957年就已經很明顯了。那時，他先是邀請知識分子批評共產黨官員中的官僚主義傾向，然後，又率領了共產黨的反攻。在1966年，毛澤東將發動一場新的攻擊，這一次同時針對兩大羣體。他的瞄準器十字標線的正中，將是紅色專家，這些人一直得到清華大學及其他精英學校的黨組織（且是在毛的支持下）的精心培養。

第二部

文化大革命（1966-1968）

第4章

政治權力對抗文化權力

　　1966年6月8日，由幾百名黨的官員組成的一支工作組進了清華大學，下令中止學校一級及系一級所有幹部的權力，並接管了學校。從五月底，清華就一直處於混亂之中。當時，北京大學一小批激進的教師張貼了一份嚴厲的大字報，譴責學校領導推行了「一條修正主義的教育路線」。[1] 毛澤東認可了這份大字報，清華的學生蜂擁至毗鄰的北京大學校園，親眼見證了隨後的論戰。不久，清華的校園也捲入一場有關本校領導的大辯論。停課了，校園建築物的牆上貼滿了大字報，攻擊或保衛學校的領導機構。由黨中央的領袖派來的工作組，通過譴責清華大學黨委書記蔣南翔以及大學黨委會整個班子，權威性地結束了辯論；工作組還動員師生寫大字報並舉行會議，來批判大學領導人。相似的工作組也派往其他院校。

　　對於清華大學的成員來說，所有這一切真如晴天霹靂，因為自蔣南翔十四年前進入清華以來，他在此地真是說一不二，但之後到來的一切，更使清華人目瞪口呆。兩個月之內，毛澤東下令工作組從學校撤出，並鼓勵學生、老師和職工組織自己的「戰鬥隊」，去扳倒強大的黨的官員們；毛澤東說，這些人正把國家領上了邪路。由於清華的黨組織已經停止發揮作用，工作組的撤出留下了一個權力真空，它很快被相互競鬥的戰鬥隊所填充，每一個戰鬥隊都有著自己對運動目的的闡釋。毛澤

1　由聶元梓率領的北京大學教師得到了康生（毛澤東剛成立的領導運動的中央文革領導小組成員）夫人的鼓勵（Harding 1991, 134–35）。

東稱之為「無產階級文化大革命」的這個新的政治運動，演變成了一個非常不同於中共掌權頭十七年其他運動的東西。毛澤東鼓勵工人和農民參加運動，到年底時，全國的黨組織都癱瘓了。在以後兩年的大部分時間內，它們仍然大半不起作用，而由小戰鬥隊拼湊在一起的、地方上你爭我鬥的大聯合，成了運動的主要領導者。

當毛澤東發動文化大革命時，他的炮火對準的，是不甚融洽地分享著中國社會上層的兩大羣體——昔日的知識精英和新生的政治精英。現在，學校制度和黨組織，即這兩大精英羣體獲取其權力的制度基礎，都被關停終止，並受到毀滅性的攻擊。一方面，知識分子的社會威望、物質地位和與眾不同的自我觀念受到攻擊，且往往是通過對個人來說極端殘酷的方式。整個教育體系的做法遭到了懷疑，與傳統的中西文化相聯的各種知識——這是知識階級的傳家寶——遭到詆譭與貶低，這些文化傳統的象徵彷彿如舉行儀式般地被摧毀。與此同時，毛澤東還號召學生、工人和農民攻擊其學校、工廠和鄉村的黨的官員，地方官員被其下屬押到臺上批判、羞辱，黨機關的權威受到嚴重的破壞。

雖然毛澤東為文化大革命設置了意識形態前提及政治前提，但他的表態往往是含糊不清的，含義極有爭議。1966年的夏、秋，各地黨組織停止工作之後，全國學校、工廠和農村的人們結合成相互爭鬥的派別，各自提出對文化大革命之目標不同且矛盾的闡釋。因為毛澤東一開始時目標對準的，是政治及文化兩大資本，兩個都成了爭鬥的關鍵軸心，有的派別攻擊這個，有的派別保衛那個。清華明顯就是這樣，但大學與其附中的各派的聯合卻是以非常不同的方式進行。在清華附中，中共幹部的子女鬥的是知識分子子女，這是政治資本與文化資本相對立的衝突。而在清華大學卻不同，一個「激進」的派別同時攻擊新生階級秩序的政治及文化兩大支柱，反而促使了一個「溫和穩健」的、保護現狀的大聯合——包括昔日知識精英及新生政治精英雙方的子女——的發展。於是，清華附中的派別，代表了中國政治精英及文化精英之間長期衝突的繼續；而清華大學的溫和穩健派大聯合，則反映了兩大精英內部新出現的團結。兩者都是精英匯聚那引起爭議且曠日持久過程的體現。

毛澤東的目標

在審視事件是如何在清華發展的之前，有必要考慮發動運動的最高領袖的目標。特別是，毛澤東號召羣眾攻擊他自己黨的官員們的決定需要解釋。一些學者已經解釋了，事件的這個令人驚奇的轉折，是毛澤東提升他個人權力之舉動的產物；而其他一些學者——既有損毀者也有讚美者——則把毛澤東描述成一個決心追逐共產主義無階級社會理想的烏托邦空想家。[2]當然，在強調個人權力與著重意識形態的解釋之間，沒有甚麼必然的矛盾。毛澤東那共產主義未來的前瞻，與他個人在領導人民走向那個未來中所扮演的角色，是密不可分的。許多學者令人信服地論證說，文化大革命反映了毛澤東的個人權威與中共官僚機構的權威之間的緊張關係。[3]在黨中央的領導層之中，工作是有分工的，其中，其他人處理日常行政管理事務，而毛澤東則負責推動黨的長期目標，而且，他承擔發動重大政治運動的責任。[4]這些運動——包括土改、集體化和大躍進——都是自上而下革命的工具，這些革命會突然提出超驗的共產主義目標。當毛澤東發動了新的運動，暴力地推翻了現狀、廢除現存的政策及制度，並創造出新的政策與制度時，短暫的平靜就被打破。類似於在一個部落裏，權力在一個戰爭首領與一個和平首領中間分開，而毛就像那個戰爭首領，他的權力在羣眾動員時期就上升。在文化大革命期間，毛澤東的個人魅力型權威（charismatic authority）達到頂峰，它是立足於實現共產主義那消滅階級差別的號召力的。[5]

2　在解釋文化革命起源時強調毛澤東追求個人權力的近期著作，包括有Chang and Halliday (2005); Huang (2000)。

3　例如，見Dittmer (1987); Ahn (1974); Whyte (1974b); Lee (1978); Meisner (1982); Schapiro and Lewis (1969); Schwartz (1968); Tsou (1969)。

4　這種分工於1956年正式化：處於「二線」的毛澤東負責「原則問題」，而處於「一線」的其他最高領袖則負責處理日常事務（Huang 2000, 13; MacFarquhar 1974, 152–53）。

5　在別處，我將文化革命造反運動在破壞官僚主義權威的高效歸之於其領袖個人超凡魅力的特點（Andreas 2007）。

　　文化大革命的官方理論基礎，在這樣一個論點裏得到闡發：中國的榜樣蘇聯，正經歷著從社會主義向一種「國家資本主義」的「和平演變」。根據毛澤東以及與他關聯的一羣激進理論家所言，這個轉變並不涉及蘇聯共產黨丟權下臺，或是所有制制度的改變。相反，一個新生的剝削階級正在黨的領導層內湧現，它的權力基於控制國家和集體財產。這一理論對共產主義事業大計來說，有令人擔憂的含義。主導的國際共產主義理論話語，曾強調社會主義與資本主義的區別：生產資料的社會化，消滅了剝削和對抗的階級關係。和平演變的思想，則質疑了這個樂觀自信的假定。激進的中國理論家們，並沒有強調兩者的區別，反而開始強調社會主義與資本主義的共同之處。社會主義制度儘管消滅了私有財產，但它與資本主義一樣，都是立足於商品交換和工資勞動，不平等地分配物質商品。現在，按他們的觀點，蘇聯的官僚已經變成了一個剝削階級——而在社會結構上，並沒有任何根本的變動。由於中國一直緊緊追隨蘇聯的榜樣，中國的社會結構也可被視為含有剝削的種子，共產主義事業的主要危險，不是來自已經被推翻的有產階級，或是來自外部敵人，而是來自黨內部的「新生資產階級分子」。

　　毛澤東宣佈，為了避免走蘇聯的道路，有必要實施一個「無產階級專政條件下的繼續革命」。這次革命，就是要針對「那些黨內走資本主義道路的當權派」，簡稱為「走資派」。在文化革命前夕的1965年12月，毛澤東警告，黨的官員正在變成一個新興的剝削階級。他說，「官僚階級與工人階級和貧下中農是兩個尖銳對立的階級。這些走資本主義道路的領導人已經變成或正在變成吸工人血的資產階級分子，他們怎麼能充分理解社會主義革命的必要性呢？這些人是鬥爭對象，是革命對象。」[6]

　　然而，毛澤東對共產黨內新出現一個官僚主義者階級的擔憂，並沒有減輕他對舊精英造成的危險的擔慮，而且，他特別擔心新、舊精英兩者的合作。當毛澤東在1966年發動文化大革命時，他把這兩大羣體定為運動的對象。這在講述運動的目的及方法的十六條決定中規定得很明確，它是在1966年8月，在毛澤東的堅持下，由黨中央委員會通過的。

6　毛澤東（1996，第2卷，265–66）。

第一條就規定了兩大主要目標：「鬥垮走資本主義道路的當權派」，和「批判資產階級的反動學術『權威』」。[7]

繞著黨走

在以前的政治運動中，毛澤東一直是依靠著黨組織；通過共產黨從中央到各地分支的指揮系統下達命令，各地分支動員起下屬的羣眾組織，激發起千千萬萬的民眾。然而，這一次，由於毛澤東的靶子是黨組織本身，他不可能再依靠它來領導運動。相反，他繞過黨，直接動員學生、工人和農民。標誌著這次新運動非同尋常特點的分水嶺事件，就是毛澤東召回了工作組，它們最初曾是由中共當局派下去領導運動的。

黨的工作組很早就一直被用來領導政治運動，整頓地方黨組織的問題。例如，在土改中，工作組用了幾個月監督農村的運動，查清地方上的共產黨幹部有沒有包庇地主和富農。在社會主義教育運動（1963–66）中，工作組還負責調查幹部貪汙、腐化及濫用權力之事。在這些運動中，工作組臨時負責管理村莊、工廠和學校——把當地黨委會棄之一旁——並組織農民、工人和學生幫助調查和批評地方上黨的領導人。工作組在地方幹部中引起巨大的恐懼，而且，此方法在實施黨的紀律、剷除幹部腐敗及濫用權力上很有效。[8] 於是，在1966年，黨的領袖們很自然地認定，工作組是執行毛澤東的最新首創精神的合適方法。然而，這一次，毛澤東不是簡單地尋求懲戒犯錯誤的官員；他想向黨組織的權威發起挑戰。對於這樣一個任務，派工作組的方法就很不適當，因為此舉加強了黨的等級制度的基礎權威。權力暫時轉移給了工作組，它代表著上級黨的權威當局，然後，當工作組離開後，權力又轉移回當地的（舊的或新的）黨的領導人手中。在整個過程中，平民百姓被期望著聽從一撥或另一撥黨官員的指示。毛澤東得出結論，社會主義教育運動和以前整

---

7 《人民日報》（1966年8月9日）。

8 有關土地改革中工作隊辦法的情況，見 Friedman, Pickowicz, and Selden (1991); Hinton (1966)。有關社會主義教育運動的情況，見 Chan, Madsen, and Unger (1984); Endicott (1988); Yue and Wakeman (1985)。

黨舉動的問題，就在於它們全都是在黨組織的指導下進行的。社會主義
教育運動中的1965年12月，毛澤東宣佈，由於官僚階級分子是鬥爭的
對象，「社教運動決不能依靠他們」。[9]在毛澤東發動了文化大革命後，
他指出，「過去我們搞了農村鬥爭，工廠的鬥爭，文化界的鬥爭，進行
了社會主義教育運動，但不能解決問題，因為沒有找到一種形式，一種
方式，公開地、全面地、由下而上地發動廣大羣眾來揭發我們的黑暗
面。」[10]

　　在文化大革命最早的幾個月，毛澤東允許黨的官員向學校和工廠派
遣工作組，但他馬上又通過發表一系列的報紙及廣播評論，譴責工作組
控制運動的舉動，並宣佈「羣眾必須自己教育自己，自己解放自己」，以
此來破壞掉這些工作組的權威。這一信息，煽動起學校裏學生與工作組
的對抗（以及工廠裏相似的對抗），它最終導致了一個「造反」運動的出
現，該造反運動只向毛澤東一個人效忠。

　　為了領導運動，毛澤東建立了一個中央文化大革命領導小組。中央
文革小組的成員一般有兩個特點：思想上忠於毛澤東的激進路線，並在
黨組織中缺少權力。中央文革小組由毛澤東的夫人江青，及毛澤東的個
人祕書陳伯達領導，其他大多數成員是一羣筆桿子，他們都展示了自己
對毛澤東剷平階級事業的強烈忠誠。[11]雖然中央文革小組名義上是隸屬
於黨中央委員會的一個特定機構，但它除了毛澤東不向任何人負責，且
沒有高於任何黨組織的正式權威。代之的是，它處於黨的官僚機構之
外，並率領羣眾向它進攻。

　　中央文革小組與清華及別處湧現出來的無數地方羣眾組織之間，並
不存在正式的組織聯繫。這些羣眾組織並不是自發產生的；相反，它們
是響應毛澤東的號召而產生的。儘管如此，該運動並不是自上而下組織
起來的，地方上的各個團體是自我組織的；領導人自我任命，自己召集

9　毛澤東（1996，第2卷，265–66）。

10　得自毛澤東1967年2月的一次講話，引自《北京週報（*Peking Review*）》（1967
　　年2月13日，第5頁）。

11　有關中央文革小組的作用及其成員的背景，見Dittmer (1987, 80); Barnouin
　　and Yu (1993, 44–55)。

追隨者。地方上的特定領導人及團體一鳴驚人，有時是毛澤東及其手下親信的干預所致，因此，羣眾組織極力想得到他們的認可。然而，自始至終沒有正式的指揮等級體系建立起來。地方組織就像政治聯合體一樣自我構造，反映著它們特定的出身。小的戰鬥隊聯合起來形成各種派別，相互競鬥，並作為較大組織的基本單位保留下來。戰鬥隊的成員人數隨著個人出出進進而波動，整個團體有時脫離一個聯合體，加入另一個。政治活動，多半是這些小型的、流動的羣體的工作。它們的成員討論著當時的問題，集體寫大字報，一起在全國四處串聯，而且──當派別爭鬥變得暴烈時──各個團體時常設法搞到自己的武器，或製造武器。

　　由於運動的領導如此鬆散，全國的學校、工廠和鄉村湧現出的派別五花八門，不一而足。儘管如此，還是浮現出一些普遍規律。雖然清華大學及其附中所發展的派別聯合陣線特性不同相，但前者與其他大學有很多相同之處，而後者與其他的城市精英中學有很多共性。在本章中，我將分析清華附中競鬥的學生派別的政治傾向、領導圈子以及社會基礎，而把清華大學的兩大派別留到下一章。

中學紅衛兵的誕生

　　1966 年 5 月 29 日晚，清華附中的十幾個學生──他們大多數是共產黨幹部的子女──在學校隔壁皇家園林圓明園那空曠、雜草叢生的園子裏祕密聚會。在會議上，他們決定創建自己的組織，命名為「紅衛兵」，宣誓要為保衛毛澤東思想而戰鬥到死。他們雖然大多數都是學校共青團組織的團員，但覺得團的戰鬥性不夠。他們認為，共青團屈從於老師和學校領導，而這些人太關心學業，關注階級鬥爭不夠。特別是，他們認為，老師和學校領導太遷就那些學習好、但出身於昔日精英家庭的學生，允許他們入團，甚至讓他們當選學生幹部，而這是違背階級路線原則的。這個小集團討論了北京大學發生的激動人心的事件，他們決定，由他們來譴責自己的校長萬邦儒的時機成熟了。[12]

12　卜偉華（1998）。

　　就這樣，中國的第一個紅衛兵組織誕生了。這個名字，最終成了文化大革命期間對學生組織的統稱。但實際上，第一波紅衛兵運動的政治傾向和議程具有特殊性，和在這之後的學生派別有所不同。清華附中的這個羣體，不僅創造了「紅衛兵」這個名稱，還成為了一個榜樣，很快，北京其他中學裏那些大膽的共產黨幹部子弟就開始效仿。

　　在清華附中，剛問世的紅衛兵貼出大字報，嚴厲責罵萬校長，指責他的地主家庭出身，控訴他執行修正主義教育路線。這些挑釁的大字報出現在學校牆壁上之後不久，其他學生——包括許多知識分子家庭的學生——寫大字報予以迴應，以保衛校長及學校領導機關。紅衛兵則回應以新的大字報，稱前來援助校長的反對者為「保皇派」。然而，造反者是少數，在學校領導機構及其學生保衛者的攻擊下，他們於6月7日撤出了學校。第二天，他們又殺回來了，並從北京其他重點中學帶回來幾十名騎自行車的一隊學生，他們大多數也都是革命幹部的子女。學校官員鎖上了校門，隨後發生了一場叫罵戰，保衛校長的學生站在校內，紅衛兵們站在校外。當天傍晚，中共北京市委派出的一個工作組到達，罷了學校領導人的官。跟在工作組的身後，紅衛兵們勝利地重返了學校。[13]

　　在這第一場對抗中，戰線就拉開了，為附中之後兩年學生中兩派的衝突劃定了界線。學校是按家庭出身的界線分裂的，革命幹部家庭的學生(約佔學生總數的四分之一)站在一邊，知識分子家庭的學生(約佔學生總數的三分之二)站在另一邊。在文革之前，共青團的活動一直是包括兩大羣體的學生的，學生之間的友誼也跨越了家庭出身的界限。然而，隨著毛澤東號召年輕人要不忘階級鬥爭，兩大羣體之間的緊張關係從前兩年開始就加劇了；而到了1966年夏，學校兩極分化成兩大敵對陣營。[14]

　　在六、七月剩下的日子裏，工作組掌管著中學。停課了，學生們被動員起來，寫大字報、組織小組討論、參加羣眾性的「批判、鬥爭」會，來批鬥學校領導及老師。工作組在挑選那些幫助領導運動的學生時，執行了階級路線原則。曾是共青團幹部的知識分子家庭的學生，現在不僅被晾到了一邊，還因支持過舊的學校領導而受到攻擊。現在，紅衛兵因

13　仲維光（1996）。

14　鄭義（1992a、1992b）。

其早期猛轟校長而成了英雄，工作組請紅衛兵主持全校性的大會。

當清華大學的大學生要求工作組離開校園、讓學生們自己組織起來時（見第五章），附中的紅衛兵頭頭沒有參與這場衝突。攻擊一位出身地主家庭、且很容易被定為「資產階級反動學術權威」的中學校長（儘管他還是中學的黨支部書記）是一回事；而攻擊由黨的最高當局派來、且本身革命資歷又無瑕疵的工作組成員，則完全是另一回事。當附中紅衛兵的一位成員貼了一張大字報，要保護造反的大學生之時，她的同志們拋棄了她，讓她獨自去受附中工作組領導的懲罰，他們把她打成了一位「反革命」。[15]

攻擊文化資本，保衛政治資本

七月底，毛澤東下令工作組撤離學校。在八月一日，他給清華附中的紅衛兵寫了一封公開信，稱讚他們的造反精神。[16]有了毛澤東的認可，再加上他在天安門廣場上接見聚集在那裏的千百萬學生以示再次肯定，紅衛兵運動席捲全國。全中國學校的學生，一般以革命幹部子女打頭，建成了他們各自的紅衛兵組織。

隨著學校黨、團組織的癱瘓以及工作組的撤走，清華附中年輕的紅衛兵們急切地接過領導運動的責任。如同他們所理解的，他們的使命就是攻擊舊的文化精英和教育制度。廖平平是一位出身農民的高級革命幹部的女兒，她把該組織的目的解釋為平均主義。「紅衛兵反對不平等；我們相信，我們正在追隨著共產黨過去的理想——幫助窮人，」她告訴我：「我們要求他們向工農子女打開學校大門。」按廖平平的觀點，她和朋友們正在戰鬥，以反對精英教育。「我們批評學校領導和教育制度；我們當時認為，清華的一體化體系是錯誤的——在清華附中讀書後，直升清華大學——這不對；它與社會沒有聯繫……我們批評學校給學生施加太多的壓力。在成績上、在體育活動上——一切都是為了競爭成為最優。」[17]

15　仲維光（1996）和受訪者 18 及 20。

16　毛澤東（1988）。

17　受訪者 19。

　　所有這些點，都是毛澤東批評教育制度的要素；這是他從「1964年春節談話」以來，加大力度推進的。早在文化大革命開始前很久，許多革命幹部的子女就把毛澤東激進的教育日程當成自己的了。1965年，後來創建了紅衛兵的清華附中的那些學生，就組織了一個「教育改革組」，而且，他們寫了一系列大字報，批評學校沒有執行毛主席的教育路線。1964年，精英學校北京四中一幫相似的學生，就罷課要求教育改革。後來，他們寫了一封信給黨中央，要求取消大學升學考試，並執行更嚴格的階級路線錄取政策。[18]

　　到1966年7月，當文化革命正如火如荼之時，清華附中的紅衛兵滿懷激情及青春的氣質，怒斥教育制度以及舊的知識精英。「過去的十七年裏，我們的學校一直被資產階級統治。我們決不能再容忍下去了！我們要打倒它、奪回權力、組織起階級大軍的革命、按照社會身分推進階級路線。」他們特別地把憤怒指向自己身邊出身舊精英家庭的同學。「地主和資產階級的年輕先生們及小姐們，我們知道你們的心情……你們以為自己可以利用暫時存在的資產階級教育，在成為白色專家的階梯上爬得更高，進入大學，與『教授、專家』聯合起來……而且，或許你們甚至可以逐步積累一些政治資本並獲得一些權力……你們確實沒有想到你們仇恨的階級路線就要到來，並將粉碎你們的美夢……你們所鄙視的工人農民、工農子女以及革命幹部的子女，將要佔領文化、科學技術的崗位。你們一手遮天的壟斷被打破了。」[19]

　　雖然紅衛兵以工人農民的名義攻擊舊的知識精英，但實際上，他們的組織都清一色地由革命幹部子女組成。畢竟清華附中的工農子女極少，而且他們多被紅衛兵所拒絕或疏遠。[20]北京重點中學的革命幹部子

18　宋永毅（2004）。

19　清華大學附中紅衛兵（1966）。

20　仲維光（1996）和受訪者17、18、23。Rosen（1979, 186）指出，1966年8月在北京許多中學湧現出的兩個或更多相互爭鬥的紅衛兵組織，有時反映了革命幹部子女與工農子女的衝突。然而，在清華附中，一個紅衛兵組織控制了學校，直到1966年底，主要由知識分子子女組成的一個對立派出現，才結束了這種局面。

女,對黨的階級路線,發展出他們自己獨特的解釋,其中以「血統論」著稱。「血統論」高調突出了他們自己的角色。「血統論」的原則,用一對著名的對聯簡明地表達,它是由另一所北京重點中學的學生創造的,並成為紅衛兵的座右銘:「老子英雄兒好漢,老子反動兒混蛋」。清華附中的紅衛兵們確信——如同他們在一份傳單中所寫——他們有著「沿著我們革命父輩的足跡前進」的獨特責任。[21] 毛澤東發動文革之前,就清楚地表明,他希望新的一代「革命接班人」將在即將到來的戰鬥中得到鍛鍊。「幹部子女原以為他們天生就是革命接班人」,宋振東回憶說,他是清華附中的學生,父母全是老革命。[22]

　　1966年夏,「血統論」的甚囂塵上,在政治上邊緣化了清華附中的絕大多數學生。幾個知識分子家庭的學生原來一直是紅衛兵頭頭的好朋友,在紅衛兵組織初創之時,也參加了它,但「血統論」的興起逼使他們退出,因為現在當紅衛兵需要有革命的出身。一個紅衛兵運動分子估計,到八月,革命幹部家庭的學生約90%加入了紅衛兵,而且,他們實際上就是紅衛兵的全部成員。該組織聲稱有三百成員,約佔學生總數的20%。工作組撤出後不久,紅衛兵發佈了一份通令,宣稱,「凡非工農革幹子弟者……在我們面前必須矮三寸!」[23]

　　八月,北京重點中學的紅衛兵組織成了一場暴力運動的先鋒,這場運動橫掃被定為舊精英階級的一切「牛鬼蛇神」,包括他們自己學校的行政管理者、老師和學生。在清華附中,幾位行政管理者和老師遭到毒打;校長被打壞了腎,一位老師被打瞎一隻眼,另一位教師在學生的手中遭到毒打和侮辱後自殺。[24] 與此同時,紅衛兵還領導了一場破「四舊(舊思想、舊文化、舊風俗、舊習慣)」的運動,查抄舊的資產階級和著名知識分子的家,審訊、有時拷打居民,破壞或沒收傳統精英文化或有西方影響的象徵之物。

21　清華大學附中紅衛兵(1966)。

22　受訪者26。

23　清華大學附中紅衛兵高中No. 655班核心組(1996 [1966])。

24　王友琴(1996)。

　　當革命幹部子女熱情地響應毛澤東進攻舊义化精英的號召之時，對於毛澤東同時要求攻擊新的政治精英的號召，他們卻不那麼熱情。事實上，對於他們來說，毛澤東大計的這一方面是不可理解的。他們以一種對他們自己講得通的方式，來闡述毛澤東的議程：攻擊舊的精英，就是為了保衛共產黨。這就是1966年8月24日他們執行的議程，這暴力的一天，標誌著他們權力的頂峰。此前一天，清華附中的紅衛兵發現，清華大學的學生們張貼了大字報，批評劉少奇（劉是中共黨組織首領，他負責在六月往學校派出工作組）以及他的夫人王光美；王光美一直是清華大學工作組的一名重要成員。他們發動了全城十二所中學的紅衛兵，匯聚到清華大學。在一場羣眾大會上，他們宣佈，決不許反動學生「翻天」！之後，他們用一輛卡車拉倒了清華著名的校門，這是清華大學革命前遺產的象徵。那天下午和傍晚，他們發動了一場暴亂，毒打被批判為資產階級學術權威的行政管理者和教授，和執行過修正主義教育政策的「黑幫」成員。與此同時，他們扯下了冒犯他們的大字報，攻擊了一些清華大學的學生，這些大學生曾批評過工作組以及負責派工作組的黨中央官員。

　　在以後的幾週裏，紅衛兵活動分子逐漸明白了，毛澤東及其中央文革的親信是支持那些正在攻擊工作組及黨的官員的學生團體的；他們大吃一驚，沮喪之極。到10月，這些紅衛兵處於守勢，試圖避開對他們自己及其父母的攻擊。到12月，北京重點中學的紅衛兵召開了一次大會，成立了首都紅衛兵聯合行動委員會。清華附中的幾百名學生參加了，還有數千名其他中學的學生。大會成立的這個鬆散的聯合，簡稱「聯動」，公開反對中央文革小組，以「聯動」名義散發的一份傳單，發誓要「保衛黨的各級組織和優秀、忠實的領導幹部。」[25]清華附中紅衛兵主要頭頭之一的劉近軍告訴我，「到那時（我們）不再為毛澤東而戰，我們為自己的生存而戰。」[26]

25　重印在宋永毅和孫大進的著作中（1996，108）。

26　受訪者16。

一場新的造反運動

　　到1966年秋末，清華附中的紅衛兵正在受到一個新的學生組織「井岡山」的挑戰，它是按照一座高山據點來命名的。近四十年前，毛澤東及其同志就從這裏開始了農村游擊戰略。「井岡山」主要由知識分子家庭出身的學生組成，他們佔了清華附中學生總數的絕大部分。在工作組六月進校之前，現在活躍在「井岡山」中的許多學生曾保衛學校的校長，而自我標榜為「造反者」的紅衛兵，則斥他們為「保皇派」。現在，知識分子的子女為自己披上了造反派的外衣，把保皇派的帽子拋給了對立面的紅衛兵，指控他們保護了黨內走資派。

　　這些新的中學造反者，與清華大學一個大得多的學生團體「井岡山」結盟，附中學生「井岡山」的組織名稱就是從這裏獲得的。清華大學的「井岡山」組織，是由曾挑戰了黨的工作組權威的學生們創建的；那時，挑戰工作組的舉動，曾使他們受到嚴厲的批評，而在工作組被撤回後，又使他們成為英雄（見第五章）。1966年10月6日，「井岡山」與北京其他高等院校具有相同理念的學生組織，組織了一次龐大的集會，據稱有十萬人參加；在會上，他們控訴了六、七月間工作組對學生的迫害。他們要求工作組領導人為鎮壓學生行徑負責，並把他們的攻擊擴展到曾派出工作組的更高層官員。中央文革小組的幾名成員在大會上講了話，表示了對這個新的運動的支持。這次集會標誌著文革的一個轉折點。在此之前，在工作組和紅衛兵的領導下，運動一直主要是針對教育制度和文化精英。這一波新的造反組織，在中央文革小組的支持下，使黨的組織及政治精英成為主要靶子。清華附中一位「井岡山」的活動分子蔡建設，這樣來總結這個變化：「最初，毛澤東利用紅衛兵來攻擊反動學術權威，然後，他利用我們造反派來攻擊走資派。」[27]

　　清華附中的「井岡山」活動分子聲稱，他們最強大的時刻，是從1966到67年的冬天。那時，他們擁有學校80%學生的支持。雖然這個估計或許有些誇大，但根據大家所說，這個新的團體比「紅衛兵」的規

27　受訪者22。

模要大得多。「井岡山」也依從文革的階級路線規範，它的兩個主要頭頭，都是革命幹部的子女（關鍵的領導人，就是那個因支持清華大學生批評清華大學工作組後而被昔日的同志拋棄的前女紅衛兵）。儘管如此，該組織屬於知識分子的子女，他們實際上組成了它的全部成員。

攻擊政治資本，保衛文化資本

清華附中兩大學生派別之間的辯論，時常涉及國家政策和意識形態原則，但是，甚至在最講抽象理論的時刻，鬥爭也是與爭鬥的兩大派成員的個人地位密切相關的。革命幹部的子女，譴責其對立面是舊的文化精英的孝子賢孫；而知識分子的子女，則聲討其對立面為新的政治權貴的後代。雙方都指控對方搞特權，「井岡山」成員與其對立面一樣尖刻和大義凜然。1967年1月，他們譴責「聯動」，即那個包括了清華附中紅衛兵的鬆散聯合，是新生特權階層的衛道士。「聯動，基本上是由一些世界觀沒得到改造的幹部子弟所組成的，」他們宣稱：「由於政治條件、經濟條件較為優越，特別是一些修正主義分子，為了讓他們的子女成為修正主義苗子，接自己的班，從政治上生活上拚命向他們灌輸特權思想，使他們脫離勞動，脫離工農，灌輸『自來紅』思想，使他們放棄改造，不能老老實實做人民的兒子，反而爬到人民的頭上，當起精神貴族來。這些人就是修正主義苗子，就是特權階層的接班人。」[28]

造反派所擁護、信奉的，恰恰是毛澤東的規劃中紅衛兵發現不可理解的那一部分：他那向新的政治精英發起進攻，並向官僚主義特權及權力開戰的號召。與此同時，他們卻對毛澤東要徹底改造教育制度、並攻擊舊的文化精英的號召特別不感興趣。「井岡山」的活動分子蔡建設，很簡潔地指出這一點。「我們所不喜歡的是特權，」他告訴我：「我們從不反對知識。」[29]事實上，「井岡山」的幾個頭頭曾處於六月份保衛中學校長的最堅定者之列。六個月後，還是這同一批學生，被迫接受了一個結論──它判定學校領導執行了一條修正主義教育路線；但是，他們很難

28　清華大學附屬中學《井岡山》兵團（1967）。

29　受訪者22。

是舊的教育制度和那些辦教育者的堅定反對者。「我們支持教育改革，」一位中學造反派頭頭告訴我，「但是，我們不那麼激烈地反對校長和學校領導。」[30]

中學造反派最直接及最本能的問題，是紅衛兵的「血統論」。這個問題是1966年秋到1967年春中學校園裏辯論的一個中心焦點。中央文革小組的成員參加了辯論，強烈地譴責了革命幹部子女宣稱的「自來紅」的思想，但是，他們保護了階級路線的傾向。他們這樣做，反映了毛澤東的立場；在防止知識精英的再造上，毛澤東比以往更為堅定。然而，清華附中的許多造反派活動分子卻相信，所有的階級路線政策都是不公正的。這些學生感到，一篇題為〈出身論〉的文章表達了他們自己的觀點；這篇文章是由遇羅克寫的，他是北京一家工廠的年青工人，其資產階級家庭出身阻止他升入大學，儘管他的考分很高。[31]遇羅克的苦痛表白，印在1967年1月由北京四中的學生發行的一份報紙上，它譴責了整個家庭出身制度。文中，遇把它比做一種種姓 (caste) 制度。遇羅克寫道，雖然那些「好」階級出身的人們聲稱自己受到了歧視，但他們實際上卻享受著特殊的待遇。他又說，而正是那些「壞」階級出身的人們，卻有著蒙受歧視的大量例證。他宣佈，「任何通過個人努力所達不到的權利，我們一概不承認。」[32]遇羅克為精英教育原則的辯護很有說服力，在知識家庭的學生中喚起了共鳴。他們早就相信，學校錄取學生應該根據考分，而入團、入黨應當根據個人的政治表現，而不是其家庭出身。〈出身論〉在學生派別的報紙上引起了廣泛的辯論，1966年秋到67年冬之間在全國各地重印併發行了一百多萬份。[33]

30　受訪者 18。

31　遇羅克在1970年鎮壓造反活動的一次運動中被處決。他的遇害是文革十年中鎮壓政治表達最惡劣的案例之一，他成為中國異議人士中一位著名的烈士 (宋永毅 2004)。

32　其英文譯本，見 White (1976, 71–93)。其原文收錄在宋永毅和孫大進的著作中 (1996，120–40)。

33　Chan (1985, 233); Rosen (1979, 196–204) 和印紅標著《「文化大革命」中的社會性矛盾》(1997b)。

溫和穩健派的狹小空間

1967年冬，清華附中兩極化的派別陣線，由於第三派的出現而更為複雜，這一派叫「毛澤東思想紅衛兵」，它的主張溫和穩健。創建這一組織的學生，被「紅衛兵」攻擊校長及老師的殘暴行徑所震驚，同樣也為「井岡山」攻擊政治當局的行為所不安。他們認為，文革前的現狀就不壞，而且他們無意去攻擊文化精英或政治精英。當「井岡山」和「紅衛兵」的活動分子們都認為自己是造反派時（而且都誹謗對方是保皇派），溫和穩健派對任何一種造反行為都不感興趣，用一位前「井岡山」活動分子的話說，他們是「徹頭徹尾的保皇派。」[34]

穩健派主要由知識分子的子女組成，但它的隊伍裏也加入了一些革命幹部的子女，他們是在「血統論」聲名狼藉後退出了紅衛兵的學生。在穩健派活動分子中，有幾位是當時已經失去作用的原校團委的成員。事實上，這一派在政治立場以及成員組成上，極像共青團：它支持現有體制——政治的和學術的——而且，它由新的政治權貴與舊的知識精英兩者的子女組成。然而，穩健派在清華附中的派性鬥爭中不起重要作用。相互競鬥的「紅衛兵」與「井岡山」兩大陣營的好鬥分子都一樣地瞧不起他們，認為這些穩健派了無生氣、沒有主心骨，是一支小小的、徒勞無益的團體。雖然有了穩健派的出現，學校仍然主要分化成兩大陣營，新生政治精英的子女與舊的知識精英的子女彼此爭鬥。

在又紅又專的青年中打開裂縫

中國新的政治精英與舊的知識精英之間，在革命後的相互適應與和解變的越來越不穩固，這在1966年的清華附中表現得清清楚楚。該校是由兩大羣體的子女組成。比起其父輩，這些學生有多得多的共同之處，因為他們全都一直沉浸在學業成績與共產主義政治活動的兩大世界裏。幾乎所有革命幹部家庭出身的學生——包括那些父母沒有太多文化的——都是通過考試才進入清華附中的，而且，有些學生在學習競賽中

---

34 受訪者 17。

還非常優秀。事實上，「紅衛兵」的創始人是附中辦的直升大學的預科班的學生，他們需要有過硬的學習表現才能被選入大學預科班。與此同時，大多數來自知識分子家庭的學生已經入了團或就要入團，其中許多已經被提拔成學生幹部。儘管如此，1966年在毛澤東把政治精英及知識精英兩大羣體都當作打擊對象後，該校很快按家庭出身分裂成了敵對的兩大派。

　　年輕的「紅衛兵」成了這次大分裂的主要推手。革命幹部的子女熱情洋溢地響應毛澤東向知識精英發起攻擊的號召，而且，正是「血統論」──他們對毛澤東的階級路線政策的解釋──造成了附中的學生圍繞著兩極化的兩套利益及身分分頭結合。在雙方的陣營裏，利益都因道德信念而得到加強。一方面，革命幹部的子女清楚地知道，自己靠著與執政黨的親密關係，而享受著非同尋常的好處；但他們也視自身在保衛一場正義的社會革命──這場革命已經推翻了一個高度不平等的階級秩序。另一方面，知識分子子女知道，考試錄取制度給他們提供了重要的優勢，但他們也為對「血統論」的道德義憤所感動，因為「血統論」代表著一個新生政治特權制度的貴族傾向。這些特權違反的，不僅是共產主義那社會平等的原則，還有中國文人長期珍視的更深層的「唯才是用」的是非觀。清華附中兩大派中的每一派，都熱切地信奉著毛澤東的議程的一個方面；革命幹部子女攻擊著現有的學術體制，而知識分子子女則攻擊著現有的政治體制。學生們按家庭出身路線分裂，而隨後的衝突打碎了兩大羣體之間剛剛建立的聯繫，固化了他們之間的隔閡。在這樣一個兩極化的環境中，保衛現有政治及學術體制兩者的穩健派就沒有甚麼空間了。

　　清華附中的兩大派別陣線，複製了1957年的戰線；那時，舊的知識精英與新的政治精英相互爭鬥以奪權。該校的形勢一點兒也不獨特。事實上，對文革期間學生衝突那最被廣泛接受的分析，已經突顯了革命幹部子女與知識分子子女之間的爭鬥。[35]本書的分析確證了這些研究的主要論點──文革的戰鬥，反映了中國新、舊精英之間不斷發展中的不

35　Chan, Rosen, and Unger (1980); Rosen (1982).

和與互相傾軋。然而，這些研究主要基於對於類似清華附中這樣的城市重點中學的調查。就像我們在下一章將要看到的，清華大學衝突的性質，就與清華附中的大為迥異；清華大學那流變的派別陣線劃分，最終促生了兩大精英之間的內部團結。

第5章

團結起來，保衛政治權力及文化權力

1968年夏，清華大學校園被分成了兩部分，每部分都由一個不同派別的學生佔據著。兩邊的學生，都用長矛、校辦工廠製造的一些武器，還有極少量的火器武裝著。那年春天，政治上的爭鬥隨著學生們搶佔學校建築物，而升級成暴力的對抗。在一系列小的衝突之後，校園北部和西部的大樓落入一派學生手中，校園南部和東部的大樓在另一派手中。而科學館被一派守著、卻位於另一派的地盤裏，在夏天的大部分時間裏，就處於被圍困之中；在某一時刻，圍樓的學生試圖放火燒樓，以把其中困守的人趕出來。到夏末，12個學生被打死，幾十人受傷。[1]

兩大陣營的學生都確信，自己是在為社會主義而戰。在一方，「激進派」正在響應毛澤東打倒黨內走資派以防止資本主義復辟的號召。另一方，「穩健派」正在保衛共產黨和現在的社會主義秩序，試圖防止篡權者們將其顛覆。[2] 表面上看，兩大派發行的報紙和傳單讀起來非常相似：雙方都用紅旗、毛澤東的畫像以及保衛毛澤東思想、譴責修正主義的標題來裝飾。然而，整個校園社區都清楚地知道兩者之間的差別。激進派決心「徹底砸爛舊清華」，把火力對準大學的黨組織及其政策；穩健派則在保護現狀和大學的體制。

1　有關清華校園武鬥的戲劇性描述，見Hinton (1972)。

2　今日，前活動分子及學者廣泛使用「激進」和「穩健」這樣的術語。當時，激進派譴責對立面為「保守派」，而穩健派譴責對立面為「極左派」。

　　清華大學的兩大派，與清華附中的兩派不一樣；它們單從其成員的家庭出身來看，不容易分開。出身知識分子、革命幹部、工人和農民家庭的學生，在兩大陣營裏都能找到；兩大組織的主要領導人，都是出身工農的學生。於是，清華大學的派別衝突不是階級之間的鬥爭，不是一個階級站在一起對付另一個階級。儘管如此，如同我在本章中顯示的，它是一場關於階級的鬥爭，因為鬥爭的核心，是新出現的階級秩序的政治基礎及文化基礎。

造反運動的興起

　　1966年6月初，工作組到達清華大學後不久，21歲的工程化學系學生蒯大富寫了一系列大字報，指控工作組試圖控制學生運動。工作組是由國家經濟委員會副主任葉林為組長的，組員中就有國家主席劉少奇的夫人王光美。工作組關閉了學校大門，禁止不同系的學生們來往，而且規定寫大字報要事先得到批准。蒯大富不經批准就貼出了大字報，要求把工作組趕出校園。

　　如果看蒯大富的簡歷，他似乎不大可能成為一個造反者。他在清華大學黨領導的學生政治活動中一直很積極，他的家庭出身也毫無瑕疵。他的父親是1949年以前入黨的農民，在其村莊的生產大隊裏當過會計和副書記。[3]他的母親在共產黨的地下活動時也一直很積極，且於1954年加入了村黨支部。蒯大富本人在學校裏很優秀。1963年，在他那個農村縣裏，他是考上大學的極少數學生之一，考分之高使他可以進入清華大學。他被分入很吃香的工程化學系，這個系與火箭技術有關，通常只有「好」階級出身的學生才能學這個專業。他很快就成為班上的團支部幹部，學校民兵隊伍中的連長，學校廣播站編輯部的主任。受社會主義教育運動的激發，1964年，蒯大富給全國人大常委會寄去一份報告，揭

3　因為蒯大富的父親留在村裏，他仍是一位農民，而不是一位國家幹部。像其他村民一樣，他沒有一份國家工資，而是掙工分，能為家庭分一份生產大隊的收成。

露家鄉縣裏幹部的腐敗，且在清華共青團報紙上發表一篇文章批評他那當公社幹部的叔叔。[4]

　　蒯大富貼出大字報批評工作組時，馬上就要完成入黨的持久程序了，但他邁出了致命的第一步，走上了使自己成為黨組織死敵的道路。「我不喜歡工作組的方法，」他告訴我：「報紙上說，它應該是一個學生運動，但工作組卻想牢牢地控制一切。這不是毛澤東正在激勵我們要做的事⋯⋯劉少奇⋯⋯不理解毛主席的思想；他認為大學裏亂成一團，於是，他派出工作組試圖控制形勢。工作組⋯⋯鎮壓了學生。」[5]

　　6月24日，工作組召開了一次全校大會，批判蒯大富，把他打成一個「反革命分子」。兩位清華大學的學生，國家主席劉少奇的女兒劉濤、賀龍元帥之子賀鵬飛，被選來主持大會。不肯改悔的蒯大富譴責了工作組，贏得了當時擠進和環繞學校大禮堂的數千人中約一半人的大聲喝彩。已經習慣於文革前被嚴密控制的政治環境的師生，對蒯大富的大無畏行為大為震驚。「那時，你不能懷疑領導人，因此，它變成了一件大事，」決定支持蒯大富的一位學生柯明解釋：「在文革中，這一切都變了——你可以這麼做了。這就是毛澤東思想的影響。蒯大富不同尋常之處，就在於他那時就看到了這一點，而且他不後退。」當時被工作組選來幫助控制登上講壇入口的學生張友明，結果卻站到了蒯大富的一邊。「我不知道誰對誰錯，但我感到幹部子女及工作組不讓蒯大富發表自己的看法，於是，我擋住了幹部子女及工作組的人（靠近講臺），並且幫助了蒯大富，」張告訴我：「我覺得，如果這是一場辯論，那麼雙方都應有自由講話。」這次大會是個決定性的時刻；校園裏分出了早期的兩大派，一派支持工作組，一派反對。

　　工作組動員了學生來批判支持蒯大富的同班同學，把他們打成「右派分子」和「反革命分子」。然而，再也不能舊技重使，施加像運動開始以前存在的那種控制了。接著，七月末，毛澤東下令工作組撤出學校。幾天後，他發表了自稱的第一張大字報，題名為「炮打司令部」。在大字

4　《新清華：共青團專刊》（1964 年 12 月 17 日，第 1 版）。

5　受訪者 74。

報中，他強烈地譴責工作組的方法：「在五十多天裏，從中央到地方的某些領導同志⋯⋯站在反動的資產階級立場，實行資產階級專政，將無產階級轟轟烈烈的文化大革命打下去，顛倒是非，混淆黑白，圍剿革命派，壓制不同意見，實行白色恐怖，自以為得意⋯⋯又何其毒也。」[6]

工作組離開清華之前，匆匆地任命了一個文革籌備委員會來負責運動，它由劉濤、賀鵬飛以及其他父母是黨的高級幹部的學生組成。這些學生很快成立了一個紅衛兵組織，並與清華附中的紅衛兵建立了密切的聯繫。賀鵬飛才從清華附中畢業，他熟知清華附中紅衛兵的頭目。就像附中的紅衛兵一樣，清華大學紅衛兵也使用著嚴厲的階級路線修辭，並集中攻擊舊的精英、學術體制和傳統文化的象徵。8月24日，他們與附中紅衛兵一道拉倒了清華大學著名的校門，並攻擊大學的教授及行政管理者。

然而，與附中紅衛兵不一樣的是，從一開始，清華大學的紅衛兵就有人與之競爭。文革最初那幾個月裏流行的極端階級路線要求，限制得只有共產黨幹部的子女才能參加附中紅衛兵（由於幾乎所有其他的學生，都是出自知識分子家庭），而清華大學近40%的學生是工農子弟。他們有參加紅衛兵的階級資格。許多人選擇追隨紅衛兵裏革命幹部子女的領導，也有人組織了自己的戰鬥隊。校園裏分成了兩大派，按照對工作組的態度來劃分──由幹部子女領導的紅衛兵保衛工作組，還有攻擊工作組的對立面。最基本分歧在於，黨組織是否應該控制學生運動。

蒯大富和他的幾個同班同學成立了自己的小戰鬥隊：「井岡山」，它最終成為反工作組陣營的主力軍。蒯大富早在七月受工作組調查時，中央文革領導小組領導人就接見過他。後來，中央文革小組鼓勵蒯大富和其他大學裏相似的反工作組團體的頭頭組織一個全城的大聯合。這個聯合體以「首都紅衛兵第三司令部」著稱，它不僅嚴厲地批判工作組，還批判派遣工作組的更高層的官員，以及在最近幾個月裏鎮壓了學生與工人獨立活動的所有當局。蒯大富與他在「三司」的同夥，譴責所有這些鎮壓活動為旨在保護黨的官員的「資產階級反動路線」，並指責早期的紅

6　毛澤東的大字報引自外語系革命委員會（1968，94）。

衛兵組織是執行這條壓制路線的幫凶。蒯大富在北京10月6日的大會上講了話，這次大會向資產階級反動路線發起了反擊。蒯大富作為新的造反運動的一位領袖名揚全國，清華大學的學生紛紛搶著加入他的組織。

工作組撤走後，清華大學成了狂熱的政治活動場所。激情四溢的辯論如雨後春筍，不管是在羣眾集會上，還是在臨時聚會上，人們會爭辯起來；一層層的大字報覆蓋著校園的牆壁；公共廣播系統被徵用以宣佈會議通知，或用來痛罵、抨擊對方；傳單上印著新生組織的宣言。當毛澤東號召年青人遊走全國，以與他人進行「串聯」並「交換革命經驗」時，清華大學成了成千上萬巡遊青少年的目的地。他們在大學裏安營紮寨，參加大辯論。清華大學的學生也走遍全國，和千百萬青年人一起擠在中國的鐵路及公路上。毛澤東堅持要地方當局歡迎這些串聯者，免費提供交通、飲食和住宿。這些造反的使者不僅到別的學校，還到工廠和鄉村去，推動當地造反團體的形成，一定要搞到沒有哪個地方黨委能逃脫炮轟與衝擊。

1967年1月，毛澤東號召全國的新生造反組織從學校、工廠的黨的當局那裏奪權，黨組織的權威——文革以前是沒人敢惹的——土崩瓦解，造反團體勉強地掌管著清華大學、以及許多別的學校和工廠。每個幹部的命運在羣眾大會上被討論。參會者評價著幹部們的自我批評，並討論著他們之中的哪些適合恢復領導職位。事件的這個非同尋常的轉折，是位於權力頂端的毛澤東與基層的造反組織合力的結果。毛澤東和他的造反追隨者互相依賴，共持一個目標：破壞佔據中間層的黨組織官員們的權力。沒有基層的造反派，毛澤東反對黨官僚的討伐將沒有甚麼影響；而沒有毛澤東在頂端的支持，造反派就無法生存。這個上下結合以對付中間層策略的動力機制，在蒯大富譴責工作組的第一張大字報中明明白白，其中，他寫道：「誰要是反對毛澤東思想，我們就反對誰，不管他威望有多高，不管他是甚麼人。」[7] 蒯大富的宣言，既是對中共等級制度權威史無前例的挑戰，又是無限忠於黨的最高領袖的表達（或者更準確地說，是對毛澤東的思想中所表達的具有超凡魅力的使命的忠

7　蒯大富（1966，4）。

誠）。蒯大富利用他對最高領袖的忠誠作為武器，去挑戰他之上的黨的官員。[8]

除了1957年中共「整風」運動那六週之外，1949年以來的歷次政治運動一直要求人們遵從中共等級制度的指導，與之相反，參與文革則必需追隨毛澤東個人的領導。毛澤東享有巨大的權力，他只說幾個字就能夠改變事件的進程。但是，偉大舵手是遠在天邊的領袖，而且他的話又很少。一旦黨組織癱瘓，人們就獲得了史無前例的權力，去獨立地思考和行動。清華的學生領袖柯明，描述這種動員如何破壞了中共等級制度的權威。「文革之前，一切都從上面來，一級一級向下傳達，」他解釋：「你必須聽從你的頂頭上司。然後一下子，毛主席繞開了等級制度，告訴廣大羣眾，他與羣眾之間的那些人有問題；而且，羣眾不應該再聽那些人的。要『獨立思考』。第一次，我們有了自己獨立思考的空間。這就是我們為甚麼支持文革的原因。」[9]

對毛澤東的個人迷信在文革期間達到頂峰。他的形象與放射神力的一輪紅日相連，無處不在；他的話語一貫正確，無往不勝。雖然毛澤東對這種「個人崇拜」的極端表現，表達了他的不安，但在他利用這種權威去挑戰黨組織的權威之時，它毫無疑問被用來加強他的個人權威。[10]造反派也正是依賴了毛澤東的一貫正確，借用它來為自己的存在正名，並抵擋住地方權威的反責。造反派攻擊黨組織的結果之一，是權力進一步集中在毛澤東的手裏。柯明用一個有說服力的比喻，來表達它：「所有的小神都被推翻了——只剩下了一座大神。以前，黨委書記就是一尊

8　Lupher (1996) 鑑明了文化大革命是馬克斯·韋伯（Max Weber）所描述的「頂端與底層結合對付中層的權力重組策略」的一個例子。在此策略中，一個精英羣體的權力被一個中央統治者與社會等級制度較低層次的社會羣體那齊心一致的行動所削弱。Lupher指出，在中國歷史上的許多場合，中央的統治者與農民通過攻擊那些爭鬥著要篡奪中央權力的「劣紳」和「貪官」而獲利。

9　受訪者73。

10　例如，在會見斯諾（Snow 1971, 174–75）時，毛澤東表達了他對那些用來標識他的崇高頭銜的沮喪與灰心。

小神；以後不再有了。」當運動把權力集中在最高端之時，它把基層權
力分散了。權力從地方黨的官員手中傳給了羣眾組織，羣眾組織競爭著
獲取羣眾的支持；而學生、工人和農民獲得了——即使是暫時的——史
無前例的權力，壓倒了以前掌握他們身家性命的官員。

激進派對陣穩健派

　　1966年12月末，蒯大富和「井岡山」掌控了清華大學的校園。到那
時，他們對立面的「紅衛兵」已經崩潰，而且大多數學生戰鬥隊加入了
「井岡山」。然而，這種統一是短命的。次年2月，毛澤東號召學校、工
廠和農村的羣眾組織成立「革命委員會」。一小隊軍官被派到清華大學，
勸說學生們選取他們自己戰鬥隊的領導人以及大學的一些老幹部，去組
成這樣一個委員會。面臨著任命一個新的大學領袖班子的任務，學生們
分裂成了不同派別。軍官們調停的懇求被置之不理，校園裏兩極化，出
現了激進派與穩健派兩大陣營；激進派主張除少數大學幹部外，反對解
放所有的幹部，而穩健派要求解放大多數幹部。[11]

　　分裂是由1967年3月《紅旗》雜誌發表的一份報告引起的，《紅旗》
是中共最有權威的一份雜誌，該文批評1966年夏派往清華的工作組不
加區別地攻擊大學的幹部。[12]文章反映了黨中央領導駕馭羣眾組織、重
新建立秩序的努力，這舉動曾暫時地獲得毛澤東的默認。[13]清華「井岡
山」組織的頭頭用一份大字報予以回應，批評了《紅旗》雜誌的文章。大
字報重申了他們反對給大學領導幹部平反的立場，並聲稱《紅旗》該文
的作者正在試圖欺騙毛主席關於清華的形勢。柯明是曾支持蒯大富反對
工作組的一位學生黨員，據他說，關於這份大字報的辯論，是清華大學
派別衝突的轉折點。「這次事件後，人們開始考慮文化革命到底是要幹

11　在有些地方，軍代表能夠迅速地負責；在別的地方，包括清華大學，他們
　　卻從未能建立其權威。

12　《紅旗》雜誌第5期（1967年3月）。

13　Lee (1978, 168–74).

甚麼，」他告訴我：「中心問題是：第一，清華是資產階級專政還是無產階級專政？第二，大多數幹部是好的，還是壞的？他們是否應被打倒？」[14]柯明認為他們不應被打倒。在4月14日，他與相同心思的學生一道組織了一個羣眾集會，以保衛大學的「好幹部」。那次集會就產生了穩健的溫和派。因為新團體是從「井岡山」分裂出來而產生的，它堅持保留原組織的名稱，但以「4‧14」派著稱。[15]從此以後，大學的學生、老師和工人各自結合成了兩大穩定的、相互競鬥的派別，一派為激進變革而戰，而另一派提倡穩健、溫和、節制。兩大陣營之間的衝突，在以後的十五個月裏籠罩了清華大學。[16]

　　1967年春天，全中國的學校、工廠和農村都兩極化，形成了相似的激進和穩健兩大陣營。由於清華大學的領先地位及其接近權力中心，「井岡山」就成了全國最著名、最有影響的激進組織，而「4‧14」派就成了穩健派陣營的旗手。下面，我將比較兩大組織的目的。在某些方面，每一個都代表著全國其各自的陣營，但在大學與中學、工廠和鄉村之間，還有一些重要的差別。下面描述的相互競鬥的綱領，反映了大學裏它們各自形成的前後脈絡。

大學激進派：攻擊政治資本及文化資本

　　蒯大富和繼續留在激進陣營的人，熱情地接受了毛澤東的整個文革的議程，攻擊政治及文化兩大現狀。蒯大富寫道，文革主要任務，是「鬥臭、鬥倒走資本主義道路的當權派，批臭、批倒資產階級學術權威，徹底改革舊的教育制度和教學方法」。[17]作為高教部部長、清華大

14　受訪者 73。

15　蒯大富的組織此後以「兵團」著稱。我使用「井岡山」來指代激進派，以免因組織的名稱給讀者帶來不必要的負擔。

16　Hinton (1972)，唐少傑 (2003) 和 Zheng (2006) 已經詳細敘述了清華派性衝突的曲折與坎坷。Hinton 被 1972 年的官方立場所説服，即激進派與穩健派沒有意義重大的區別。唐少傑 (1998) 像我一樣描述了兩派的政治區別。

17　蒯大富 (1966，61)。

學校長，蔣南翔已經變成文革的主要靶子；而曾驕傲地自稱是「紅色工程師搖籃」的清華大學，現在是資本主義道路危險的一個突出象徵。學術及政治兩大資格選拔制度現在變的可疑，而激進派的主要口號——「徹底砸爛舊清華」——把目標對準了兩者。

　　反對政治體制的激烈言辭，是激進派的標誌。在有些學生——即那些憤恨黨的嚴密政治控制、中共官員的權力與特權、以及按照政治忠誠來提拔的制度的學生——中間，他們的號召力是最強的。激進派不但猛烈地批評大學的官員，也激烈地攻擊更高層的黨的領導人。「我們的主要對象是走資派，」蒯大富告訴我：「那些已經被打倒的——所謂的老右派、舊知識分子、老國民黨員——他們不是主要的難題。資本主義復辟的危險，來自共產黨自己的隊伍之內，來自於它自己的一些領導人。」[18]「井岡山」派報紙的一篇文章宣佈，「走資派篡奪了的部分國家機器（也就是資產階級國家機器），」於是，所要求的是「一個階級推翻另一個階級的政治大革命」。[19]

　　激進派的攻擊所對準的，不簡單是幾個領導人，還針對著政治制度的基本特點。他們挑戰了黨的官僚等級制度的權威，批判它的政治依賴之文化，並譴責依照政治忠誠來提拔的制度。根據激進派分子所言，他們的目標是要消滅當前的「等級制度、幹部特權、奴才心態、暴君作風，和膨脹的官僚機構」。[20]他們對所有這些難題的解決辦法，是組織「羣眾監督」幹部；他們樂此不疲地接受這一任務的：把大學的官員拉到臺上，讓其下屬加以批鬥——且有時殘酷地加以侮辱。「井岡山」的成員宣佈，文革最大的收穫，就是「徹底打倒奴隸主義」。[21]

　　激進派譴責黨的政治依賴文化的舉動，被1967年春天中央文革小組發動的一場運動向前推進；當時，中央文革小組批判了劉少奇的著作《論共產黨員的修養》。[22]黨的組織首領劉少奇成了文革的主要靶子，他

18　受訪者74。

19　《井岡山》（1968年7月5日）。

20　《井岡山》（1967年5月13日）。

21　《井岡山》（1967年4月5日）。

22　Liu（劉少奇）（1967）。

也受到誇大其詞的批判，包括歪曲黨史的叛徒的指控。儘管如此，如羅德明（Lowell Dittmer）在劉少奇的傳記中講清楚的，在一場反對官僚主義權威的運動中，劉少奇是一位極為合適的靶子。[23]他不僅提倡官僚政治的效率及秩序，在其個人行為中，他還崇尚紀律、謹慎、組織忠誠和一種官僚政治官員的盛氣凌人權威。在劉少奇這本原來要求渴望入黨者必讀的書中，他強調共產黨員必須屈從黨組織的意願。毛澤東發起了反對這本書的運動，宣稱「過去黨員因為《論共產黨員的修養》的影響而脫離羣眾，沒有獨立的見解，成了黨的機關的馴服工具。各地羣眾不會歡迎太快地恢復黨的機構」。[24]

《井岡山》報的評論員利用這次運動作為切入口，來攻擊清華大學黨團組織過去的一貫手法，特別是它們的組織部門在吸納新團員、新黨員時的做法。他們聲稱，黨委書記蔣南翔像劉少奇一樣，在黨員和團員中鼓勵野心及對名利的追逐，要求以奴顏婢膝來換取提拔晉升。他們譴責蔣南翔的名言——「聽話、出活」，批判他在清華培養出了一批奴性十足的幹部。在發表於《井岡山》報的一篇嚴厲的文章中，清華大學的一位中層幹部寫道，蔣南翔選拔幹部的主要標準就是「服從」。把自己描述為一位「純粹清華牌幹部」的這位作者，展示了他對文革期間所需要的批評及自我批評方法的掌握。「只要聽『南翔同志』和『校黨委』的話，就是好幹部，」他寫道：「『聽話』就行，又升官又重用，於是感恩戴德。」[25]作者繼續說道，由於清華大學這種選拔以長期的培養方式出現，清華的幹部已經特別嚴重地被劉少奇的黑「修養」所毒害。「（他們）框框多，奴隸主義極重，工作只要求對頂頭上司負責，有的只求『合法』，不求『合理』。對上級唯唯諾諾，對下級則實行資產階級專政，壓制不同意見。」[26]

當「井岡山」的積極分子鄙視這種「奴才心態」之時，他們為自己的「造反精神」而自豪——這意味著獨立思考和敢於挑戰權威。「那些創造

23　Dittmer (1998).

24　毛澤東的講話引自 Dittmer (1998, 317)。

25　《井岡山》（1967年4月18日）。

26　《井岡山》（1967年4月18日）。

性思考問題和有不同意見的人支持『井岡山』，」一位激進的積極分子劉培志告訴我：「我不考慮個人的代價；如果一件事錯了——那就挑戰它。」[27] 毛澤東的格言——「造反有理」，成了文化革命的座右銘，而且「井岡山」的積極分子歌頌一種煽動性的、有時是暴力的勇猛，它更像共產黨暴動的精神，而不像 1949 年後黨、團組織有秩序的活動。因為在文化革命中顯赫的作用，蒯大富後來被監禁 17 年；他就喜歡引用傳統的造反名言：「捨得一身剮，敢把皇帝拉下馬。」這也是毛澤東的最愛之言。

　　在反對政治體制上，清華大學激進派的立場，與清華附中的更年輕的戰友們是一致的。然而，和附中戰友們不一樣的是，大學的激進派極少同情現存的教育制度和舊的知識精英。大學激進派的領導人及大部分成員都來自工農家庭，雖然該組織譴責革命幹部子女鼓吹的「自來紅理論」，但它繼續堅持階級路線政策。當附中的激進派熱情地分發遇羅克反對家庭出身制度的文章時，僅有極少份在大學裏流傳，而且大學激進派斥責這篇文章是「大毒草」。[28] 激進派積極分子劉培志的爺爺是個地主。他回憶說，對階級路線政策的挑戰從未在大學裏獲得太多的關注。「（「井岡山」的）人不同情那些反對家庭出身者。那種思想當時在中國不可能存在——人們仍然對鬥地主的革命記憶猶新；因此，它不可能得到太多支持。」[29]

　　「井岡山」譴責清華大學的「修正主義教育路線」再造了階級差別。激進派們用論辯證明，全國大學的升學考試以及大學的錄取政策，優惠了昔日精英家庭的學生和來自大城市的學生。即使在大城市，工人子女也處劣勢。《井岡山》報評論員指出，在上海錄取的學生中，資本家出身的學生比工人階級出身的學生多一倍。[30] 作為一種補救辦法，「井岡山」派為研究招生問題而成立的委員會建議，徹底改變招生程序。他們寫

27　受訪者 9。

28　清華井岡山兵團 (1967b)。

29　受訪者 9。

30　《井岡山》(1967 年 11 月 17 日；1967 年 11 月 24 日)。

道，60%的學生應該由羣眾推薦的程序來選取，升學考試應徹底改革，而且，只應作為一條輔助辦法才能重新實施。工農出身的子女應占所有被錄取學生的65%，以前剝削階級家庭的子女不應超過5%。[31]

「井岡山」派的領袖們聲稱，清華大學已經變成了「培養資本主義繼承人的溫床」。他們表明，通過錄取特權家庭的學生、鼓勵學生脫離工農羣眾、詆譭生產勞動，且忽視政治教育，大學正在培養「精神貴族」。如果精英教育的做法不加以改變，它肯定會產生一種階級的等級制度。「『優者』更『優』，而『劣者』更『劣』，」激進派寫道，會導致「優者」變成剝削階級「騎在『劣者』勞動人民頭上」的局面出現。[32]

激進派認為，學生們不僅必須要砸爛舊清華，他們還得改造自己。「學生們與舊清華密切相連⋯⋯我們一直被培養成這種精神貴族，」蒯大富告訴我。毛澤東想讓學生們「徹底否定他們自己」，他解釋：「他想讓我們學生成為普通老百姓；他想讓我們與工人農民團結在一起⋯⋯在這點上，我們真的相信毛澤東。我們看到，我們已經變得脫離工人農民，脫離人民，我們應該回到工人農民那裏去，與他們團結在一起。」[33]

大學的穩健派：保衛政治資本及文化資本

那些聚集在「4‧14」派旗下的人們，反對「井岡山」派全盤否定舊清華的領導及政策。他們爭辯，在文革前的十七年裏，錯誤可能會有，但主線一直是正確的。[34]穩健派領導人催促學生「勇敢地保、熱情地幫，並大膽地用」那些犯了錯誤的幹部。「他們有豐富的革命鬥爭經驗，他們有能力為一個無產階級的國家掌權，而且懂得如何管理和經辦學術活動，」穩健派在其派別報紙頭幾期的一篇頭版社論中宣佈，「我們必須拿出無產階級的革命勇氣去保衛他們。」他們論辯說，以前的高層幹部應

---

31 《井岡山》(1967年11月9日)。

32 《井岡山》(1967年5月1日；1967年5月8日；1967年5月13日；1967年11月17日)和唐少傑 (1996，58)。

33 受訪者74。

34 《井岡山》(1967年12月1日)。

該被允許參加文化大革命，而且，事實上，應該成為運動的主心骨。除了個別例外，甚至是被視為走資派的高層領導人也應該被解放。「我們應該把他們從被打倒的狀態中解放出來，讓他們工作，讓他們彌補過去的錯誤。」[35] 他們提出，比起只知道喊「打倒」口號的激進派學生來説，以前的領導人更會管理大學。

「4‧14」派的領導人，反對「井岡山」派説的一個新生的特權階層正在中國出現的論點，反而説1949年以來「階級關係一直是穩定的」。穩健派領導人説，黨內走資派只是一小撮，他們之所以危險，不是因為他們代表著一個新生的特權階層，而是因為他們代表了舊的剝削階級，「井岡山」派關於「一個新生的特權階層」説法以及關於「一個階級推翻另一個階級」的「極左」言論，只會給舊的剝削階級復辟打開後門。[36]「我們的目的是加強黨的領導，而不是削弱它，」穩健派的學生在一份大字報中爭辯道：「關於『徹底改造無產階級專政』、『徹底反對過去的一切』、『徹底打倒過去的一切』以及『文化大革命結束後從頭重建黨』等論調是完全錯誤的。」[37] 雖然激進的大氣候迫使穩健派也批判一些黨的最高領袖，但他們還是努力縮小打擊對象。「那時，你不能夠太溫和——如果你太溫了，人們就會稱你是保守派，」朱永德如此解釋他和「4‧14」派的同志們為甚麼批判蔣南翔一事，即使他們對他有著正面的看法，「但是，我們支持其他的幹部——幹部中的絕大多數。我們有我們的觀點，但在我們能夠公開説出的話上有限制，因此，沈如槐（「4‧14」派的高層領導人）提出解放幹部從低層開始的思想。」[38]

穩健派的報紙，也批判過去十七年的「修正主義教育路線」；但其清楚地保護清華大學體制一事，傳達了另一派的信息。與「井岡山」派全盤否定舊清華相反，「4‧14」派堅持，雖然大學的教育政策是錯誤的，還是有必要承認「一分為二」，即是説並非一切都壞。「我們不敢説舊的

35　《井岡山》（1967 年 7 月 5 日）。

36　唐少傑（1998）；《井岡山》（1967 年 12 月 14 日）。

37　清華井岡山聯合總司令部「4‧14」幹部辦公室（1967，第 1 卷，第 2 頁）。

38　受訪者 80。

教育制度是好的，但我們認為部分是好的，你應該改造另外的部分，」一位穩健派領導人馬躍祖說：「你不應該打倒一切。舊知識分子和幹部可以發揮自己的作用⋯⋯ 因此，我們保護幹部、老師和知識分子。」[39]

因「新生資產階級知識分子」而起的衝突

按激進派的看法，代表著最大危險的羣體是「新生資產階級知識分子」，即是指那些在1949年後接受大學教育的人。他們比「老的資產階級知識分子」—— 1949前上過大學的人——更危險，因為後者沒有甚麼政治權力。據激進派所言，新一代的資產階級知識分子主要仍是出身於非勞動人民家庭，而且，由於清華大學精英教育政策的結果，他們還保留著一種資產階級的世界觀；另外，他們之中許多人還享受著與黨相關聯的合法性和權力。「他們大多數人有著『又紅又專』的外衣，一些人還有著黨員、幹部的頭銜，更善於假借黨的名義來推行修正主義貨色，」激進派報紙的一篇文章這樣表明：「他們有著政治資本，有威信，許多事情只有通過他們才能辦理。」[40] 於是，這新一代的知識分子因為擁有文化及政治兩大資本，引起了激進派的特別關注。「井岡山」派的領導人爭辯說，他們是蔣南翔行政管理機構的主要社會基礎，而且，他們已經成了清華大學「特權階層」的一部分，這個特權階層也包括學校頂層官員和舊的資產階級知識分子那些部分。他們寫道，大學黨委會「肯定不是無產階級的先鋒隊，而是新生資產階級知識分子的代理人」。[41]

提到解放該大學的幹部，「井岡山」派領導人只同意召回那些工農出身且沒有上過大學的幹部。他們特別反對那些從清華大學畢業的幹部——即所謂的「清華牌幹部」。「井岡山」派的李廣友說，他那一派不相信這些幹部，因為他們是知識分子。「清華大學的畢業生——那些人沒甚麼好的⋯⋯ 他們執行劉少奇的資本主義路線，」李廣友告訴我：「知識分子是少數——一個非常小的少數。我們那一派相信，即使他們入了

39　受訪者 14。

40　《井岡山》(1967 年 10 月 19 日)。

41　《井岡山》(1967 年 10 月 19 日；1967 年 12 月 12 日)。

黨，即使他們是黨的幹部，應該代表工人，但他們也不可能代表工人和農民。只有工農出身的幹部，才能夠代表工農。」[42]

「4‧14」派組織激烈地反對「井岡山」派的「新生資產階級知識分子理論」。[43]他們爭辯説，那些在1949年後受教育者不能被視為資產階級知識分子，因為他們是共產黨培養的。穩健派特別反對把「資產階級的」這個形容詞加在入了黨的清華大學畢業生身上。穩健派説，大學90%的幹部是這種清華牌的幹部，絕大多數是好的，應該被解放。[44]

關於幹部問題的辯論，聚焦在一位高度成功的大學年輕領導人呂應中身上。呂應中出身於一個富裕家庭，位於1949年革命前夕就信奉共產主義事業的清華學生之列。他在錢偉長門下學習，1950年以機械工程學位在清華畢業後，被大學聘用，而且是年輕的共產黨幹部中最有技術成就者之一。到1958年，蔣南翔授予他「紅色工程師」的模範稱號；紅色工程師是清華著意培養的人才，蔣南翔還號召學生們走「呂應中道路」。1960年，呂應中被要求率領一支由一百名學生組成的隊伍，去設計和建造一座核研究反應堆，該工程於1964年完工。1967年的大辯論，並非太著意於他這個人，而在於以他的名字命名的道路。對「井岡山」派來説，這是一條資本主義之路。它正在產生著正在變成一個特權階層的新生資產階級知識分子。而對於「4‧14」派來説，呂應中代表著共產黨領導人中革命後那一代最優秀者，是社會主義新秩序的堅定支持者。穩健派最高領導人沈如槐在其回憶錄中，解釋他和「4‧14」派為何決定支持呂應中是極端重要之事。「呂應中，清華大學黨委常委、『200號』（核研究反應堆的）總支書記兼廠長，解放後清華大學自己培養的幹部，」沈如槐寫道：「他既是領導幹部，又是科學家。我們為他的成就感到自豪……呂應中道路，就是『紅色工程師』的道路，就是『又紅又專』的道路。直到文化大革命中，我都一直認為呂應中是我們學習的榜樣。」[45]

42　受訪者75。

43　《井岡山》(1967年11月11日；1967年12月14日)。

44　《井岡山》(1967年12月14日)。

45　沈如槐 (2004，193–940)。

激進派與穩健派的領導層和成員

　　清華附中相鬥的兩派，由革命幹部子女和知識分子子女所領導；清華大學與之不同，大學裏兩大派的主要領導人都是出身工農家庭的學生。兩個主要對立者的背景，激進派的蒯大富和穩健派的沈如槐，非常相似。與蒯大富一樣，沈如槐出身於一個農民家庭，文革前，他在清華大學的黨團組織中，也一直是一位有才藝的積極分子。沈如槐父母不是黨員（而蒯大富的父母是），但他們都是為集體化打基礎的互助合作運動中的積極分子。1952年，一所學校在他的村莊開辦，沈如槐成了一名用功又能幹的學生，1965年考入清華大學。這之後，他很快入了黨，當選為班上的黨小組長和團支部書記。[46]雖然蒯大富與沈如槐共享著相同的社會出身，但在文革中，卻沒有走向相同的政治方向。「當時，我的觀點很明確，」沈如槐在回憶錄中寫：「校黨委就是黨在學校的代表，只能保衛，不能反對。因為共產黨就是中國人民的救星。」黨從苦難中解救了他家，還給了他──一位農村青年──機會到大學學習，因此，他感激不盡。他解釋說，「沒有黨，就沒有我的一切。」[47]蒯大富也對共產黨懷有深厚的感情（他也將之歸因於他的農村出身），而且像沈如槐一樣，他也深知分隔清華那崇高世界與他長大的村莊之間的遙遠距離。「我來自一個非常窮的村莊，」他告訴我：「清華似乎就像天堂一樣。」然而，蒯大富不滿意於現存的秩序，「那時，人人都說擁護社會主義，但是，我們才是真正擁護社會主義的人……最真實、最徹底革命的社會主義……我們擁護毛澤東要求的那種社會主義……沒有剝削、沒有不平等，工人和農民應該真正變成社會的主人。」[48]

　　在「井岡山」派最重要的九個領袖之中，有八個是工農家庭出身；在「4‧14」派一邊，九個最重要的領袖中，六個是工農家庭出身。文化大革命的規範，確定了只有「好」階級出身才能當頭頭、從事領導工作；

46　沈如槐（2004，7–9）。

47　沈如槐（2004，7–8）。

48　受訪者74。

在1967年春天，工農家庭出身的學生要比革命幹部家庭出身的學生，具有更好的政治地位來佔據領導崗位。到那時，劉濤、賀鵬飛以及其他高幹子女已經脫離了政治活動，他們的紅衛兵組織也解散了。他們的父親正在身受攻擊，他們的血統及出身已經變成沉重的包袱。父母是較低層革命幹部的學生中，有許多繼續參加文革，有幾個還成了派別頭頭，但是，他們也很弱勢。更弱勢的，是舊的精英家庭出身的學生。結果，兩派最顯赫的領袖都是工農的子女。[49]

在清華附中，政治精英的子女站在一邊，而知識精英的子女站在另一邊；與之不同的是，在清華大學，學生從不按家庭出身的路線分派。甚至在1966年夏，在血統論最猖獗時，大學裏兩派——一派支持工作組，一派反對工作組——的社會組成也是混雜的。雖然親工作組的一派高調鼓吹血統論，宣稱自己是「紅五類」(革命幹部、革命軍人、革命烈士、貧下中農和工人)的戰士，許多工農家庭出身的學生並不受其影響，相反卻加入了反工作組的陣營。隨後，「井岡山」派勝利，然後，它又分裂成激進和穩健兩大陣營，就徹底搞亂了原來的派系；分裂產生的組織，在家庭出身上就更為混雜了。

1967年春，重新分派的情況在表5.1中一目瞭然，它再現了分裂之後不久在學校進行調查的結果。新生的穩健派組織領袖及其許多積極分子曾是反工作組陣營的一部分，而現在，曾支持工作組的大部分人加入了他們；相反，激進派陣營的大部分人曾是反工作組的造反派，現在他們的隊伍中，也包括了大批工作組曾經的支持者。另外，在文革前幾個月中哪一派也不參加的個人(許多人是因為家庭出身有問題)，最後也進入了兩大陣營。

49　有關清華學生派別領導人的一個更詳細的分析，見Andreas (2002)。

表 5.1 1967 年春清華大學的重新分派

	激進派				穩健派			
	反工作組	親工作組	兩者皆不	小計	反工作組	親工作組	兩者皆不	小計
總數	1,011	534	588	2,133	1,486	1,815	320	3,621
百分比 (%)	47	25	28	100	41	50	9	100

資料來源：數字得自於沈如槐回憶錄 (2004，第 116 頁) 裏發表的一個圖表中的數據。這份數據，最初得之於 1967 年 4 月 26 日《井岡山》兵團寫的一份內部報告。我修改了其中一個數字，它似乎是出於一個錯誤的累加。

　　我採訪過的文革期間在清華大學的每個人都堅持說，大學學生並沒有按「好」、「壞」家庭出身路線分派。他們說，激進派和穩健派中都有許多工農家庭出身的成員，也有許多城市知識家庭出身的成員。受訪者一般都同意，來自革命幹部家庭的學生更可能支持穩健派，而「壞」家庭出身的學生更可能支持激進派 (如果他們參加任何派別的話)；但是，他們也說，兩大羣體的學生在兩大派別裏都有。當我問受訪者，是甚麼東西使支持穩健派陣營的學生有別於支持激進派陣營裏的學生，最常聽到的回答是，與黨組織有更強聯繫的學生多傾向於支持穩健派。這個理解被 1967 年春天調查所收集的數據所證實：1,631 名學生幹部和黨員中，有 1,029 名 (佔 63%) 加入了穩健派。[50] 儘管如此，激進派陣營也有像蒯大富這樣，曾在黨團組織中非常積極的學生。

　　當我問蒯大富，兩大派別裏學生的家庭出身是否不同時，他用簡單的階級分析回答。「更多出身下層者——普通老百姓的子女——支持我們，」他告訴我：「那些出身更高層次——中層及以上的幹部、高層白領職員，包括清華大學的高等職員——他們的子女支持他們。一般來說，那些受教育更多一點的家庭、受過高等教育者的家庭的人，他們傾向於支持他們。」[51] 然而，他承認，許多工農家庭出身的學生也在穩健派一邊戰

50　見沈如槐 (2004，115)。

51　受訪者 74。

鬥；而他自己的這一派裏，也包括著那些文化水平很高及政治上關係亨通的家庭的學生。穩健派的頭頭沈如槐，在他的回憶錄中宣稱，文革前「好」家庭出身的和政治上一直進步的大多數學生站在穩健派這一邊，但他又說家庭出身和政治立場都不能完全決定一個人會加入哪一派別。[52]「4‧14」派陣營最有名的論戰家周泉纓，在解釋兩大派的區別上，更強調政治隸屬關係，而不是家庭出身。在自己的回憶錄中，周泉纓表明，他的派別代表著「先進」分子的利益和政治傾向，其中包括政治輔導員、學生幹部和黨員，而激進派代表著「普通老百姓」，就是那些沒入黨或在政治活動中不積極的學生、老師及職員。[53] 另一位穩健派的領袖把激進派採取的「極端」立場與成員的社會地位聯繫起來，解釋說，許多激進派積極分子來自「壞」的家庭出身或非常窮的農家。他又說，他自己一派的穩健立場與其大部分成員的「中產階級」地位有聯繫。雖然這四種描述相互之間多少有些矛盾，但它們每一個都代表了一個模糊的共識理解：穩健派代表著那些更堅定地與現有體制相關聯的人，而激進派則代表著與現有體制聯繫更脆弱、更單薄的人。

雖然高層的大學官員不能參加運動，但其他的許多大學職工——包括中層幹部、基層幹部、教師、職員和工人——支持著這一派或那一派。表5.2顯示了1967年5月對清華大學教職員工分派情況進行調查所得的數據。它與學生中的情況一樣，涉及大學黨組織一事是個重要的因素；穩健派在黨員教職員工中擁有更多的支持，而激進派在非黨員教職員工中擁有更多支持。雖然兩大派在大學教職員工中的各個部分中都有自己的支持者，但兩派還是顯示出了類似學生兩派的分歧。穩健派在大學現有體制的中心部分擁有更強的支持，這是一塊最先與最多由青年教師佔據的、由又紅又專標準所劃定的空間。與之相反，激進派包容著更多邊緣部分的人，其中有只專不紅的(較老的教師)、只紅不專的(工農幹部)，或既不專又不紅的(工人中的許多人)。

52　沈如槐（2004，119–20）。

53　周泉纓（2006，69）。周泉纓是著名的穩健派宣言《4.14思潮必勝！》的合作作者之一，他是一位國民黨軍官之子。

表5.2 清華大學教職員工中的分派情況

	總計	激進派		穩健派		兩派皆不是	
		人數	%	人數	%	人數	%
大學全部教職員工	3,267	1,324	41	999	31	944	29
教授(高級教師)	151	63	42	22	15	66	44
工人	994	537	54	205	21	252	25
其他的教職員工 (主要是初級教師)	2,122	727	34	772	36	626	30
黨員 (全部教職員工中的)	1,113	336	30	528	47	249	22
非黨員 (全部教職員工中的)	2,154	988	46	471	22	695	32

資料來源：沈如槐回憶錄(2004，第117–18頁)。該調查並不包括大學全體教職員工。1964年，全校共有5,566人，其中1,718名工人，2,226名教師，包括191名教授(方惠堅與張思敬《清華大學志》，2001，卷1，第482頁，第490頁)。

大學裏中層官員在穩健派的形成中起了突出的作用。4月14日集會後不久，150名中層幹部簽署了一封公開信支持新的組織。穩健派學生積極分子，把這些大學幹部形容成他們組織中的「主心骨」。穩健派一位領袖丘茂生驕傲地告訴我，「大部分中、下層幹部或是參加『4·14』，或是同情我們。」[54]文化革命前清華大學黨委會宣傳部副部長羅徵奇和大學團委會副書記譚浩強幫助寫出了穩健派的幾篇關鍵性政論文章。譚浩強還受邀參加了「4·14」派的核心領導班子，在教員戰鬥隊裏擔任領導人的兩名教師也被吸收進去了。[55]

由於「井岡山」一派標明的立場敵視清華的政治體制，所以，毫不奇怪，它從清華的幹部那裏得到的支持較少。幾個最高層的大學官員，正式認可了「井岡山」這個組織；但激進派和穩健派的積極分子，都認為這些人的認可是出於策略性的算計，目的是想減輕把他們當成「走資

54　受訪者12。

55　《井岡山》(1967年9月5日)；及清華井岡山聯合總司令部「4·14」幹部辦公室(1967，第1卷，第5頁)和唐少傑(1996，57)。

派」的批判。還有極少數的校一級及系一級的重要幹部，被「井岡山」的積極分子視為已經真正地批判了「修正主義教育路線」，並接受了文革的思想。但即使是這些幹部，也被「井岡山」晾在一邊，保持一定距離。被邀請加入「井岡山」領導班子的唯一幹部是韓銀山，一個農民出身的老革命，他在1950年代失去了自己在校黨委會的職位。「井岡山」還享受著教師中一個特別激進團體的支持，它叫「紅色教工聯合會」，據說其中幾個人的家庭歷史有問題，而且，他們所有人都坦率地公開反對政治制度（有些人稱大學黨組織為「一個黑色的法西斯黨」）。[56]

團結起來保衛現狀

1967年春天出現的穩健派陣營，時常被人描述為1966年親工作組的「紅衛兵」最初所代表的一般保守傾向的繼續。[57]然而，在清華大學，「紅衛兵」與「4‧14」派這兩個組織的政治方向是極不一樣的。最初的「紅衛兵」保衛政治資本，但他們攻擊文化資本。他們保衛著代表黨的更高當局的工作組，但他們猛烈地攻擊著舊清華，包括與「修正主義教育路線」有牽連的整個大學黨組織。與之相反，「4‧14」派大聯合成了舊清華及大學黨組織事實上的保護者。最初的「紅衛兵」，以「高幹子弟」的組織著稱，而且，他們那極端的階級路線的說辭，疏遠了清華大學出身於舊知識精英家庭的大部分學生。與之相反，「4‧14」派大聯合是一個保守的政治聯盟，它包括革命幹部及知識分子兩者的子女。在1966年夏天武鬥中，曾在街壘兩邊對立的學生，如今在「4‧14」組織裏成了戰友：根據表5.1中呈現的調查數據，「4‧14」派中50%的成員支持工作組，而41%的反對工作組。他們繼續有著不同的觀點，但他們聚在一起

56　《井岡山》（1968年3月23日）；及清華井岡山聯合總司令部「4‧14」幹部辦公室（1967，第1卷，第4頁）。紅色教師聯合會的作用被唐少傑（2003）所詳細討論；他的有些闡釋被該組織的一個領袖陶德堅以及她的丈夫陶世龍所辯駁（http://personal.nbnet.nb.ca/stao/tdj.htm）。

57　例如，見Lee（1978）。

對抗激進派的攻擊，保衛現狀。穩健派中的差別，以及使之聚在一起的
共同點，可在下面三個人講述的故事中一目瞭然。

第一個講述者是匿名的前老「紅衛兵」成員，他在1967年7月向穩
健派的報紙提交了一份個人聲明。他寫道，由於他出身於一個革命軍人
家庭，他從心底裏熱愛毛主席和共產黨。然而，在他到達清華大學之
後，他發現這裏的氣氛令他不安。這裏強調表現而不重階級背景。他認
為大學裏的很多做法──錄取新生，入黨和入團，以及選取「因材施教」
實驗班的人選──都與黨的階級路線背道而馳。作為團支部的領導人，
他把這些問題提交給學校官員，但他們置之不理。1966年6月，當他聽
說蔣南翔受到批判，他激動萬分；當工作組到來時，他喜極而泣。作為
由工作組任命的文革籌備委員會的一名成員，他一開始支持「資產階級
反動路線」，但是後來對其進行批判。他寫道，一年後，他真的為參加
「4‧14」派而高興。然而，他感到不公平的是，「4‧14」派的有些成員
懷著疑心對待他；他認為，像自己這樣前「紅衛兵」的積極分子應該被
當作組織的「主心骨」來對待。[58]

第二位是一個叫李維章的學生，其父是武漢市的一名教師。他在
1966年夏反對工作組。文革前，部分是由於學術能力強，他成了共青團
的幹部。他極其佩服老教授和蔣校長，當蔣南翔被工作組趕下了臺，他
大為震驚。他進一步與工作組──及其「紅衛兵」支持者──離心離德，
是因為他們的反民主工作方法及對階級背景的強調。1966年夏秋之季，
他同情蒯大富，因為他提倡「大民主」。然而，蒯大富的「極端階級路線」
日益使李感到疏離。他受到「4‧14」派的吸引，因為它「對付學校官員
不是太極端」。他告訴我，穩健派就是像他這樣學生的天然之家，他們
這些學生學習好，一直是共青團的幹部，與系領導也有良好的關係。
「我認為，正常來說，文革前(與蔣南翔在一起)一直感到很舒服的人
們，自然就會傾向『4‧14』。蔣南翔說過，『分數面前人人平等。』這就
是為甚麼像我這樣背景的人們情感上感到與他在一起很舒服的原因。」[59]
以李維章的理解，掌握政治資本(共青團裏的領導職位，以及與系領導

58　《井岡山》(1967年7月5日)。

59　受訪者7。

有良好關係) 導致學生們支持「4‧14」派；但是，掌握文化資本也會促成對穩健派陣營的支持，因為「4‧14」派被視為更能保留舊清華的英才教育政策。

王佳宏證實了這一點。他是位知識分子家庭出身的學生，但其政治資歷要比李維章差得多。他的父母都是北京大學的教授，在文革期間兩人都受到慘酷的批鬥。父親哈佛大學的教育背景給他自己的未來罩上了一層陰影，他是班上最後一名被接納入團的學生。1966 年，他是比李維章更為熱情的造反者，很欣賞這個挑戰政治制度的機會。儘管如此，王在 1967 年也加入了穩健派。他判斷，兩派之間的主要區別，在於穩健派可能會保留更多的蔣南翔的教育政策。「(蔣南翔的) 階級路線要比其他的更溫和些，因為他一直在與有文化的人──知識分子──打交道，他知道，要在學術上、經濟上、建設上幹成點兒事，你需要知識，也需要大量掌握知識的人，而那時，這樣的人並非擁有符合要求的背景，」他告訴我：「按他的政策，如果你的學習成績很優秀，而且你的家庭也沒有壞到他不敢錄取你的地步，那麼，他就會把你招進來，他會給你提供合適的條件，讓你在學術上幹出些成就。」[60] 王回憶說，「井岡山」組織「對蔣南翔文革前所說過的一切，都採取一種太過激進的態度。他們的口號是『把舊清華的一切都砸爛』」。因此，王參加了穩健派以保衛舊清華。雖然他怨恨蔣南翔僵硬的政治控制以及他自己所遭遇的階級路線歧視，但他發現比起「井岡山」全盤攻擊清華的教育政策，蔣南翔的英才教育政策還是更能讓人接受些。

從穩健派這三位活動分子的陳述來看，很清楚的是，新舊精英子女之間仍然存在尖銳的衝突點。革命軍官之子更強烈於保衛政治資本，且很不樂於保衛文化資本，而教師子女卻恰恰正相反。儘管如此，他們的家庭條件都相對不錯，學習優秀到足以考入清華，而且他們都是共青團的團員，所有這些都促使他們更有意於保衛現狀。在 1967 年春清華裏發展的派別站隊中，保衛文化資本就是保衛政治資本，反之亦然。兩者都是舊清華秩序的基礎；也就是穩健派一心要維護的。

60　受訪者 11。

文化革命與政治精英及文化精英的結合

對文革期間學生派別衝突的主流解釋，突顯了中共官員子女與知識分子子女之間的爭鬥。這種解釋——可被稱為精英競爭模式——最有說服力的呈現是陳佩華（Anita Chan）、駱思典（Stanley Rosen）和安戈（Jonathan Unger）對廣州重點中學學生派別的調查。[61]這些學校的絕大部分學生，來自革命幹部家庭或知識分子家庭，他們之間的中心裂痕是由階級路線政策造成的。由革命幹部子女率領的「保守」派，提倡階級路線政策，集中攻擊老師、教育官員和舊知識精英的成員，並保衛黨的權威；而由知識分子子女率領的「造反」派，譴責階級路線政策，集中攻擊政治當局。精英競爭模式，很好地描述了清華附中的派別陣線；但它未能捕捉到清華大學衝突的性質。表5.3提供了一個簡單的表格，在與政治資本及文化資本關係上，介紹清華大學及清華附中主要派別的傾向。在清華附中，老紅衛兵攻擊文化資本，卻保衛政治資本；而造反派則攻擊政治資本，保衛文化資本。在清華大學，與之不同的是，激進派同時攻擊政治、文化資本，而穩健派則同時保衛兩者。

大學與附中派別陣線劃分不同的一個重要原因，在於人口組成不同。清華附中是市重點中學，其中絕大多數學生來自知識分子家庭或革命幹部家庭。當毛澤東在1966年鼓勵人們向政治及知識兩大精英進攻時，附中學生中早已存在的矛盾公開化。兩派中的任一派，都熱烈地支持毛澤東的造反議程的某一個方面；革命幹部子女把攻擊矛頭對準文化資本，而知識分子子女則發動向政治資本的攻擊。同理，兩派之中的哪一派也不信奉毛澤東的整個規劃。一個幾乎全由幹部子弟組成的組織，不可能參加對政治資本的攻擊；而一個幾乎全由知識分子子女組成的組織，則不可能進攻文化資本。「血統論」根據精英家庭出身劃分派別，這種劃分界限極其分明，以至於其中哪一派也不可能違背對各自集體利益及身分認同的如此重要的原則。另外，由於學校是按家庭出身路線如此堅決地分裂的，也就極少有空間讓一個團體去促進革命幹部子女與知識分子子女之間的和解，來保衛現狀。雖然一個包容著革命幹部子女和知識分子子女兩者的溫和派別確實存在，但它一直很弱小。

61　Chan, Rosen, and Unger (1980); Rosen (1982); Unger (1982).

表5.3 清華大學與清華附中的文化革命派別

爭論核心		政治資本	
		攻擊	保衛
文化資本	攻擊	大學激進派	中學紅衛兵
	保衛	中學造反派	大學穩健派

　　在清華大學，情況則大不同；近40%的學生出身於工人或農民家庭。這就防止了校園按精英身分分化成兩大陣營。雖然在劇變動盪一開始，革命幹部子弟仍提倡「血統論」政治，但在大學，這一套理論不太有說服力，因為工農家庭出身的學生既不完全接受、也不完全排斥其主張。最終出現的兩大派別，要按家庭出身的標準來看的話，並不容易區別得開，而且兩大派都由工農出身的學生所領導。這就意味著，兩派誰也不受政治精英或知識精英的集體利益及身分的束縛。由工農家庭子女所領導並受多種社會出身的學生所支持的激進派，充分認同、響應毛澤東進攻政治及文化兩大資本的號召。他們的進攻導致了保衛兩大資本的一個對立派的產生，在政治資本與文化資本之間創造了一個聯盟。面臨著激進派的挑戰，許多學生——包括政治精英及知識分子精英兩大羣體子女在內——在團結起來保衛現狀上，達成了共識。

　　西方學術界一直將精英競爭模式視為解釋文革期間學生派別衝突的一個普遍模式。常被忽視的是，陳、駱、安（Chan, Rosen and Unger）研究所得的解釋是基於某一種類型的學校——城市重點中學，而且，他們也警告不要把這一解釋無條件地絕對普遍化。雖然他們選擇聚焦在重點中學高度兩極化的類型，他們也指出，他們在其他學校發現了不同的類型。在普通中學和中等技術學校，他們發現，最突出的分裂發生在一直在共青團裏積極的人們與未入團的人們之間；而且駱思典指出，廣州大學裏的派別似乎也是這種類型。[62]這似乎很合理地表明，精英競爭模式很適合於解釋城市重點中學的情況，那裏的絕大多數學生，或是來自知

62　在挑戰相互爭鬥的精英模式中，Walder (2002; 2006)指出，北京大專院校的學生並不按照家庭出身路線而分派，這個發現應和了Rosen (1979)自己的發現，並且也與清華大學現在的分析一致。

識分子家庭，或是出自革命幹部家庭；但是，它不適合解釋大學、專科
學校、普通中學或中專的情況，那裏有相當數量的非精英出身的學生。
這些學校的派別，有可能更像清華大學的派別，而不像清華附中的派
別。事實上，唐少傑、宋永毅和孫大進已經確證，清華大學的激進派和
穩健派是其他大學相似派別的代表；而且，當時這兩派被視為全國範圍
內對立陣營的旗手。[63]

清華大學的陣線，反映了文革產生的一種新的政治現實。清華附中
的派別衝突複製了1957年的陣線，彼時知識分子與黨的官員為權力而
爭鬥；而清華大學的衝突則超越了這些精英之間的陳舊衝突，反映了政
治資本與文化資本結合的程度。在發動文革時，毛澤東的目的是動員起
一場民眾運動，去反對政治及文化兩大精英。雖然最初的結果，是精英
之間的衝突的爆發，但是運動結束時，文革卻促成了兩大羣體之間的團
結。在清華大學及清華附中的派別衝突中，兩種現象都有可能出現。一
方面，在清華附中由「血統論」政治導致的敵對陣營，是精英之間敵意
仇恨的戲劇性展現；另一方面，在清華大學出現的穩健派大聯合，則代
表著政治資本與文化資本的一個脆弱的聯盟。

文化大革命可被視為精英和解過程中的一個關鍵時刻。清華大學穩
健派的聯合，預兆著中國政治精英與文化精英之間的政治團結；而它將
在十年後毛澤東去世、文革遭到批判時，趨於完備。與此同時，文革最
初幾年裏放任的派別衝突，被嚴厲的制度化的措施取代；這些措施旨在
破壞政治精英和知識精英的權力，並阻止兩者的匯聚。這些措施在清華
大學裏得到實施；下面三章將對他們加以討論。

63　唐少傑（1996，49）以及宋永毅、孫大進（1996，365）。

第三部

把文化大革命制度化（1968-1976）

第6章

監督紅色工程師

　　1968年7月27日清晨，北京周邊工廠的三萬多工人到達清華大學的各個校門口。那時，激進派和穩健派兩大學生派別，為控制學校已經激烈武鬥達三個多月了。相似的武鬥在全國各地發生。儘管黨中央為了要羣眾組織停止武鬥一再發出指示，暴力卻一直在升級。工人們被動員來到清華大學，以執行這些指示。樂意回到正常狀態的大學穩健派歡迎工人們，但是，激進派卻決心抵抗他們所看到的場面，視之為扼殺文革的一種企圖。他們試圖控制住自己所佔據的大樓，使用長矛和步槍與手無寸鐵的工人團隊戰鬥。到次日上午，工人們已經控制了校園，但他們有五個同志被打死，幾百人受傷。[1]那天的凌晨，毛澤東召集蒯大富和北京的大學裏其他四名顯赫的派別頭頭來開會；周恩來、林彪和中央文革小組的成員，也參加了這次會見。在會上，蒯大富彙報說，「被黑手操縱的」工人們已經進入清華大學來鎮壓學生。毛澤東回答說，「這黑手不是別人，就是我嘛。」[2]

　　幾天後，由幾千名工人和軍人組成的一支工人毛澤東思想宣傳隊被派來控制了大學。這支被簡稱為「工宣隊」的隊伍的到來，在國家的報紙電臺上被宣告說是建立一個新時代的第一步，而在這個新時代裏，工

1　有關這次衝突的詳細描述，見Hinton (1972) 和唐少傑（2003）。

2　毛澤東的講話引自 Joint Publications Research Service（聯合出版物研究中心），（1974，493）。

人階級將掌管教育了；毛澤東送給工宣隊的個人禮物：一籃芒果，也被用來獻給這一時刻。工宣隊接受指示來長期監督清華大學，而且它成了一個榜樣，在全國各地，類似的工宣隊紛紛被派到了學校。

清華大學「百日戰爭」的戲劇性結束，是一個分水嶺事件，它迎來了在全國對派性武鬥的有系統的鎮壓，標誌著文化大革命第一階段的結束。毛澤東拋棄了他一手促成的造反組織，但繼續追尋那個激發他發動文革的目標——防止一個新生特權階級的固化。他確信，黨組織和學校系統兩者都在培養著使自身脫離群眾的精英群體；而且，他一直憂慮著這些事情，直至自己的最後時日。毛澤東在他死前不久口述的一篇講話中抱怨，當黨員作了大官，他們「要保護大官們的利益。他們有了好房子，有汽車，薪水高，還有服務員，比資本家還厲害」。他又說，當學生從大學畢了業，他們「不想和工人畫等號了，要做工人貴族」。[3]

黨組織和教育制度，一直是文革的主要制度靶子；他們在前兩年裏已經多半停止作用，而現在又開始了重建。事實上，從1968年到毛澤東去世的1976年，兩者一直在實實在在地重建、擴張，但這種重建是在毛澤東的激進議程限制的範圍之內進行。這段歲月，通常被稱為文革後期，是一個嚴厲的、破壞性的制度實驗時期；這些制度實驗，旨在管控教育系統與黨組織，以免他們產生階級差別。毛澤東為推進他的激進計畫，培養了由江青、張春橋、姚文元和王洪文為首的激進派小圈子，這些人在1976年倒臺後被嘲諷地稱作「四人幫」。江、張、姚一直是中央文革小組（1969年解散）的成員，而王是上海主要工人造反組織的領袖。毛澤東的激進派親信在黨內維持了一個派系網絡，主要由那些已被提拔到權位上的、被解散的激進派群眾組織的領袖們組成。雖然每一級的分派和聯盟很複雜，但在這個時期，中國政治主要特點為激進派與保守派陣營的兩極分化。[4]鄧小平成了保守派陣營的代表人物，主要支持

3　毛澤東的講話引自《中發》（1976年第4期），複製於：http://www.zggr.org。

4　林彪1971年死於飛機焚燬之後，激進－穩健派別的兩極化更清晰地成形了。在此之前，形勢被不屬於這兩大陣營的林彪及其他軍頭的權力而複雜化了。有關林彪死亡前後派別衝突的一個解釋，見MacFarquhar (1991)。

基礎由老幹部組成。當激進派倡導那些與文革相關的政策時，保守派則力圖限制或推翻這些政策。[5]

激進派的主要戰鬥號召，是「防止資本主義復辟」。就此議題最為精心炮製的論文，是由清華大學和北京大學兩校撰寫的；彼時兩校都處於激進派的控制之下。激進派用毛澤東的語言把他們的敵人命名為「一個官僚主義者階級」，這個術語很貼切，因為他們正在對準的靶子，就是黨和國家的官員；他們首先及最為關注的，是這些官員獲取權力的政治制度。然而，這個術語，並未能足夠地傳達他們同時的另一個關注，即對這些官員日益增加的技術專家治國特點的關注。考慮到蘇聯的經歷，激進的理論家們特別瞄準那些有先進技術資格的共產黨官員，即紅色專家，把他們當作和平演變的先鋒；而且，他們視教育制度為一個關鍵的禍首。根據清華與北大兩校一個寫作小組執筆的一篇廣泛傳播的文章所言，蘇聯的教育制度培養了導致資本主義復辟的特權階層。「人們知道，蘇修叛徒集團的頭目，大都是經過大學培養的所謂『紅色專家』，正是他們把第一個社會主義國家變成了社會帝國主義。」[6]文革後期的激進政策，就是旨在破壞中國正在出現的紅色專家階層的制度基礎。中共領袖一直對教育制度持有一種既愛又恨的矛盾心理；他們視其為知識階級霸所佔的領地；而文革後期徹底改造這個制度的舉動，是共產黨長期議程的繼續，雖然現在採用了更為激烈、極端的手段。

政治領域的激進議程，就像毛澤東以前發動的很多反官僚主義的運動那樣，也不是完全陌生的東西；但文革後期激進派反對官僚階級的討伐運動，在很多方面是史無前例的。以前，共產黨的理論家把「資本主義復辟」的威脅定為主要來自於國外、來自於老的有產階級；現在，激

5　「激進」與「穩健（保守）」的稱呼，在與設定了1966–76十年間日程的文化大革命規劃的關係上是恰當的，因為激進派擁護此規劃，而穩健（保守）派反對它。1976後，「保守派」這個稱呼一般被用來指那些反對鄧小平倡導的市場改革的人士。「左」和「右」會有更始終如一的意義，但「右派分子」的稱呼已經更持久地與1957年「反右」運動的靶子聯繫在一起了。

6　北大和清華大批判小組（1975）。

進派作者認為主要危險來自於黨內，它從黨的官員以及社會主義制度的結構缺陷中產生。「走資派是社會主義歷史階段的一個產物，」清華大學官方報紙一篇文章的作者聲稱：「產生走資派的條件還會不可避免地長期地存在。無產階級奪取政權的結果是沒有資產階級的國家資本主義……（走資派）想擴大人民交給他們的權力，把它變成一個特權，去統治和壓迫人民。」[7]《人民日報》的一篇文章，使用甚至更有煽動性的語言，把同樣的意思說到了家。「這些人養尊處優，騎在工農羣眾頭上作威作福，」作者寫道：「在他們看來，……當官的說了算，這是天經地義。實際上，他們把自己擺到舊社會大老闆的位置上，把工農羣眾當成僱傭奴隸。」[8]

　　按激進派的觀點，問題的根本是權力集中在共產黨幹部手中，以及工農羣眾被排除在決策過程之外。一位激進派的理論家在發表於北京大學某雜誌上的一篇文章中寫，官僚主義者階級的成員，「把權力轉化為資本……他們只要有了權，總是要把職權變為特權，把人民給他們的管理權和服務權，變成壓迫和掠奪人民的權力……在他們權所能及的範圍內，總是要把勞動人民排除在管理及計畫工作之外，把生產資料和勞動產品的管理權和支配權抓在自己的手裏，使社會主義公有制名存實亡。」作者繼續寫，在社會主義時代，「領導和被領導，管理人員、技術人員與直接生產者之間還存在著相當固定的分工，」而且在實行「修正主義管理路線」的工作單位，這些分工正在被加強和擴大。按照激進派的理論，只有靠消除腦力勞動與體力勞動的分工，提倡羣眾參與管理，防止幹部脫離勞動、脫離工農羣眾，並禁止他們尋求特權，才能夠防止一個新生剝削階級的固化。[9]他們的目標，是把集中在管理幹部及技術幹部手中的決策權及知識加以分散，並提高羣眾的權力。

　　激進派的觀點是由文革早期的戰鬥所形成的。他們從根本上不相信黨的官僚機構。按他們的觀點，官僚機構正在變成階級權力與特權盤據

7　《清華戰報》（1976 年 5 月 10 日，第 2 版）。

8　《人民日報》（1976 年 7 月 23 日）。

9　馬彥文（1976，9，11–12）。

的機制。他們決心創建新的制度手段，去遏制黨和國家機關的權力，使得對共產黨幹部的監督能從下而上地進行，並削弱基於黨組織的政治依賴之類型。清華大學成了激進派的一個堡壘，而且，清華大學工宣隊的領導人與激進派陣營有密切的關係。工宣隊的主要領導人是兩名青年軍官，遲羣和謝靜宜，兩人都與毛澤東及其激進派追隨者聯繫密切。遲羣曾是保衛黨中央及國家總部中南海的8341部隊的宣傳科副科長。[10]謝靜宜曾任毛澤東的機要祕書之一長達十年，還與毛的夫人江青關係密切。遲、謝二人在國家政治中起了關鍵的作用。1970年，遲羣被任命為國務院科學教育領導小組副組長，而謝靜宜則成了中共北京市委的副書記，1973年還被選進黨的中央委員會。[11]兩人都受邀列席了黨中央政治局的擴大會議；在文革後期，幫助發動和領導了最重要的政治運動。他們繞開黨的正規等級制度，直接向激進派首領江青和張春橋彙報。

　　對激進派領袖來說，清華大學很重要，因為它位於選拔和培養紅色專家的政治及學術兩大資格認證制度的頂端，而且，他們認為紅色專家正是資本主義復辟最危險的力量。他們以極大的疑心看待這兩大選拔制度。有了毛澤東的支持，激進派把清華大學變成了實施新政策的實驗室，這些政策旨在破壞那些支持和加強黨的官員與知識分子兩者精英地位的政治及文化基礎。激進派利用清華大學作為一個基地，去擴展他們的權力，並把其政策推行到其勢力要小得多之處。激進派在清華的力量把使得該校變的特殊，但也使之成為一個信息特別豐富的案例。因為激進派大肆宣揚文革關於消滅精英教育、遏制中共官員官僚政治權力的口號，審視他們如何經辦一個自己支配的教育機構，就具有特殊的意義。

　　這一章，將審視清華大學在此階段建立的獨特的治理制度（第七章和第八章將分別審視教育政策及新生錄取政策）。大學的權力，由工宣隊（主要由校外抽調來的工人和軍人組成）與老資格的大學官員分享。

10　毛澤東派出8431部隊（師）的軍官在北京六家工廠負責成立革命委員會，而且他們在1968年7月動員了接管清華大學的工人。後來，這六家工廠再加上清華與北大就成為促進激進政策的典型（唐少傑2005）。

11　見丁抒（2000）及賀崇鈴（2001，279、284）。

工宣隊負責動員學生和工人去批判他們的老師、輔導員和大學官員。其結果是一個混亂的治理制度，與執政的共產黨（也包括文革前的中共）的常規做法非常抵觸；過去的常規做法，一直是由堅如磐石般統一的理想和一個清晰的、權威的等級制度來指導的。我將審視這個制度是如何在實踐中運作的，並提出它為何繼續複製出政治依賴這一老難題的原因。然後，我將考察清華大學的制度如何與全國更寬泛的治理類型相配合。對此，我提出，它培育出了管理人員與造反者之間的一種分權。

從上以及從下監督幹部和教師

指定給派往清華大學的工宣隊的第一個任務，是重新建立秩序、控制大學裏相爭鬥的兩派，並創建新的領導機體。工宣隊靠嚴厲的手段鎮壓下所有可能的對抗，以建立權威，而且，他們那獨裁主義的方式又被工宣隊員的使命感所加強；他們理解自己的使命，是要負責佔領和改造大學，一個一直由「資產階級知識分子」獨霸的機構。學生領導的競鬥的兩大派被解散，持續搞派性活動的舉動被鎮壓，許多派別頭頭和積極分子遭到調查及懲罰。[12] 經過一段政治學習，大多數學生被送到部隊農場去勞動一段時間，然後，分配給正式的工作，典型的是分到工業企業。教師和管理人員則因受到打擊面更寬的一種整治——「清理階級隊伍」運動——而一片肅殺沉寂。工宣隊重新審查了教師和大學幹部從1949年以前到文革的個人歷史。在清華大學六千名左右教職員工中，1,228名被調查，78名被宣佈為「階級敵人」。根據一部半官方的校史，在運動高峰的兩個月間，十人被迫害致死。[13] 然後，清華的大部分幹部、教師和職工被送到江西農村的「五七幹校」勞動，直到在1970年第一批新生到校後才返回北京（見第七章）。

12　有關此階段的詳情，見Hinton (1972)。對於前學生活動分子來說，最受折磨的時刻是1971年清查「五一六分子」之時。清華大學的清查活動在以前的一名學生自殺後突然取消（受訪者52）。

13　劉克選、方明東（1998，621）。這個數目可能包括自殺或因為調查加劇惡化身體狀況而死亡的人數。

紅色分子監督紅色專家

通過派工宣隊監督大學幹部，毛澤東複製了有特色的「紅壓倒專」的權力結構，這是在共產黨掌權的最初幾年形成的；那時，文化水平很低的共產黨幹部，監督在職的、白色的行政管理人員和專家。就像1952年接管清華的黨的幹部一樣，1968年到達清華的工宣隊，帶著一個革命的授權，來改造被稱為資產階級控制之下的這個機構。只不過這一次，那些被監督和被改造的人，主要是共產黨掌權十七年來培養出的又紅又專的幹部。組成工宣隊的大部分軍官和工廠工人都沒有太多的文化，按毛澤東之意，這正是為何他們才有改造大學所必需的資格。因為他們極少正式上過學，所以才不受利益及偏見的束縛，從而不可能會偏向知識分子去維持教育機構的現狀。被派來參加工宣隊的工人和軍人，負有「佔領和改造上層建築」的責任，「上層建築」指的就是一直在資產階級知識分子控制之下的大學。

最初，清華大學的工宣隊是一支龐大的隊伍，由5,147名工廠工人和105名軍官組成。但在幾個月後，它的規模大大削減。[14] 它的大多數最高層領導人——像遲群和謝靜宜——是軍人，但產業工人也起了關鍵作用。工宣隊成員的絕大多數是來自當地工廠的普通工人。工宣隊是紅色的，但不是專家。他們大多數是黨員，而且，所有的隊員在其工廠裏黨領導的組織——諸如共青團、工會、婦聯和民兵等組織——中都一直很積極，但文化水平最高的只上過中學，許多人僅讀過小學。雖然工宣隊要在清華大學永久待下去，但其成員卻是變動的。除了非常高層的領導人，工宣隊員輪換著進進出出大學，最後還要返回到他們原先出來的工廠或部隊；而且，當他們在清華大學時，繼續從其原單位領取工資。他們到清華是來監督大學行政管理者的，並不是自己變成行政管理者。

工宣隊解放了大多數大學幹部，許多人被任命了相似於文革前其所任的職位。[15] 1969年1月，工宣隊的領導成立了一個革命委員會來管理

14　賀崇鈴（2001，274–75）。

15　一個突出的例外是前大學黨委書記蔣南翔，他被安排在清華一家校辦工廠裏幹活（《蔣南翔文集》1998，1231）。

學校。一年後，他們重新建立了大學黨委會，原來的黨委會是於1966年停止其功能的。劉冰被重新任命為副書記，負責處理黨的組織事務。文革前一直負責學術事務的何東昌，重新擔任了這個角色，雖然他的正式頭銜是大學「教學改革委員會」的副主任，而主任的職位則留給了工宣隊的代表。[16]到1972年，學校黨委會的常委由九名工宣隊成員和八名清華老幹部組成。工宣隊的領導人遲羣和謝靜宜分別是書記和副書記。[17]

工宣隊的領導人與中共最高層激進派領袖密切相聯，而清華的老資格官員——包括劉冰和何東昌——與中央更穩健的黨領導關係親密。當激進派在全國得勢之時，清華工宣隊的權力也大；而當全國的穩健派勢力得勢之時，清華老幹部的權力也上升。然而，工宣隊或清華老幹部在政治上都不是單一同質的，他們也有分化——有些老幹部與工宣隊密切站在一起，而一些工宣隊領導人最後與大學老幹部站在了一起。清華大學的幹部與工宣隊成員，各自以不同的資格來獲得權力。一方面，大學幹部有很強的文化及政治資格；他們是國內知識水平最高者，其中，許多人在黨的等級制度中，地位比新闖入的工宣隊要高。另外，清華大學是他們的領地，而且，是他們創立了大學的黨組織，但現在，工宣隊領導人不穩定地掌控著它。另一方面，工宣隊的權力單一地建立在政治資格上，因為其成員幾乎沒有受過教育。此外，他們的政治資格也是一個獨特的文革的種類。甚至工宣隊的最高領導人，在黨的等級制度中，原來的地位也不高；他們的政治權威，不是來自於他們在黨內的地位，而僅是來自於他們是被毛澤東派來管大學的。然而，在那個時候，這給了他們很大的權威，比地位更高的大學幹部的權威還要更大。

麥清文，一位高層的大學老幹部，回憶說，在這個階段，毛澤東的個人權威比黨組織的要高得多。造反派的攻擊破壞了黨的威信。「在文革的早期，共產黨和共青團的威信一落千丈，」麥清文解釋，「所有的領導幹部都被批判，而且，不管這批判是否正確，結論都是他們全是壞蛋。」麥清文說，由於工宣隊是毛澤東派來的，其權威就壓倒了大學黨組織的。「工宣隊利用黨組織，但是黨本身沒有威信。工宣隊領導黨，

16　劉冰（1998）。

17　劉克選、方明東（1998，129）。

而不是黨領導工宣隊——遲羣首先是工宣隊所有頭頭中的一把手，然後才是黨委書記。」[18]

另一位清華高層官員程玉懷，回憶文革怎樣打翻、攪亂了黨內級別的等級制度。「何東昌是位部級幹部，」他解釋：「在部級以下，有司局級、處級和科級。遲羣才是個副科級幹部，級別遠在何東昌以下……完全大亂了——你的級別越高，你就越可能被打倒，而低級的被提拔……完全的天下大亂。」[19]雖然大學的黨組織得到重建，它很難再是文革前那臺可怕、堅如磐石的政治機器了。決策的有序機制、正常的指揮鏈條、提拔的常規制度、資歷和等級都被摧毀。另外，當工宣隊的領導控制了清華大學的黨組織時，他們並不信任它，且創建了一套多半要繞開它的權力網絡。「遲羣（與工宣隊代表）維持著直接的聯繫，」程回憶：「他們通過一套不同的系統報告。他們那時有權——如果他們不同意，那就甚麼事也辦不成。」[20]

被解放的大學幹部，肩負起管理大學日常事務的大部分責任，包括教學、研究和工廠生產，但最終的決策權掌握在工宣隊的手裏。「軍隊代表不懂得教育，於是我們來管，然後，他們再來批評我們。」另一位清華高層老幹部童玉坤説。[21]曾擔任校辦機床廠廠長的洪程前抱怨，「我是一名被解放的幹部，但我並不真是一位領導。我只是幫助工宣隊領導……我可以提建議，但……他們不讓任何清華人有任何領導權。」[22]今天，清華大學的教師時常講工宣隊成員的兩類狀況。他們説，有些工宣隊隊員承認大學幹部和老師關於教育比他們知道得更多，於是，他們既講理又合作。其他的隊員，儘管無知，仍堅持貫徹自己的意志。方學英，是1970年代初曾在清華讀書的革命幹部之女，現在清華任教，她描述了第二類人。「我們系的工宣隊領導人非常凶——他的脾氣壞，喜歡用拳頭搥桌子，並對人大叫大喊，」她告訴我：「他是一個土包子，沒有

18　受訪者92。
19　受訪者3。
20　受訪者3。
21　受訪者57。
22　受訪者77。

任何文化——（但）他認為自己確實了不起——毛主席派他來清華的。」[23]

莊鼎謙是一位黨的中層幹部，他的父母都是大學教授，他告訴我，他同意工人階級領導一切的原則，但按他的觀點，這意味著「工人階級應該通過共產黨來領導」。它不意味著具體的工人應該領導一所大學，「在文革期間……我們全都得聽工宣隊的。我認為這很滑稽可笑——他們懂得甚麼？……腦力勞動和體力勞動不能互相理解。如果你讓工人，就那種工人，來領導學校——那是個笑話。」[24] 在文革十年間，由於清華大學的幹部和老師對工宣隊的高壓領導和激進政策憤恨不已，清華校園裏充滿了緊張氣氛。儘管如此，大多數幹部和教師還是辛勤工作去貫徹文革的各項政策，並遷就工宣隊的要求。

羣眾監督

在文化大革命之前，清華大學的黨組織是團結統一的，有一套非常清楚的權威的等級制度。在基層，學生應該聽從教師的權威，校辦工廠的工人應該服從監管者的權威。工宣隊到來後，這種單向的權威等級制度，被一種新的制度所取代，其中，工宣隊從上面監督大學的行政管理人員和教師，同時又動員學生和工人從下面批判他們。表6.1中簡化了的圖表比較了文化革命前與文化革命後期的監督路線。

在工宣隊之下，各級的領導班子，都包括有工宣隊隊員、大學的老幹部和「羣眾」（一般普通的大學工人、教師和學生）。在最高層，清華大學的革命委員會由工宣隊領導人、大學的最高級官員，還有一些普通的工人和教師組成，在系一級沿用著同樣的「三結合」原則。把工人、教師和學生包容進領導班子的政策，被稱為「摻沙子」，意指把沙子摻進混凝土中的做法。一方面，這個比喻指的是把工人農民結合進由知識分子組成的機體，但它也指的是腦力勞動者與體力勞動者的懸殊差別。另一方面，按照同一成規，一般普通的教師被提升進大學最高層的領導班子，充任「羣眾代表」；這種情況是要把非領導的一般人引進領導機體。

23　受訪者 55。

24　受訪者 51。

表6.1 清華大學的監管體制

文化大革命之前　　　　　　　　　文化大革命後期

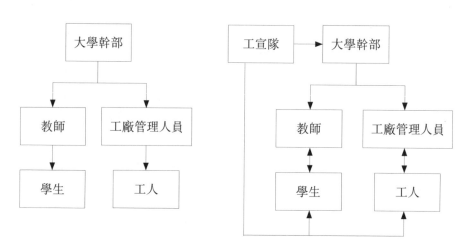

　　林濟堂是一位留校工作的原學生派別頭頭，後又被工宣隊提拔到學校領導班子裏。我問過他，「三結合」政策是否僅僅就是裝門面的走過場，「校辦工廠的工人在大學領導班子裏真的有任何影響力嗎？」「在那時，」他回憶道，「校黨委和校革命委員會裏都有清華的工人。工宣隊聽他們的意見；工宣隊非常高看工人。當時，工人的地位非常高。」[25] 在我與文革後期曾在清華學習和工作的人們談話時，我開始領悟，在那段時間特別的權力機制之下，工宣隊的成員每天與清華老幹部及教師爭來鬥去，而在這種戰鬥中，他們動員在「羣眾監督」的成規之下大學的工人和學生充當盟友。

　　雖然對幹部的「羣眾監督」一早就是共產黨的口號，但它通常只在反貪汙、反官僚主義的政治運動中被強調。在文革之前的十七年裏，在清華大學每日的政治及行政管理機器中，羣眾監督幾乎沒有甚麼實際運用。然後，正如我們所見，在文革的早期，在激進派整治大學幹部的羣眾「批鬥」會上，它變成了激進派一個團結召集民眾的口號。現在，在文革的後期，羣眾監督成了工宣隊用來治理大學的常規辦法的一部分。

25　受訪者83。

學生監督老師

在1970至1976年間，清華和其他大學的教室裏，充滿著由工廠、農村人民公社和軍隊推薦而來的學生（見第八章）。清華大學的工宣隊認為，這些「工農兵學員」，比起大學幹部及教師，在政治上更為可靠；因為幹部和教師多半出身於革命前的精英家庭，並由舊清華所培養，按照一句當時的口號，這些新學員不僅是來上大學的，還要管大學和改造大學。在1970年歡迎第一批工農兵學員進清華的羣眾大會上，朱友先記得工宣隊領導告訴他和其他新學員，「你們來自工農兵的隊伍。清華大學是知識分子的一統天下，因此你們得參與政治。」[26]

大學的基本組織被改造後，學生就可以參與他們系裏的管理了。如我們所知，文革前，學生和教師都是被高度組織起來的，但卻是分開組織的。學生管理自己的事務（學習、文娛活動、生活福利等），教師們處理教學和學術業務。各系由系委員會管理，系裏的各專業由教師的「教學與研究室」管理。與之相對照的是，在文革中，師生合在一起參加了同一組織，學生直接參加管理教學和研究。學生的班裏，每班由大約25名學生組成，他們在校期間全都生活學習在一起，就像文革前的學生一樣。但是，現在一組老師被長期地派駐到每個班。這些班，就成了學生與老師共同的基本組織單位。同一羣體和同一專業的幾個班組成一個「教學小分隊」，裏面包括學生、教師和一名工宣隊隊員。每一專業由這樣的三個小分隊（每屆一個分隊）組成。每個小分隊由一個「教學改革小組」管理，該小組由教師、學生和工宣隊的代表組成。由幾個專業組成的各系，則由系革命委員會管理，系革命委員會也由教師、學生和工宣隊的代表們組成。近一半的學生都已經是黨員，學生與教師一般也屬於同一黨支部。這樣一來，教師與學生的組織一體化，被進一步強化了。事實上，一些黨支部就是由學生領導的。

這種蜂窩狀的結構，肯定限制了學生可得到的指導老師及課程的多樣性；但是，它便利了學生參與決策。學生參與課程的設計安排，並參

26　受訪者82。

與解決教學問題；而且，教學小分隊定期聚會，以討論學業、組織及政治事務。據方學英所說，她和其他學生不是被動的參與者。「老師進行彙報，我們來評論；有時，我們否定整個報告，而有時，我們會同意某些部分但否定其他部分，」她說：「學生們對教學改革的熱情非常高。我們會討論我們專業的方向──最終，我們應培養甚麼樣的人？」[27]

這些討論的內容是高度受限制的，因為中共最高層設立的意識形態及政治方向約束著它。「雖然會議上有辯論，還有大字報表達著不同的想法，但一般來說，它們都跟隨著中央定下來的基本原則。」一位老教師魏學誠告訴我。儘管如此，辯論遠非毫無意義。它們涉及位於激進─穩健派衝突的核心的教育政策問題，包括如何實施「開門」的教學方法，理論課與實踐課該各佔多大比重，如何評估學生的學習，以及是否應把學生分成快班與慢班等等。結果，學生和老師都發現自身置於當時界定中國政治的那些辯論的最前沿。方學英說，所有這些政治活動都訓練了工農兵學員如何去寫，去說，去組織。「我們是要上、管、改（上大學、管大學並改造大學）的，是要批判老師和舊的教育制度的。每天晚上，我們都有政治會議；我們討論問題，寫大字報。」[28]

隨著激進與穩健兩大陣營的影響此消彼長，以及中央政策指導方針左右搖擺，有些人企圖保護他們深深持有的信念，而有些人則機敏地見風使舵。一些學生不可避免地推進對教育政策最激進的闡述，他們時常得到工宣隊代表的支持，而許多老師發現自己處在為保留常規教學做法而辯護的位置上。老師在辯論中處於不利處境，特別是當他們要求穩健之時，因為他們很容易會被指控為「穿新鞋、走老路」。1970 年開始在清華學習的一位農村青年羅先程回憶，「（當）我們開會討論教育問題，學生和工宣隊代表會公開地發表意見，但老師們不會──他們是改造的對象。這不是一個平等的討論，」他承認：「老師們更謹慎──不是他們不敢說，而是他們更小心。」[29]過去的學生見了老師往往會害怕不安，現

27　受訪者 55。

28　受訪者 55。

29　受訪者 79。

在的形勢翻了過來。老教師魏佳玲把這種變化描述為一種對常規師生關係有害的變化。「文革以前，師生關係是中國傳統的教與被教的關係，因此關係非常好——學生尊敬老師，老師關心學生，」她告訴我：「而文革期間，事情變了——老師變成了被監督的對象，而學生成了學校的主人。」[30]

在工宣隊之下，來自下面的對老師和大學官員的批評成為日常慣例，而不像過去那樣非同尋常。一位老教師楊玉田指出了這種差別，「那時，（工宣隊）要求學生批判資產階級知識分子，但並不是像（1957年）『反右』鬥爭那樣。反右時，他們把一些人稱為『右派』分子，把他們當作敵人對待，」他回憶說：「但在工農兵學員時代……沒有敵人。他們一般性地泛泛批評知識分子；這使你不舒服，使你說話時要小心，但是，他們沒有給你頭上戴一頂帽子。我們已經習慣於被批評。」[31]楊的陳述不應被理解為1970年代的政治壓迫很溫和；肯定不是如此。相反，楊正在指出的是，對於老師和幹部來說，來自下方的批評已經變成家常便飯，日常的活動。而在過去，與之不一樣的是，來自下面的批評通常僅限於運動之時，只針對相對少的一小部分人，而且會有嚴重的後果。

傳統上，老師應該處事嚴肅莊重，以獲得學生恰當的敬重；與學生在一起嘻笑玩鬧會損害老師的尊嚴和權威。在文革期間，這些看法被批評為「師道尊嚴」，這個術語諷刺地形容儒家體系內身處尊位之人應遵守的行為準則。有些學生樂於利用這個機會來貶損高級教授的社會地位。龍建成，水資源保護系的一位外國學生，回憶起張光斗每天面臨的瑣事——張是美國康乃爾大學培養的水利工程教授，1958年時曾率領隊伍設計了巨大的密雲水庫。「學生們往往惡劣地對待他，」龍回憶說：「一個女生一直打他——她也傷害不了他，但是，她就是走上去打他。」在文革前，張曾是清華最有勢力和最受尊重的教授之一；現在，他在擋開學

---

30 受訪者47。

31 受訪者48。給一個人「帶上帽子」意味著給這個人一個受人輕蔑的標籤，諸如「右派分子」、「資產階級學術權威」或「走資派」。

生的奚落與嘲弄時，不得不維持有涵養的幽默感。「他們拿他開玩笑，而他也拿他們開玩笑，」龍又添了一句，說：「（但）他沒被打垮，學生還是尊敬他。」[32]

儘管學生與老師之間的權力關係被嚴厲地翻轉，但是一些師生說，他們還是在此階段建立了非常密切的關係。1970年代初曾作為學生在清華上學、後來又留校任教的方學英，把今天的師生關係與她當學生時的相比。「那時，老師的地位不像今天這樣高——如果還算有地位的話，而學生的地位更高，」她告訴我：「老師們也同意，他們是在舊制度下培養出來的，需要被改造，因此他們願意同學生們在一起。他們不像今天的老師那樣有權威，但是，師生關係更親密些。」[33]1950年代曾在清華讀書、畢業後開始在學校教書的梁友生，有一相似的觀察。「在文革前，學生們非常尊敬老師；等級分明——它是一種上下級的關係。（在文革期間）大多數工農兵學員非常感激老師，但它不是一種上下等級的關係，因為我們吃、住和工作都在一起，」他回憶說：「他們對老師的感情非常深和強烈。如果老師下了很多功夫來教他們，他們真的很感激。」[34]方、梁和其他人指出，師生變得更親近，特別是在工廠同住、同勞動的階段。「當我們一起在工廠學工時，我和學生們住在一起，八個人一個屋，」梁告訴我：「我們分享一切，我們無話不談。」[35]

工人監督工廠領導

清華大學校辦工廠經歷了相似的變化。1966年前，工廠工人——像學生一樣——是高度被組織起來的，由一個個班組的工人主管車間的生產，但在這些班組之外，他們的作用就非常有限。文革初期，情況發生了巨大的變化。當學生領導的派別正在競鬥著控制大學之時，工人們

32　受訪者91。來自新西蘭的龍建成是當時上清華的一小批外國學生中的一個。

33　受訪者55。

34　受訪者49。

35　受訪者49。

選舉了臨時的委員會來經營校辦工廠。一位老工人陳金水描述了清華大學設備廠所發生的事。「在我們工作單位，所有的領導都被打倒了，包括工廠廠長、副廠長、黨支部書記、黨支部副書記。我們選出了一個新的領導班子……四個是工人，一個是技術人員，」他告訴我：「班子也有變化——如果某個人不好，我們就再選一個別的。」當時，清華大學的校辦工廠也分裂成了競鬥的兩派，但是，投票選舉並不簡單地按派別路線來做。「派別很重要，但它們不是最重要的事，」陳回憶：「最重要的是，你是否信任這些人——他們是否誠實，有能力把事辦好，並與羣眾相處得好。」[36]

1968年夏，清華的派別衝突變成了武鬥，大多數工人離開了校辦工廠。八月工宣隊進校接管後，它組織了新的革命委員會來管理工廠，由工宣隊的代表當頭。老廠長普遍地被請回來擔任領導，但是，工人們，包括一些曾被選入臨時領導班子的工人，也被任命進革命委員會。即使在老廠長們重新上臺之後，工人們在工廠事務上仍保留相當大的影響，廠長與工人的關係仍是一個羣眾討論的問題。「（我們批評廠長）脫離實際，搞主觀主義，」陳回憶：「我們批判官僚主義——如果你有甚麼不懂的，你就應該向下面的人請教，否則就幹不成。」[37]

文革一開始就被打倒的一位工廠廠長洪程前，懷著複雜的矛盾心情回憶那段時光。「文革前，工人們是被管理的；在文革初，工人們成了主人。」在工宣隊進清華後，洪程前又當了廠長，但是，環境變了。「在那些日子裏，工人們造規章制度的反——有一種朝著絕對平均主義、朝著無政府主義走的傾向，」他講述。「工人們會說，『為甚麼一當了幹部，你就不幹活了？』有了這種想法，一切都亂糟糟的。」

最初，大家開會來做許多決策，但是，洪程前說那種方法不實際。「一百個人怎麼領導。」他告訴我，並舉了一個他常用來向工人們解釋問題的例子。「就在工宣隊剛進校那會兒，他們召開了一次大會，來討論上班時間——甚麼時候上班，甚麼時候下班，以及甚麼時候吃中飯。全

36　受訪者81。

37　受訪者81。

體人員參加，開會討論了一整天，也沒得出個甚麼結果。問題在於，有些人住在校內，有些人住市裏，有些人是單身，有些人有孩子——於是，各有各的主意。最後，他們定不下來，結果還是得按著學校的規矩辦。」漸漸地，大會的次數減少了。「開會更多是變成了一個形式，」洪回憶：「説實話，工人們並不真的對開會感興趣。」然而，儘管對羣眾性會議的熱情在降低，工人們繼續在管理上起作用，在有關生產的決定上，還得與工人的代表商量。「幹一切事，我們都得與工人們商量。他們對討論生產很熱情。當然，那時的目的是批評知識分子，而且這也是工人們所做的。通常的表達是，『知識分子在紙上劃條線容易，他們根本不考慮我們工人們實際幹時會遇到的困難。』」[38]

制度化的造反

　　工宣隊所起的作用，非常類似於以前的黨的工作組。工作組是過去政治運動中派到各單位去處理腐敗及幹部濫用職權的，只不過現在的工宣隊在大學裏變成了一個長駐機構。如此一來，工作組就能夠根據常規化的羣眾監督機制發展出一套治理的制度。但是，這種羣眾監督的模式——如在清華大學實施的這一套——有一個關鍵的缺陷：工宣隊本身並不受來自下面的監督。在原則上，工宣隊不應是免於下屬的批評的。工宣隊領導人尖銳地批評了在此問題上的以前的大學領導，並為自己設置了高標準。「我們必須謙虛謹慎，戒驕戒躁，虛心地向羣眾學習，傾聽羣眾的意見，並接受羣眾的監督，」工宣隊的領導人在《人民日報》上發表的一篇文章中這樣寫：「我們處於領導地位，決不能高高在上，擺官架子。只能批評別人，不能解剖自己；只聽順耳的話，不聽刺耳的話，老虎屁股摸不得，這些都是資產階級法權思想的反映，是資產階級生活作風的表現……我們要自覺地把自己置於廣大羣眾的監督之下，尤其是擔負主要領導工作的宣傳隊員更應該如此。」[39]

38　受訪者 77。

39　《人民日報》(1975年7月27日)。

　　話是如此，但在實踐中，工宣隊處理來自下面的批評，並不比蔣南翔的管理機構所做過的更積極正面。清華幾乎沒甚麼人敢於公開批評工宣隊的領導，而那些真的批評了的人所遭受的下場，更讓他人噤口無聲了。結果，1966年以前在大學盛行的政治依賴之文化，在工宣隊掌權期間又重現了，但是，是以一種不同的方式。文革之前，由黨和團所培育的政治活動中的順從風格，現在被一種新的政治活動方式所取代，它可以被稱為「拍馬屁的造反」。

　　在文革十年的後期，中共激進派尊崇文革早期造反戰士的英雄形象，鼓勵有抱負的積極分子去仿效他們，發揮自己的「造反精神」。然而，在清華大學，造反精神的意義被大學裏實際的權力所扭曲了，這是由於工宣隊員——掌握最終權力之人——動員學生和工人去批判文革前體制的成員。積極分子造舊領導的「反」，而去拍新領導的馬屁。這種拍馬屁造反的缺陷，可在此階段許多激進派的努力奮鬥中看得到，包括他們改革政治選拔資格制度以及動員羣眾造反的舉動。

改革政治選拔資格制度的激進嘗試

　　1969年黨組織恢復活動以後，激進派希望能鞏固其在黨內的弱小地位，於是推進大規模地吸收新黨員的行動。例如，在清華大學，工宣隊在1969至1976年間主持了3,271名新黨員的入黨。在此期間，大學黨組織的規模增大了一倍多。[40] 然而，對激進派來說，要點並不在於簡單地擴大黨的規模，而是用更認同其目標的新黨員來佔領黨的隊伍。因此，他們堅持改變入黨的標準。在文革前，那些申請入黨的人，除了公德心和信仰共產主義學說外，還要展示自己願意服從官僚政治的權威。與之相反，像蒯大富這樣的文革積極分子，通過展示恰恰相反的品質——願意挑戰官僚政治權威——建立了他們的造反資質。現在，激進派希望把造反運動這種反抗的態度引入恢復了活動的共產黨，而且堅持吸收新黨員的主要標準應是造反精神。

40　清華大學黨員人數從1965年的3,287名增加到1976年的7,021名，然後又急劇下降到1982年的低點3,414名（方惠堅、張思敬2001，819）。

　　吸納新黨員的高峰，正好與1973年8月中共第十次代表大會後的一次激進政治攻勢相巧合。在這次攻勢中，激進派號召重新發揚文革的精神，鼓勵其追隨者「反潮流」，即頂住他們視為從文革的原則向後退的潮流。在全國的報刊廣播上，激進派鼓勵黨支部不要吸納那些無條件地順從其上司的「馴服工具」，而是要尋求那些展示了造反精神的、那些有「獨立思想」的、那些「頭上長角、身上長刺」的，以及那些不憚向領導提出批評的年輕積極分子。他們大聲警告著黨變保守的趨勢，用「好人黨」和「業務黨」這樣的貶義詞來指這種傾向。在這個語境中，「好人」是指和稀泥而不堅守原則的、與人無爭的「老好人」，「業務」指的是經濟和技術工作（與政治工作相對），而「業務黨」這個詞用來批評專注於管理社會而不是改造社會的傾向。按他們的觀點，共產黨的工作就是領導持續的革命，而不是鞏固現存的秩序。因此，共產黨員應是大無畏的革命家，而不應是順從的和追求名利的官僚及技術人員。

　　毫不奇怪，許多地方的黨領導人並不急於吸納頭上長角、身上長刺的新黨員。為了催促他們往這個方向努力，全國性的報刊上連篇累牘地登載文章，詳細敘述樣板經驗，其中一些人過去被視為「調皮搗蛋」、「挑毛撥刺」和「不服管」者，黨支部在認識到他們具有與修正主義鬥爭所需的戰鬥精神後，最終吸收了這些人入黨。不難想像，在大多數的黨支部，這是場艱難費勁的戰鬥。清華校辦工廠的廠長洪程前，解釋黨的文化是如何與這些愛提意見的人對立的。「在所有時期，大多數入黨的人都有好品質──老實、聽話、幹活好，」他告訴我：「但在文革中，一些入了黨的人喜歡批判別人。我們稱他們是『口頭革命派』──嘴上說得好，但幹活不好。」按洪程前的評價，好黨員幹活好、舉止正派，而造反派幹活不好，還愛批判別人。這樣一來，造反派要當個好黨員就幾乎沒有甚麼空間。想把放任式的派性鬥爭階段產生出來的造反派的政治標準，強加給沉浸在按等級制度組織其紀律的這種文化中的黨，顯然是件難得很的事。「造反派入黨仍有困難，」洪又說：「他們得被老黨員投票通過後才能加入──支部的黨員得同意才行。大多數黨員是在文革前入的黨，他們瞧不起造反派。」[41]

41　受訪者77。

　　然而，造反精神的意義也在改變。這從下面一例中可以看出，一位學生記得她所在的黨支部在討論入黨申請時，是如何看待造反精神這一標準的。「形式上說，（入黨）程序和今天的一樣，但是標準不同，」方學英回憶：「在文革中，他們看你是否有造反精神……（即是說），你是否批判老師、關心政治——你是否在批判別人時積極。」我問方學英，是否批判工宣隊的領導也會被視為具有這種適合時宜的精神。「實際生活中，工宣隊領導一直說，他們想要具有造反精神的人，」她回答：「但事實上，他們想要那些聽他們的話去批判別人的人——批判老領導；無論誰當領導，都喜歡那些聽話的人。」[42] 於是，在此階段，在清華大學展示造反精神，就意味著追隨工宣隊的領導，這種精神與文革早期頌揚的那種抗爭的態度幾乎沒甚麼共同之處。

　　工宣隊培養的拍馬屁造反行為被證實不受歡迎，至少在方學英班上的黨員中吃不開。她回憶她那黨支部的黨員如何拒絕一位學生的入黨申請。這位學生被視為太急於批判別人，以取悅於代表系工宣隊的那位軍人。「實際上，你與其他同學搞好關係也很重要……例如，一個學生有造反精神，在大批判中非常積極，但是，我們拒絕讓他入黨。他與軍代表的關係很好，軍代表支持他申請入黨。他要我們接納此人，但是，學生們不喜歡他，於是，他們都不投他的票……我們認為他想盡辦法取悅領導，他想拍馬屁。」[43] 這種奴顏媚骨和造反的結合，能夠因多種原因讓人疏遠。許多學生和工人不喜歡那些太拍有權者馬屁的人。與此同時，黨的文化仍是偏愛那些與人無爭和有事業心的老實人，而不喜歡任何一種造反派。不能說，凡是批判與清華文革前秩序相符的人和現象，都是拍工宣隊的馬屁；許多人真誠地致力於推進文化革命的議程。儘管如此，從上以及從下的監督制度創造了新的條件，使得所有這類批評都可被解釋為拍馬屁；很可能，甚至連那些提出批評的人士自己也難於鬧清本人的動機了。

42　受訪者 55。

43　受訪者 55。

毫無生機的政治運動

激進派尋求每一個機會去發動反對黨內官僚的新運動，而且，他們在1974和1976年獲得了毛澤東的支持，去發動重大的羣眾運動。兩次運動都是在清華大學發起的。1973年底，遲羣和謝靜宜發動師生批判何東昌在清華大學所推行的常規教學做法，這個運動為1974年全國「批林批孔」的重大運動鋪平了道路。然後，在1975年秋天，在清華發起了一場教育改革的大辯論，以劉冰作為它的主要靶子。它在次年轉化成了全國性的批鄧（小平）、反擊右傾翻案風的大運動。在這兩個案例中，教育政策是運動最初的焦點，後來擴展到了分隔黨的激進、穩健兩大陣營的所有重大問題上。

在批鄧、反擊右傾翻案風的運動中，在激進派的控制下的國家報刊、廣播，播發著日益有煽動性的言辭，譴責著黨的官員，所用的語言比文革初期使用的更加強烈。當時，非官方的造反派報紙已經把它們的敵人描述為一個「特權階層」；現在，國家的主要報刊正在號召人民與一個盤踞的「官僚階級」戰鬥。然而，現在的動員方法，卻與文革早期放任的派別爭鬥沒有甚麼相似之處。相反，激進派主要依賴於官僚政治的自上而下的動員方法，即掌權的共產黨過去慣常使用的那種動員方法。1966年，毛澤東曾鼓勵學生、工人和農民組成各自的「戰鬥隊」，並與其他戰鬥團體「串聯」；在1976年，與之相反，學生和工人卻被指示，鬥爭要在黨組織領導之下進行。1975–76年運動的早期，當焦點還集中在教育問題上之時，清華土木工程系黨委會描述運動是如何組織的。「目前對教育革命的大辯論已經在黨委的領導和統一安排下逐步展開，」系領導們寫道：「我們在系內系外和校內校外都沒有搞串聯。我們也沒有組織戰鬥隊。我們沒有建立據點，沒有停止工作或中斷上課。『一切行動聽指揮』。這就確保了運動健康順利地開展。」[44]

運動的目的和手段之間的對照，那就再戲劇性不過了：人們通過在地方黨委指導之下參加運動，卻被召集來站出來反對黨官員的官僚主義

44　《紅旗》雜誌（1976年1月1日），翻譯在《中華人民共和國雜誌一覽（*Survey of People's Republic of China Magazines*）》（1976年1月23–30日，73）。

統治。雖然運動是黨內激進派和穩健派之間一場聲勢浩大的政治對抗的表現，而且當時新聞報導描述它充滿了「活力與生機」，但在清華大學經歷了這場運動的學生們卻記得它相當不生動活潑。左春山強調了參與運動的強迫性。「上級指定我們要出席會議，」他回憶：「你不得不積極地參加，否則別人會指責你只對學習專業感興趣，於是，你不得不在會上積極發言，你不得不跟著路線走。」龍建成，1976年在清華上學的外國學生，回憶說伴隨著運動的政治會議死氣沉沉、令人厭煩。「它們就像上聖經課——一開始我們要先唱歌，接著我們讀恩格斯或列寧的語錄，並討論如何應用他們的思想，然後，我們就再唱一首歌，接著就結束了。」他詳細敘述：「沒有太多的熱情。」即使遲羣和謝靜宜1976年春天在清華大學電子工程系一次學習會議上的講話，也承認一些單位的士氣很低，且人們「顯得疲於戰鬥，垂頭喪氣」。[45]

雖然1975–76年的批鄧和反擊右傾翻案風，在很多方面是毛澤東1966年發動的對中共官僚主義進攻的一個繼續，但它們卻缺乏了文革早年的造反能量。彼時，黨組織癱瘓了，學生、老師和工人們組成了自己的戰鬥隊；成千上萬的人們湧進清華的校園，觀看最新的大字報；人們擠進開會的大廳，傾聽著辯論雙方的每一個詞。1976年，數以千計的人們也來到清華，來看大字報，但是，這一次他們是坐著工作單位的卡車，被拉到大學來的，而且大字報的內容是由工宣隊安排的。該運動不僅缺乏文革早年那難控制的能量，它也幾乎得不到黨的機構的支持；目前黨的機構基本上掌握在不同情運動的官員手中。結果就是，這是一場註定要失敗、孱弱的運動。

制度化的派性鬥爭

在毛澤東漸衰的暮年，激進派和穩健派的成員都尋求討得他的歡心，而他先是支持這一派，然後又支持那一派。這種矛盾的現象，早就長久地困擾著學者們。在我調查這些年代相互競鬥的政治時，我開始發

45　遲羣、謝靜宜（1976，3）。

展一種格局能夠講得通這種矛盾的現象。看起來，在權力的每一層，派性爭鬥都在被制度化。被打倒的中共官員得到了解放，但在文革早期就已經激增的造反派成員也被給予了權位。另外，任命職位的格局表明，這兩種人員有明顯不同的任務：老幹部負責經辦政治及經濟官僚機構，以使國家正常運行；而造反派則被給予制度手段，去發動對付這些官員的政治運動，推進毛澤東那激進的日程。毛澤東似乎正在有意構建一種治國制度，讓造反者與管理者相互對立。這種局面，就設置好了籠罩文革後期中國政治生活的兩派競鬥；一般觀點認為這是一場關於爭奪繼位權的鬥爭。或許，這種競鬥並不簡單地是達到一種目的的手段，而是它本身就是目的。

我在清華大學近距離地觀察到了這種政治體制。然而，整個教育制度似乎也是按這種方式組織起來的，而且，這種邏輯的跡象在教育領域之外也大量存在。1970年，國務院（國家的最高行政機構）成立了一個科學、教育領導小組來改進教育政策。遲羣被任命為該領導小組的副組長。在副總理張春橋的支持下（張春橋負責監管國務院的教育事務），遲成了該領導小組裏最有勢力的成員。遲羣指導著該領導小組朝著推行激進政策的方向走，不搞精英培養，而是專注工人農民的實用教育。然而，科教領導小組對學校的官僚體系並沒有行政權威；它只能敦促學校官員執行它的動議。當教育部1974年末最終重新成立，替代了特定的科教領導小組，而成為正式的行政管理官僚機構時，毛澤東拒絕了江青和張春橋要求任命遲羣為教育部長的懇求，反而支持了周恩來提名的更保守的周榮鑫。[46]周榮鑫通過教育部和正式的教育官僚機構，起勁兒地推行更常規的教育政策；而遲羣和謝靜宜靠著其在中央的激進派後臺們的支持，利用他們直接控制的清華及其他學校作為樣板，推行更為激進的政策。

同樣的對立——即在行政管理者與制度化的造反派之間——在省級、各地市或學校一級都可以看到。每一級的行政管理官僚機構裏，都主要是被解放的老幹部，但激進派被任命為新成立的革命委員會中的

46　Yan and Gao (嚴家其和高皋) (1996, 459).

「羣眾代表」，在名義上監督行政管理者的工作。隨著黨委會在各級得到恢復，一些激進分子也被選進黨委，而且，在1973年，各地的許多激進派被提名作為代表，參加了中共第十次代表大會。然而，激進派極少被給予正規的行政管理職位，許多人甚麼職位也沒有。[47]當激進派被任命到特別的職務上，他們一般也是被要求去重新組織工會及其他羣眾組織，並開展學習及批判運動。[48]

在學校裏，權力進一步地被新派來的工宣隊所分去。這些工宣隊通常要比遲羣和謝靜宜在清華享有的權威要少得多。而在鄉村小學裏，相應的貧下中農宣傳隊的位置，一般會派給一位貧下中農代表。在實踐中，他時常被降級歸為蒐集意見者和社區聯絡員。[49]儘管如此，工宣隊、貧宣隊隊員名義上的職責，包括監督學校官員；而這些官員則受命執行從正式教育官僚機構中傳下來的更為常規的政策；激進派企圖動員工宣隊、貧宣隊來支持他們的非常規動議，但取得的成效不一。

在這一階段，教育政策先「右」後「左」，來回折騰。毛澤東堅持，教育官僚機構由保守派官員來管理，而且，他也支持他們「正規化」教育的舉動；但是，他還支持針對教育官員及其政策的一系列激進的政治運動。[50]結果，穩健的力量牢牢地植根於行政管理的官僚機構中，而激進的力量主要依靠毛澤東的個人權威。激進派之間的組織聯繫主要是非正式的，與正規的黨的官僚機構平行存在，而且時常違反黨的規則。於是，雖然激進派被安置得靠近權力中心，其權威在相當程度上依賴於毛澤東的支持以及他們被賦予的角色：毛那具有超凡魅力的使命的火炬手。他們的主張被大張廣播，並打著偉大舵手的旗號；但是，他們的動議的貫徹執行，基本上要依賴政治運動的成功，因為他們幾乎沒甚麼行政管理權力。

---

47 Dittmer (1978, 26–60); Meisner (1986, 418–19).

48 激進派在大眾媒體及幾個省市的政府中也獲得了重要的行政管理權力。見 Chang (1979); Dittmer (1978)。

49 Han (2000).

50 有關此階段就教育政策所起衝突的詳情，見Chen (1981); Cleverly (1985)；崔相錄 (1993); Pepper (1996); Unger (1982)；周全華 (1999)。

教育領域這種制度安排的圖景表明，我在清華觀察到的派別爭鬥的類型，是更廣義的格局的一個展現。幾個學者已經指出，此階段激進派和穩健派之間的鬥爭，是由毛澤東蓄意營造的，以在競鬥的派別之間維持平衡，使他自己成為最終的仲裁者。[51] 本章中提出的闡釋，包含兩個建立在這種解釋上的論點。第一，毛澤東在制度化的派別爭鬥基礎上，創造了一套特殊的治理制度；第二，這種派別爭鬥是一種功能性分工導致的，這種分工使造反派與行政管理者對立。

制度化造反行為的侷限

把工宣隊引入清華大學，創造了一種分權制度。其中，與中央的激進派陣營站在一起的工宣隊，被授予監督大學老幹部的權力，而這些老幹部基本上是同情穩健派陣營的。這為組織安排從上及從下兩個方面監督幹部創造了條件，工宣隊繼而把它發展成一套精密、完備的治理制度。按文革反官僚主義目標的標準來看，這個模式並非無可取之處。它防止了常規的官僚主義權威路線的重新建立；在這種舊的路線中，大學官員、老師和工廠領導對學生和工人實施著單方面的監督。現在，這些人發現自己處於與學生和工人相互監督的關係之中，而且學生與工人還以前所未有的程度參與了決策。下級不僅是有可能批評上級，而是被認為應該這樣做。這種羣眾監督的聯合效力，幹部、老師與學生及工人在組織上的一體化，以及更平均主義的分配（見第七章），大大地減少了幹部與非幹部之間的鴻溝，並改變了兩大羣體之間的權力分配。

然而，沒有人能夠批評工宣隊領導的這一事實，從根本上腰斬了羣眾監督的意義。結果，監督的主要對象是文化權力，而不是政治權力。受羣眾監督的老幹部負責組織教學、研究和生產，而且他們之挨批，主要是因為推行知識分子的精英主義、重技術能力、輕政治活動。批判官僚主義擅權的語言是現成的（針對中共幹部官僚主義方式的連篇累牘的文章，是國家報刊的一個主題），但這種批判不常在大學的語境中被聽

51　見Goldstein (1991); Teiwes (1984); Tsou (1995); Zweig (1989)。

到。另外，當這種批判在大學的報紙上登出時，它空洞無力，因為真正的政治權力集中在工宣隊的手裏，而工宣隊又基本上是免受這種批判的。雖然激進派正在發展一種日益明晰的理論以批判權力在共產黨幹部手中的集中，但在實踐中，無法解決的事情是，他們仍與自己正在批判的政治文化綁在一起。至少激進派正在掌權的清華大學是這種情況。因為在實踐中，工宣隊的領導人可以免於受來自下面的批評，清華大學的羣眾監督以一種扭曲的形式得到了強化——政治庇護以及恩主─侍從關係。在工宣隊高壓手段的領導下，改造大學的舉動，最終演變成拍馬屁的造反以及毫無活力的政治運動。

清華大學遠遠沒有甚麼代表性。它位於靠近國家權力中心之處，地理上及政治上都是如此。比起更偏遠處，中央內部激進─穩健兩派的爭鬥，更直接地營造著清華大學的政治。另外，遲羣和謝靜宜在國家政治中的顯赫地位，也使他們比大學的老幹部擁有更大的權力。其他學校的工宣隊缺乏這種權力（而且他們也不一定擁護激進的議程）。由於這些原因，清華大學的權力機制與其他工作單位的不一樣。關於此階段其他學校、工廠和城市的研究，已經呈現出高度多樣化的敘述，包括罷工、抗議、反對黨領導人的大字報運動、暴力的小衝突、逮捕，以及地方的政變和反政變。[52] 在許多單位，激進派多半被降為一個反對派的角色，他們從下發動對行政管理幹部的批判，這是個比在清華發生的那種拍馬屁造反要危險得多的事情。本章所提供的證據，與其他不少對此階段各地衝突的調查證據放在一起，表明了下列觀察：在造反由下面組織發起的地方，它就是弱小和危險不穩的；而凡在造反從上面組織之處，它就有在清華見到的拍馬屁性質的痕跡。

52　Chan, Rosen, and Unger (1985); Forster (1990); Forster (1992b); Leijonhufvud (1990); Perry and Li (1997); Sheehan (1998); Wang (1995).

第7章

消除腦力勞動與體力勞動的差別

　　1970年5月，掄著大錘的一隊工人砸掉了清華大學水利系精心建造的水道和凹槽的模型，這是水利系在文革前剛建好的設施，要用來進行水流動力學實驗的。現在掌控清華大學的工宣隊決定，安放這些模型的大廳需要用來裝配內燃發動機卡車。這些卡車將是一家新辦的校辦工廠的主要產品，該廠要僱用1,500名工人，成為清華幾個工程系的主要中心。前一年夏天，水利系的大部分教師已被派往沿著黃河的幾處地點。清華工宣隊的最高領導人遲群，按照毛澤東的教育哲學，已經宣佈，如果該系仍然留在首都大學校園裏，它將繼續「脫離實際」。於是，遲群和大學的新領導班子決定，水利系工作的恰當地點就在黃河邊上，它可以到那裏進行「開門辦學」和實踐研究。該系在河南省巨大的三門峽大壩附近建了一所分校，從沿著黃河的幾個省的農村公社中招收學員。在以後的七年裏，課程在這座分校、也在北京的清華校園裏開設，但是，學生和教師的大部分時間呆在田野。他們參與補救三門峽大壩泥沙淤塞問題的工程，訓練公社社員防止水土流失、建造和維護灌溉設施、修補堤岸和建造小型灌溉壩、控制洪水，以及發電。他們推廣防止水土流失的方法，試圖說服村莊領導人不要在山坡上種莊稼。他們指導村民們如何測量勞動效果，以及如何用數據去評價和改善灌溉、防止淤積以及控制洪水的方法。[1]

1　《清華戰報》(1975年3月31日；1975年7月18日；1976年5月6日；1976年5月10日)；賀崇鈴，《清華大學九十年》(2001，277–78、287)；受訪者47。

雖然毛澤東及其激進追隨者堅持說，派精英大學的教授去幫助農民挖水渠是服務經濟發展，但他們也毫不隱藏最主要的目的——防止一個有特權的、脫離人民高高在上的專家階級的發展。事實上，文革的激進教育政策的合理性，從根本上都應歸結為消除腦力勞動與體力勞動差別。在中國，基於知識的階級差別，要比基於私有財產或政治權力的階級差別享有更大的合法性。財富和政治地位可以作為不義所得而被嘲諷，基於錢財或官位獲得社會地位和權力的權利可被挑戰，但基於知識的權利卻遠不那麼脆弱。孟子的格言，「勞心者治人，勞力者治於人」，百年間不斷被科舉考試製度強化，被廣泛地視為自然、必然、公平的，天經地義。在文革期間，毛澤東不僅直接挑戰孟子格言的真實性，還試圖渲染那些支撐它的概念的過時性；他於是發動了中國歷史上最為徹底對階級權力之文化基礎的破壞。

把知識分子與勞動階級分割開來的巨大社會鴻溝，在官方上已變得不可被容忍，需要立即的、激進的解決方法。勞動人民要知識化，而知識分子要勞動化。教育制度要徹底地加以改造，目的就是儘可能地消除其再造階級差別的能力。明晰的目標，是要防止知識精英的再造，並破壞其對社會權力的攫取。激進的教育改革給整個教育制度帶來巨大的變化，並產生了尖銳的問題。迅速的擴張，給底層的學校，特別是農村的學校，帶來了嚴重的問題；而取消升學考試，迫使各級學校重新為教學目標定向。然而，動亂和變化在更高層的學校是最令人痛苦、折磨人的，因為它們最依賴於考試製度，而且變成了反精英措施最突出的靶子。

在今日的中國，文化大革命的十年被官方稱為「十年動亂」。關於文革十年間的教育，大多數中文學術研究的觀點大概反映在這一對中國教育體制的共識上——激進政策災難性地破壞了教育的質量。這種觀點認為，激進派不僅過分地強調擴展基本教育，還展現出對知識分子及理論知識的普遍敵視。大多數研究專注於教育體制較高端受到的危害，特別

是對大學和重點中學的禍害。[2]調查過文革政策對中國教育體制較高端影響的西方學者，也得出相似的結論。[3]然而，對教育制度低端的研究就不這麼和諧一致，其中許多得出了與這種消極評價不同的結論。對普及性教育的強調，在基層的學校與在高端學校有著極為不同的影響。一些定量研究反映了這一差異：對農村兒童，特別是對農村女孩來説，他們的受教育水平有了明顯的提高。[4]胡素珊（Suzanne Pepper）基於對鄉村教師的深度採訪，提供了在這些數字背後那現實的雜色圖景，包括迅速擴張的鄉村學校遭遇的困難，以及其所提供的教育在質量上的缺點。[5]儘管如此，她深被觸動的是，激進政策使得大多數鄉村青少年第一次得到了中學教育。韓東屏（Dongping Han）認為，在文革十年中，由鄉村中學所提供的以農村為本的實用培訓成為促進1970、1980年代農村經濟發展的關鍵因素。[6]

　　這一章分析文革教育政策在清華大學的影響；它將融匯那些考察此階段發生在教育等級體系最高端的動亂的文獻。然而，它分析的焦點與以前的大多數學術成果多少有些不同；那些研究一直主要關注常規的教育目標，即所提供的培訓的質量和數量。而我則識別文革教育政策那基本的期望——即剷平階級的目的，分析為落實那些政策所採用的方法，並按這些目的評估其效果。在給文革十年期間圍繞教育政策所起的鬥爭提供一個簡要的編年回顧之後，我將詳細審視這些政策的效果。

2　中國教育當局撰寫的官方歷史一般會提供文革十年前後教育的詳情，但它們僅用一兩段樣板文字捎帶提到其間的「十年動亂」。有幾本書（崔相錄 1993；鄭謙 1999；周全華 1999）以更詳細、更周全的官方批評態度審視了文革的教育政策。

3　例如，見Hayhoe (1996)論大學和Unger (1982)論城市中學。

4　Deng and Treiman (1997); Hannum (1999); Hannum and Xie (1994); Knight and Shi (1996)；劉精明（1999）；Zhou, Tuma, and Moen (1998)。

5　Pepper (1996).

6　Han (2000).

教育政策的拉鋸戰

在文革十年的後期，中共激進派與穩健派就教育政策展開了激烈凶猛的爭鬥，它從左擺到右，接著又擺回來。文革初期，1966年所有的學校停課後，極端的激進觀點佔了上風。小學和中學逐漸重新開學，但最初，大部分課程是政治導向的；而所有的大專院校一直關閉，直到1970年，清華和少數其他學校重開了校門；大多數大學直到1972年才復學。1971年時，經過一次長達四個月的馬拉松式全國會議，最終確定了大學教育的新的指導方針。[7]這次會議上發生了清華大學工宣隊長遲羣與清華大學老幹部何東昌之間，關於如何評價「六十條」的持久辯論；「六十條」是文革前指導高等教育的政策。會議達成了妥協。遲羣監督了會議總結報告的起草，該報告嚴厲地譴責了文革前的高等教育政策，並為大學教育提供了一個激進的總方向。[8]儘管如此，會議還是批准了恢復一個更為系統的大學教學規劃的行動。在以後的兩年裏，何東昌在總理周恩來的支持下，在清華大學放開手腳地大膽幹起來。起初，遲羣和清華的工宣隊默許了何東昌許多傳統性動議，但他們很快就判定，過去做法的復舊已經走得太遠了。

正如我們將在第八章要討論的，1973年春天，保守派贏得了大學升學增補性考試的復辟之後，一場重大的戰鬥打響了。激進派最終擊敗了增補考試這一舉動，而且1973年秋的中共十大上激進派力量增加。受此鼓舞，清華大學工宣隊發動了一場「反回潮」的重大運動。當時負責清華大學學術業務的何東昌，因恢復精英教育的做法受到批判，降職到清華大學機械工程系的一個下級職位；許多其他的老幹部也被降級或調離了。1974年1月，在毛澤東的支持下，激進派把「反回潮」運動擴展成一場全國範圍的「批林批孔」運動。在「批林批孔」運動中，激進派的勢力達到了頂峰。然而，1974年底，潮流又一次倒了回去。鄧小平被任命為第一副總理，並被授權去執行一場大範圍的經濟及教育政策的

7　這次會議是由國務院科學教育領導小組組織的，它是個在教育部重建前制定政策指導路線的特定小組。

8　賀崇鈴（2001，280）。

「整頓」。提倡更穩健政策的周榮鑫，被任命為新恢復的教育部的部長。

　　1975年一整年，激進派和穩健派兩大陣營都起勁兒推行相反的教育政策。當周榮鑫企圖用教育部去整頓各級教育時，在國務院負責監管教育事務的張春橋，與遲靜、謝靜宜合作，進一步推行激進的教育動議。1975年10月，清華大學裏最高級的中共官員劉冰，給毛澤東寫了一封信，抱怨遲羣獨斷專行的管理作風。[9]由鄧小平轉交的這封信，原意是在激進派活動基地搞倒一位關鍵的激進首領，以侵蝕激進派在教育領域的勢力。然而，毛澤東否定了這封告狀信，並授權遲羣和謝靜宜在清華開展一場批判劉冰的運動。這場運動很快擴展成為關於教育革命的大辯論；隨後，在1976年初，經毛澤東允准，進一步擴大成一場範圍更廣闊的「反擊右傾翻案風」的政治運動，其鬥爭矛頭對準了鄧小平。

　　文革十年間，在文化領域執行的剷平階級的規劃，繼續追隨著大躍進中發起的教育革命的三大目標：(1)打壓文化權力以增加政治權力；(2)重新分配文化資本；(3)變動常規的學術資格和職業種類，以結合腦力勞動和體力勞動。大躍進年代的口號和做法又復活了，但是，這一次的實施要更堅決和持久。而且，由於考試製度已被取消，環境要更利於激進的實踐。下面的各小節審視各個領域的效果。它們是按主題而不是按年代編排的，這種方法犧牲了歷史發展的曲折性，但有利於評估整個十年來佔統治地位的激進政策的整體特點及後果。

重新分配獲取教育的通道

　　按重新分配獲得教育通道的標準來說，文化大革命的議程極為雄心勃勃。文革目標是剷平教育的金字塔，把高端削低，把底部墊高，創造一個分不出高下的平面的制度，以把教育成就在全民中平均分配。中、小學的數目以極快的速度在擴展，特別是在農村地區，目的是在短期內

9　　劉冰先是在8月給毛澤東寫信，第一封信沒有回音，又於10月寫了第二封。清華大學工宣隊的幾位領導人也在信上簽了名（劉冰 1998；Teiwes and Sun 2007）。

普及中、小學。[10]雖然區域間的多樣化是被鼓勵的，但在教育質量上來說，所有的學校要平等一致。為大學提供優秀生源的重點學校制度被取消了；這些學校與為幹部及軍官子女設立的專門學校，或專為大學教職員工子女開設的附中，都轉變成了普通的學校，招收所在居住區的學生。結果，清華大學附中被要求向附近村莊小學畢業生大開校門。學制也縮短了。在很多地區，小學的年限從六年減至五年，中學教育一般也減少了一至兩年。以前，小學的學生從四年級起就要參加升學考試，以決定他們是否有資格升入高一級的學校，以及是上重點學校還是一般學校。現在，中、小學普及，而且所有的學校的質量，從名義上都一樣，因為就不再有必要搞升學考試。[11]所有的孩子都要上九至十年學，然後去工作勞動。

　　按這個目標來看，效果是相當可觀的。1966年以前，中國的孩子上完小學的不足一半，僅有約15%的上完初中，不足3%的上完了高中。到文革十年結束時，幾乎所有的孩子都上完了小學，超過三分之二的完成了初中學業，遠大於三分之一的學生讀完了高中。[12]當然，這些數字是有限定條件的：上學的年限被縮短了，而且教育標準也下降了。[13]儘管如此，文革十年間基礎教育的迅速擴展，有史以來第一次使得中國絕大多數的孩子完成了小學並上了中學。[14]當然，文革在教育領域剷平階

10　1965–1977年間，農村地區高中的數量從604所增加到50,916所，而初中的數量從8,628所增加到131,265所（國家教育委員會1984，196）。許多初中僅是給小學增加了年級而成的，即小學「戴帽」。

11　由於高中數量仍然有限，仍有必要發明方法從初中畢業生中篩選生源。各地採用的方法不一，但通常是推薦與考試相結合。

12　Andreas (2004, 18).

13　對文革十年教育質量的評估，取決於所使用的標準。文革政策強調實用知識，並拒絕以前的學術的教育標準。如果我們採用學生所獲得的內容（包括常規課程）來作為標準，文化革命政策導致了教育質量的嚴重下降，特別是以前的重點中學。

14　在別處，我展示取消大學入學考試在兩方面起到了重要作用，一是促進了農村學校的擴展，二是促進了以農村定向的課程的發展（Andreas 2004）。

級的後果，在教育系統高端是非常不同的。當農村孩子受教育的機會極大擴展之時，城市精英子女可得的機會卻被令人痛苦地削減了。知識分子和革命幹部家庭的許多子女長大後期望要上的重點中學和大學，現在已被嚴厲的反精英政策取消了，或從根本上改變了。

　　高等教育給毛澤東在文化上剷平的工程帶來了兩難的困境。普及中學教育是一個行得通的短期目標；然而，在可預見的未來，僅有一小部分人才能上大學。為了這個原因，毛澤東對大學教育的整體看法感到不快。由於他還主張現代化，願意在平均主義的目標上做出妥協，以允許少數人獲得先進的教育培養，特別是在理工科領域；但他傾向於短一些的、更具羣眾參與特點的培訓項目。他提出的妥協性解決辦法，簡明地總結在他的「7（月）21（日）」（1968 年）指示中。「大學還是要辦的；我這裏主要說的是理工科大學還要辦，」毛澤東寫道：「但學制要縮短，教育要革命，要無產階級政治掛帥，走上海機床廠從工人中培養技術人員的道路。要從有實踐經驗的工人農民中間選拔學生，到學校學幾年以後，又回到生產實踐中去。」[15]

　　在文革十年剩下歲月裏，「7‧21」指示成為高等教育的基本樣板。升大學的入學考試被一個推薦制度所取代，工農兵學員由工廠、農村和部隊推薦來上大學。該制度將在第八章被詳細考察；它把選拔學生一事從學校的手中奪過來，使之成為一個政治過程，該過程更關注政治是否合格，學業資格次之。推薦制度旨在徹底地重新分配獲得教育的通道，這與把中、小學教育制度拉平的舉措共享同樣一個雄心勃勃的目標。與此同時，學習的內容也加以改造，以便實現一個在某些方面甚至雄心更大的目標——改變知識和勞動的性質。其目的是，要讓所有的教育把理論知識與體力技能結合在一起，培養學生從事兩者都需要的職業。大學不再去生產「那種以知識為資本，凌駕於工農之上的資產階級精神貴族」。[16]

15　毛澤東的指示引自清華大學工人解放軍宣傳隊（1970）。

16　《人民日報》（1976 年 3 月 15 日）。

改造「滋生知識貴族的溫床」

　　文革期間激進教育政策的前提，建立在對文革前共產黨統治那十七年間關於教育的「兩個估計」上。[17]兩個估計的精神是：一，學校仍是在資產階級知識分子的控制之下；二，大多數知識分子——包括1949年後培養的——仍持有資產階級的世界觀。尤其是大學，它們仍是「資產階級的世襲領地」。甚至在1949年以後，它們仍保留著從舊政權繼承過來的教育制度那「封建的」（中國傳統的）和「資產階級的」（西方的）特點，又增添了從蘇聯借來的這些「修正主義的」教育做法。按毛澤東的觀點，這三者促進了教育上的精英主義。現在，精英大學被視為一個新生的特權階層滋生的溫床，而這個階層有把中國拉向資本主義道路的傾向。1971年發表在《清華戰報》（大學官方報紙的新名稱）上的一篇文章警告，這就是在蘇聯所發生的一幕。「世界上第一個社會主義國家，教育陣地上仍然是資產階級專了無產階級的政，並不斷培育出復辟資本主義的特權階層，這是一個十分嚴重的教訓。蘇修頭目勃列日涅夫之流就是這種教育培養出來的戴著『工程師』、『專家』頭銜的特權階層的代表。」[18]

再教育知識分子

　　讓現在掌控清華的工宣隊領袖看來，文革前由大學培養的紅色工程師瞧起來極像他們的蘇聯同行。現在看來，共產黨掌權的十七年間，所有被清華培養的學生，包括那些已經入了黨的，都吸收了一種資產階級的世界觀。對於像魏佳玲這樣的年青共產黨員教師來說，這一指控如晴天霹靂。我們在第三章中曾提及的清華學生魏佳玲，1958年在幫助興建密雲水庫時，已經充分地信奉了共產主義理想。那之後，她留校當了老師，並入了黨，而且，她繼續全心全意地奮鬥，以做到又紅又專。她就

17　「兩個估計」包含在1971年4月至8月由國務院召開的國家教育工作會議頒發的一份關鍵的政策文件裏。遲群負責起草該文件，它得到了副總理張春橋的讚許（賀崇鈴2001，280）。

18　《清華戰報》（1971年9月26日，第4版）。

像自己的許多年輕同事一樣，認為自己與大學裏年紀更大的教授們非常
不同。雖然高級教授們一直遷就共產黨的權力，許多教授從來沒有完全
地接受過共產主義思想。一些人只是不情願地脫下了標誌著知識分子的
長袍大掛和西裝革履；而且，老教授認同那些被中共攻擊為封建的和資
產階級的中國傳統文化與西方文化。魏佳玲與之相反，她徹底認同新秩
序；但在1966年以後，這兩種人似乎是一丘之貉，不再有任何差別。
「以前，我們認為自己得改造老教師，」魏佳玲回憶：「現在，我們才明
白，我們也是改造的對象。」[19]魏佳玲出身於一個昔日精英家庭，但即使
是出身更貧寒家庭的清華畢業生也不再受到信任。出身於貧農家庭的王
興民，1969年從大學畢業，並被工宣隊留在學校工作。儘管如此，他
說，「我們都是由舊清華培養的，因此，我們都是改造的對象。」[20]

　　激進派領袖聲稱，文革前的大學教育，特點一直是「三脫離」：脫離
實際、脫離工農、脫離生產勞動。大學一直讓師生過著一種特權生活，
而且，他們逐漸相信，由於自己的學問，他們有資格享用這一生活方
式。結果，舊清華就成了一個「修正主義的大染缸」，把其畢業生的顏色
都改變了。清華的生活甚至腐蝕了工農出身的學生。他們在努力爭當工
程師之中，喪失了自己的階級觀點。這個過程可以用三句話來形容：
「一年土，二年洋，三年不認爹和娘。」[21]

　　工宣隊1968年一進入清華大學，就積極地著手消除「三脫離」。為
了改造知識分子的世界觀，挑戰他們傳統的優越感，使他們擺脫多年不
癒的輕視體力勞動、輕視工農的陳疾，工宣隊就把他們送到農村去「接
受農民的再教育」。1969年5月，清華大學的大部分老師、幹部和職
員，被送往位於南方的江西省的「五七幹校」。[22]他們來到一塊叫鯉魚洲

19　受訪者47。

20　受訪者60。

21　第一年土，第二年洋，第三年不認爹和娘（《清華戰報》，1971年7月27
　　日，第3版）。

22　許多城市幹部被送到農村五七幹校去生活和勞動。這些幹校是以毛澤東的
　　「五‧七」指示命名的，在「五‧七」指示中，毛澤東鼓勵城裏人務農及農村
　　人務工。

的未開發的土地，在那裏蓋自己的住房，開墾湖邊低窪的沼澤地以種莊稼。鯉魚洲的勞動很艱苦，生活條件原始，對於那些習慣於生活在北京頂尖大學的教師來說，尤為如此。[23]1970年秋天，第一批工農兵學員進校時，他們才返回清華；被送往江西農場幹活的近2,000名教師、幹部和職員中的大多數人，都染上了血吸蟲病，這是一種嚴重的寄生蟲疾病，專門侵害沼澤地區的農村居民。

對於下放鯉魚洲一事給生活方式造成的突變，許多教師回應以憤怒之情。梁友生，1958年留校教書的一位國民黨官員之子，回憶起在農場的清華老師們蹲在夏天炎日下聽遲羣訓話。「他說我們知識分子吃不了苦。可我們就在農場這裏生活，極有學問的人除了短褲和草帽甚麼也沒穿，他就是這樣睜眼說瞎話。」[24]其他的人則帶著苦甜交加的心情回憶起這段經歷。其父曾是一位有錢的工廠主的賴家驊，接受了讓知識分子下放農村的要求背後的思想。「舊知識分子瞧不起工農，」賴告訴我：「毛澤東的思想是……知識分子應為工農服務，」而他們只能夠通過「與工農同吃、同住、同勞動」，才能夠學會為工農服務。他記得在江西的日子非常困難，但也不是沒有益處。「我趕著水牛平整稻田，而且我成了一位很在行的耕田能手。這給了我以精神力量；它使我明白，只要我敢幹的任何事情，我都能幹。它也給了我可以勤奮努力幹活的能力。……我也有了一個與農民交朋友的機會。我出身於一個富裕家庭，而且，我以前也沒有工農朋友。」[25]

有些系的老師沒有下放江西的農場，而是被派去幫助擴展清華的校辦工廠，或是去教農民如何灌溉以及搞小型水電站。然而，所有沒有去江西的老師和幹部，後來都被要求去清華在京郊大興縣辦的農場裏幹一年農活。另外，即使幹部和老師返回了大學，也要求他們定期參加體力勞動。許多清華大學的教師被指派到自己的校辦工廠去工作。在廠裏，他們除了上課、搞研究，還被要求參加生產勞動。「我每週有一天參加

23　有關鯉魚洲農場生活的描述，見Yue and Wakeman (1985, 251–73)。樂黛雲
　　（Daiyun Yue）當時在北京大學教書，北大也派了老師和幹部去鯉魚洲。

24　受訪者49。

25　受訪者76。

生產，」洪程前，清華自己培養的一家校辦工廠的廠長回憶：「我有特定的職責——在專門的時間開一臺專門的機器。只要有甚麼特別大、累或髒的活兒，總指望我來帶頭。」[26]

破壞等級和特權

　　文革政策也減少了教員與幹部已經習以為常的物質特權。共產黨1949年掌權之後，在分配物品和服務上，實行著遠比過去更平均主義的方式，但是，一些人仍然領取的比別人多得多。在 1950 年代，所有的國家職工都按資歷、職位和學術成就被指定了一個專業級別，而工資、其他物品和服務的分配主要是按此等級的。教員被分成了四級，工人被分成了八級，每一級中又分出許多等。在 1960 年代中期，工人的月工資等級，從學徒的 16 元，到最高資格及最高技術的 107 元；而教員的工資等級，從新任教的助教每月 46 元，到極少數最高一級教授的 360 元。

　　在文革十年間，造反的共產主義運動中那種禁慾的平均主義道德又復活了。「那時觀念就是，每個人都應該像工人農民的水平一樣生活。」洪程前回憶。1971 年，從文革前夕以來第一次漲工資，但是，只有那些月工資在 55 元以下的人才有分，這就意味著絕大多數教師和許多高級技工沒有資格漲。另一方面，大多數的年青工人加了一級工資。1971 年後，職工們有了常規性的晉升和相應的工資調整，但是，還是那些較低工資者才有資格。於是，雖然文革的工資改革並沒有撼動那巨大的差別，但其大方向是非常明確的；年輕一代中的工資差距，很快就收窄了。而在教師之中，職業等級變成了一個活的幽靈。在文革前，一個人在職位等級制度中的位置，從助教作為起點，通過講師以及教授的幾個等級逐步上升，等級位置成了區別人的基本要素：它能界定身分、設置人生目標、建立社會地位並決定物質享受的福利。而現在，分級制度被視為違犯了共產主義的原則，而所有的教員通通被稱為「教師」。然而，工資仍按等級規定發放，變動現在都凍結了。

26　受訪者 77。

　　按級別享受的看病時的特權，也成了文革的一大打擊目標。像許多大型單位一樣，清華大學通過校醫院為其教職工及學生提供醫療服務。如果病症複雜，校醫院則把病號送往北京其他的醫院。在1950年代，大學設立了一項專門的服務項目，可以讓最高級的教授和大學幹部不用排隊就能就診；如果需要的話，他們還可能被送至市內最好的醫院。1966年後，這項專門的服務被取消了，他們也像其他人一樣排隊就診。

　　然而，最大的改變是在住房的分配上。在文革前，大學按級別給其教職員工提供公寓。工人們住在五個「工人小區」，住房都是又舊又小的平房；而教師和幹部分在了高層的新公寓中。每一幢樓都建有按某一特定級別而規定好的套房，其大小及舒適度都不一樣。住房的這種分配方法，加強了級別造成的社會隔離。董小玲是一位極為成功的年輕教授的女兒，她描述自己在1960年代初所居住的多層公寓，是如何變成一個封閉的世界的。「住戶都是高級教員和幹部，」她告訴我：「房租更高了，但我們有全天供應的熱水，還有坐便廁所，這在當時都是奢侈品。但在那時，我意識不到這些，因為我不知道別人住得多麼差。我從來沒有去過別的同學的家；我只去過同一小區我的一些朋友的家。我們就像住在一所蜂巢裏一樣。這些樓房中的孩子們，正在變成一個新的階級；我們與別的孩子們不一樣。」[27]

　　1966年後，按職業和級別劃分的這種隔離不再被容忍。激進的學生派別借用一句土改時的口號，「打倒土豪分田地」，主持了大學住房的再分配。高級幹部和教授被迫搬到更小、條件更差的住房，或是讓別人來分享他們的公寓。騰出來的空房搬進了工人和年輕教師的家庭。有些較大的複式樓公寓房，原來只住一家，現在由三家分住——樓上一家、樓下一家，原來由傭人住的房間裏又住進一家。童小玲和家人在1966年把自己相對奢侈的公寓讓出來，給了一個工人家庭。「在文革中，人們打破特權，」她解釋，回憶起她的家人在以後的十年中搬了六次家。1968年，工宣隊認可了已經發生過的住房重新分配，然後，組織力量集中興建新的住房。當新房的分配要排隊時，工人和教師被指定在同樣的

27　受訪者58。

樓房裏，按人口多少而不是按級別來分先後。由於工人們一般比老師們結婚早，他們在排隊時往往是先住進新房。

　　工宣隊的成員是文革的平均主義、禁慾政策的強烈提倡者，且同樣起勁兒地落實這些政策。組成工宣隊的工人與軍人，繼續在其原工廠和部隊領取他們的正常——通常是相當低的——工資（他們在大學幹完自己這一屆工宣隊的工作後，還要返回原單位）。工宣隊員們——往往是在其原單位幹著更艱苦的活兒，住得也更差——自豪地帶領著師生從事涉及體力勞動及艱苦居住條件的項目，特別是在下農村、下工地及下工廠期間。他們在這些領域的熱情、耐勞和能力，支撐了他們在大學的權威，幫助彌補他們相較於大學幹部及老師，在教育上的劣勢。

培養「有社會主義覺悟、有文化的勞動者」

　　即使工宣隊已經掌控了清華大學，而且教室裏現在也坐滿了工農兵學員，一個長久的擔憂仍在當權者心頭揮之不去，那就是擔心大學仍然會把其關照下的青年人變成精神貴族。他們面臨的挑戰是，在把先進知識傳授給青年人的同時，不要培養出一個分離的階級。學生們仍被指望著走又紅又專的道路，但他們不再是要變成紅色專家了。語詞上微妙的差別，反映出處於文革教育實驗核心的一個難答的問題。代替變成紅色專家的，是學生要努力繼續做勞動階級的一部分，成為「有社會主義覺悟、有文化的勞動者」，這個稱呼是從「大躍進」那裏重新復活的。

　　在這個階段進行的許多思想運動，都與這個貫穿始終的核心憂慮相關聯。例如，在1974年的「批林批孔」運動中，有兩種態度被歸咎於孔夫子式的教育模式，成了特別的靶子。第一，是對待「知識私有」的態度。批判認為，知識階級的成員尋求壟斷知識，並利用它來利己；在資本主義社會裏，大學畢業生認為他們所學到的東西是一種「商品」，他們可以在勞動市場上出售它。他們相信，知識的所有權給了他們權利，去過一種特權的生活。而事實上，知識是人類流傳下來的共同財富，且源於勞動人民為生存的奮鬥。因此，學生不應把他們在大學裏學到的先進

知識當作私有財產，用來利己，而應是把它當作能更好地為人民服務的一種資源。第二，學生也被要求去拒絕「讀書做官」的傳統思想。他們被告知，他們上學的目的，不應該是高於普通民眾一等，而應在學習之後回到人民的隊伍之中。新的這一代大學生被期望著要採取的謙恭態度，從其稱號上也可見一斑：「工農兵學員」。除了無產階級的修飾詞外，學員的「員」字意味著「成員」，就和農村人民公社的社員一樣，傳達著一種集體主義的身分。它與文革前使用的稱呼「大學生」相比，語氣上也更謙卑一些。

清華大學裏的生活，旨在反覆地灌輸「艱苦奮鬥」的禁慾的共產主義思想。就在第一批工農兵學員1970年到達清華後不久，他們就被派出去，到北京的深山裏軍事拉練一千里。他們每天行軍一百里，夜晚就呆在村莊裏。另外，在農村從事義務勞動、並參加基本軍事訓練的傳統，也得以恢復並達到新的強度。「開門辦學」的政策，要求學生在工廠和其他校外工地上度過相當多的時光；居住條件原始，還從事體力勞動。建築系的學生幫助興建宿舍樓和校辦工廠，並參加北京周邊地區的建設項目；而水利系的學生則到密雲水庫去學習。在那裏，他們先是搭建自己簡陋的宿舍和教室；然後，在課間，拉土去加固水庫大壩。

清華的激進派領導人，時常指責蔣南翔和其他大學官員在文革前清退農村青年、認為他們太粗卑、不配接受大學教育的行為。他們指控，當時流行的態度是「粗瓷茶碗雕不成細花」。雖然這樣的態度很可能是存在的，但把這個批評指向蔣南翔並不公平。蔣一直熱情地歡迎農村學生，只要他們的成績符合清華那嚴格的學術標準的話；而且事實上，涉及政治上的培養時，他一直給予貧下中農家庭的學生特別的關愛。使用同一比喻的話，清華大學的使命在1966年以後的變化，或許可以最好這樣說：蔣南翔一直精心把粗泥焙燒成細瓷，而遲羣和謝靜宜則決心生產粗瓷碗了。

理論與實際相結合

文革教育改革者想讓不與實際相結合的理論無逃匿之處。關於實用性學習的好處，激進派明確表達了多種多樣哲學上及教學法上的論點，且這些論點都與剷平階級的大目標相聯。他們論辯說，知識分子通過讓理論脫離實際，以及迷信抽象理論，創造了他們可以壟斷的知識領域，提升了自己的地位及權力。文革的政策及話語，旨在調整過去指定給理論知識與實際知識的相對價值，逐漸降低「書本知識」的含金量。一個能夠解釋內燃機原理、但卻不會安裝一臺內燃機的教授的知識，現在被視為有嚴重的缺陷；而且，這樣的單方面的學問，成了嘲諷的對象。「把教學、研究與生產相結合」的實際舉動得到加強。一方面，大學校園在物理空間上已經變了樣，它現在既是研究與教學中心，又是生產中心；另一方面，學校領導還努力「讓高等教育走出大學校園」。

「工廠化」清華

作為一所工科院校，清華有很好的優勢把教育與研究及生產相結合，而且，工宣隊現在把實現大躍進時提出的「工廠化」大學定為優先目標。1968年工宣隊掌控清華以後，極大地擴展了文革前就建起的工廠和實用研究中心，包括機床廠、電子廠、設備廠、精密儀器廠、計算機廠和核實驗反應堆。大學又建了一些新的工廠，雖然其最宏大的項目——卡車製造廠——因指揮錯誤而在1972年徹底下馬了。工宣隊認定清華的工廠務必可以生產，但在卡車廠垮臺之後，他們退了一步，承認校辦工廠的主要功能是支持研究和教學。清華大學校辦工廠的擴展，極大地增加了工人職工的比例（與知識分子相比）。清華招來了幾百名復員軍人和中學畢業生；校辦工廠職工的人數，從1966年的626人增加到1977年的1,841人。[28]

28　李鴻儒、姜錫華（1994，84）。

　　作為教學、研究和生產三結合的舉動的一部分，大學、研究機構與工廠之間的機構聯繫也建立起來。隨著資金、設備和研究人員從研究機構遷到清華的工廠，清華大學從這種重組之中受益。有些校辦工廠負責了資金充裕的國家優先研究及發展項目，涉及計算機、電子和核能技術。這些項目得到了中央激進及穩健派兩方面的支持（其中包括江青和周恩來），也得到清華工宣隊及領導科學工作的幹部兩者的支持。一方面，這些項目與激進派堅持要搞教、研、產三結合的目標一致，它們使得清華工宣隊的領導人及其在中央的激進派後臺們，擴大了其在清華這塊領地的規模與威望。另一方面，它們也與穩健派領導人促進技術發展的努力相一致。

　　清華大學在「工廠帶（領）專業」的口號下重組，且在可行之處，實行「廠系合營」。例如，清華的機床廠與機械工程系聯合，成立了一個機床廠／系。領導班子從兩邊抽取，而且幾名普通工人也被選入這個班子。系裏的各專業與工廠的相關車間在行政管理上聯在一起，教師被安排在工廠勞動，工廠的技術員與工人被安排給學員上課。

　　雖然激進的教育實踐，包括知識分子與工人之間這種強制性的互動，正在使教師們處於困窘狀態，許多人還是接受了教育革命的規範，且盡其所能去理解和執行它的要求，即使這些要求看起來偏執古怪或行不通。甚至那些對之有深深保留的人，也被迫遷就這些激進政策。而像在校辦工廠擔任廠長的清華畢業生洪程前一樣，大多數人是愛恨交織。一方面，洪程前相信，學術部門與工廠這種密切的聯繫，對設計和生產有著正面的、積極的影響。「在文革期間，創造性非常強，」他告訴我：「主要的原因，是教師們給工廠帶來了大量的知識。」洪程前指出，教師與工人的合作導致了在設計新產品上的進步。「（工人們）在設計中幫忙，」他回憶：「就如何改善產品、簡化生產程序，使它更有效和更實用，工人們提了很多建議。」另一方面，他認為，文革的許多政策設想得很糟糕：「毛澤東……想要一所無產階級的大學，一所共產主義的大學，（他想）把腦力勞動與體力勞動、書本知識與實際結合在一起——讓人既當老師，又當勞動者。」洪程前說，這些可能是值得稱讚的目標，但它們行不通。「兩個羣體——工人和教師——的工作性質不一樣；他

們各有不同的合格標準，他們的素質也不一樣，」他解釋：「工人的文化水平相對低，老師的文化水平比較高。文革中的想法，是把兩者放在一起，使他們成為一體，讓老師參加生產，讓工人參加教學。但工人們所說的，老師們不感興趣；老師們所說的，工人們也不感興趣……老師與工人沒有共同語言……文革的思想是除掉兩大羣體之間的差別，但那是烏托邦的空想。」[29]

開門辦學

當然，開門辦學，以及教學、研究與生產相結合的想法，對清華大學的老師來說，並不陌生。1950年代採用的蘇聯教育模式，就強調實用培訓，而且，在「大躍進」中，師生們也被勸告要理論密切聯繫實踐。然而，在文革前，實用培訓主要集中在三段教學法的最後一個階段——第一階段開始是基礎課（數學、基礎科學和政治），然後進到各個專業的專業課，最後才是實習。在文化革命中，激進領袖們把這個「老三段」政策批判為「智育第一」。他們論辯說，從抽象的理論課開始，就疏離了工農兵學員，而如果理論與實際相結合，他們則能更好的掌握理論。新課程旨在結合這三個階段，清除前兩階段中「以教師為中心，以教室為中心，以教科書為中心」的教學法。

工宣隊堅持限制學習抽象理論的學時，但教師們感到某些基礎的數學及科學還是至關重要的。因為大多數學生沒有上完高中，課程不得不從中學的數學及科學課開始，然後再教大學的內容，把六年的教學規劃壓縮至三年半的一個規劃之中。巨大數量的材料濃縮在一個加快的課程中，結果是高強度、高壓力的書本知識的學習，特別是在何東昌負責教學的1972–73年間。儘管讓人聯想到「大躍進」中那些誇大的期望，並且師生都盡了最大努力，但許多學生，特別是那些沒有上完高中者，就是無法掌握這麼多材料。

隨著1973年的激進轉折，開門辦學的方法又一次推上前臺。在許多專業，教學與研究及清華校辦工廠的生產聯繫在一起。在半工半讀的

29　受訪者77。

實驗中，師生被安排在大學電氣設備車間的計算機生產設備上，在那裏，他們與工人形成一些同勞動、同學習的小組。根據清華大學報紙上的一篇文章報道，師生不僅在生產中參加勞動，在兩年之內，還有40%的工人要承擔教學任務。「（通過）實現『知識分子勞動化，勞動人民知識化』，」文章結尾説，「（我們）為工人掌握科學技術和直接參加教育革命開闢了道路，極大地調動了工人同志的積極性。」[30]如果有些專業在校園裏沒有對口的工廠，就與外面的其他單位建立聯繫。師生們轉移到那些工廠裏，一住就是幾個月，與工人們「同吃、同住、同勞動」。在同一個模式下，他們白天幹體力活、學習生產過程，夜裏上課。這些課程主要由教師來教，但工廠的技術員和工人們也受邀來上課，學生們也會受邀來講。在他們進校的第二、第三年，師生們被要求解決實際生產問題。由幾名學生、一名老師和一名工廠技術員組成的小組，在搞畢業項目時，會被指派去解決一個特別複雜的難題。

　　雖然充斥著平均主義的話語，但即便在它的學生都是工農兵學員時，清華仍是一個非常精英的機構。由於毛澤東以及中共中央當局給予它的特別關注，以及它所承擔的特殊的研究重任，與其他學校相比，清華的優越地位反而加強了。清華仍保留著特別優秀的教師隊伍及精良的設施，而且——作為一所國家級的大學——它在受推薦上大學的年青人中，仍享有被首選的地位。大學的學術課程被大大簡化，以至於後來的批評者不無道理地説，清華已經淪為一所有名氣的職業學校。但清華所提供的精心設計的實用培養規劃，與一般的職業學校所提供的非常不一樣；後者在常規的教育體系中，通常是學校等級制中的最低一檔。在文革十年中，清華大學變成一所在很多方面提供極優質培訓的精英實驗性職業學校。[31]這種實地的培訓耗費巨大的成本；師生們為充當他們教室

---

30 《清華戰報》(1975年7月2日，第1版)。其目的是創建一個體現「三結合」的教學班子，其中老師有三個來源：老教師，技術人員和工人。其他系也組織了相似的半工半讀項目。

31 清華大學比其他學校擁有更多的資源，但校－廠合作得到了廣泛的實行。我採訪的農村中學教師為他們學校與其公社辦的小企業的合作而自豪（Andreas 2004）。

課堂的工廠所提供的勞動及技術服務，僅能部分抵銷此成本。師生們都強調說，這種實用培訓比文革前所提供的要費勁耗神得多，而且在改革時代多半消失不辦了。「現在，工廠也不再讓學生們去勞動了，」老教師莊鼎謙解釋：「他們説甚麼？『我得掙錢；我有生產任務要完成啊。』」[32]

　　參加開門辦學的清華師生，對此事表達了複雜的看法。一方面，我採訪過的所有學生，都讚揚他們所接受的實際操作性的培訓。例如，羅金楚很自豪，他和同班同學們與高級研究人員一道工作，設計出了在中國大規模生產的第一代微型計算機。「我認為，我們很走運，」他告訴我，重申文革十年的教學法原則之一：「我們沒有從基礎理論開始，我們從實物開始——從目標起——倒過來去討論基本原理。如果你不瞭解實際，而只是討論原理，你就無法真的理解它。」羅金楚詳細地敘述了他如何發明了一種測試記憶芯片的方法，並回憶他的小組成員的奉獻精神，「甚至做夢時，夢見的都是計算機和軟件。」[33]另一方面，羅金楚也悲嘆他們那有限的理論訓練。清華計算機研究項目的一位領導人賴家驊，也為他們在1970年代設計的計算機而自豪，他強調説，這完全是中國人的創造，沒有國外的技術援助，而且，他指出，學生們有很多機會來學習實用的設計技能。儘管如此，由於工宣隊反對理論培訓，他說，學生們學得不夠，無法成為真正能幹的工程師或科學家，除非他們後來有機會讀研究生，「在知識人才的鏈條上，我們有一個可怕的斷檔。」[34]

取消考試，加強集體主義

　　中國的學校不僅取消了入學考試，還試圖把所有的書面考試減少到最低限度。激進的改革者反對書面考試，有幾個理由。第一，知識家庭的孩子更精通、擅長書面考試；第二，書面考試鼓勵故弄玄虛的煩瑣知

32　受訪者 51。

33　受訪者 89。

34　受訪者 76。

識，而不是實用知識；第三，由考試導向的教育，促進了死記硬背的記憶，而不是創造性的探索和批判性的思維；最後，個人的考試刺激了個人主義，破壞了集體主義的道德。在文革十年中所採用的另一套選拔與評估方法，以考試製度做不到的方式推進了集體主義。在文革前，考進清華大學的學生理直氣壯地自豪，他們憑個人努力攀上了教育制度的寶塔尖，他們在大學的課程考試中的表現，繼續激發出一種個人主義的成就感。與之相反，推薦制度使用了一種集體主義的選拔機制，這種機制適合選擇那些對集體有特別強烈的責任感的人。學生對推薦他們的工作單位有一種感激之情，而他們對學習的勤奮態度，不是靠個人的考試來保證，而是來自於同班同學的集體主義監控及支持。[35]

羅躍宗，1972年被推薦上清華的一位煤礦工人之子，告訴我，他的同班同學學習勤奮，因為他們感到自己對送他們來學習的人們有一種責任。「那個階段非常特別……每個人都是被一個不同的單位所選送。他們得學好；等他們回去，他們得做出交代並回報。這給了你很大的壓力。」[36]在用來選拔工農兵學員的標準中，沒有哪一條比信奉「為人民服務」更被強調，而且根據農民出身的學生左春山說，他和同班同學們感到有責任來顯示自己決不辜負這一期望。「今天的年青人不可能理解它，但我們就是這樣學習的。我們的責任感非常強。它不是一般的責任感，它非常強。」[37]

清華恢復了「大躍進」時期引入的另一種評價學生的實驗。開卷考試受到鼓勵；考題事先發下去，允許學生結合成小組去做、討論答案。書面考試輔以實驗和口頭彙報。[38]課程的實用性傾向迎合實操性強的評價方法，而且課程作業最後一環是畢業設計項目，由成組的學生集體解決工廠及其他工地的實際難題。

35　Whyte (1974a) 認為中國的小團體組織提供了鼓勵集體主義道德的強大結構刺激。

36　受訪者94

37　受訪者88。

38　《清華戰報》(1973年5月17日；1973年6月13日)。

同班同學實施的集體監控加強了學生們的覺悟。「那時，有一個團體壓力；現在可能會有一個個人壓力，」左春山解釋：「今天如果你不學習，沒人關心；現在有考試，他們測試你——你可以考砸了。那時，即使沒有考試，如果你不努力學習，每個人都會批評你。」[39] 在班上被選為一個小組組長的左春山，詳細回憶了這些小組是如何施加壓力，要組員們刻苦學習、鑽研難題，並為落後的同學提供支持的。集體主義的原則，也決定了激進派如何解決由學生的學業差別太大所造成的問題。最初，工宣隊答應了老師的要求，允許他們把學生分成快班和慢班。然而，1973年的激進轉折之後，工宣隊堅持所有的學生在一起學，鼓勵老師和成績好的學生幫那些有麻煩的學生。另一位農民出身的張翠英，解釋說，她班上的每個小組都包括更富實踐經驗的老工人，還有像她這樣年青的社員，他們實踐經驗少但學習上更敏捷。「我們在一起學習，而且我們努力不讓任何人落在後面。我們說：『不讓一位階級兄弟掉隊』。」[40]

文革十年的集體主義方法，也鼓勵個人順從羣體。推薦制度，鼓勵年青人去迎合其工作單位集體的期望；而大學裏的集體監督及支持體系，也鼓勵學生去遵從其同班同學的期望。這種因循服眾，可以與個人書面考試所鼓勵的因循守舊作一對比。這些考試強迫學生們把正確的考試答案當作真理去牢記。而這些答案又是以課堂教學為導向的，促進了死記硬背的學習及思考方法。於是，集體主義方法的和個人考試的刺激，都傾向於阻抑獨立的思考，但卻是以非常不同的方式。

「7・21」道路

毛澤東的「7・21」指示的精神，反映在「哪來哪去（從哪兒來，回哪兒去）」的原則上，按照這個原則，工農兵學員在完成了其學業後，還是要回到推薦他上學的原單位。然而，在實際上，難以讓清華的畢業生在分配工作時，按「哪來哪去」來作為主導原則。當許多工廠的工人學

39　受訪者88。

40　受訪者50。

員確實回到其原廠之時，只有極少的農民學員返回其原來的農村公社。他們大多數被培訓的是工業技術，而其所學的技能是別處所需要的。很顯然，激進派為此現實而不安。在1975、76年，他們展開了一場推行「哪來哪去」原則的新運動。1975年5月，最有影響的黨刊《紅旗》雜誌發表了一份報告，闡述了激進派的擔憂，堅稱為了「摧毀『讀書做官』的『階梯』，並清除教育領域滋生修正主義的土壤，招生及工作分配政策必須得改變。」[41] 清華大學的校報和全國的報刊，隨後發表了一些清華大學畢業生要求返回其自己的農村公社的申請。[42] 報紙報道稱讚它是一股新的「趨向」，但這種描繪與所公佈的數字相矛盾。1975年，清華大學的1,800名畢業生中，僅有12名「實現了下鄉當農民的願望」。[43]

　　與此同時，激進派領袖推進一種更短期的技術培養規劃的發展，讓它與工廠及農村公社直接相連，這樣也就能更好地貫徹執行「哪來哪去」的原則。他們發展了兩種模式。工廠被鼓勵興辦「7．21」大學，這種培訓模式由上海機床廠創造，毛澤東在其7月21日的批示中大力讚揚。這樣的學校為工人們提供全日制或半脫產的課程，培養他們在自己的工廠裏搞技術工作。過去，這種工作往往是由中專、大專和大學畢業生來做的。由於選拔學生的工作過去一直是由教育系統來做的（且主要基於學術標準），學校成了爬上有利階級地位的直接階梯，促進了知識精英的再造。現在，工廠自己的工人被培訓來幹技術工作。其用意不僅是防止精英的再造，還用於打破體力與腦力職業之間的勞動分工，便利了工人參與承擔管理及技術的職責。

　　農業縣則被鼓勵興辦「5．7農業大學」，以遼寧省的朝陽農學院為榜樣。[44] 這些學校為當地農民提供短期培訓班，學員學完後返回他們的公社。以前，農業大專院校的城市畢業生一般都是分配到縣城及以上地

41　《紅旗》（1975年5月1日）。

42　《清華戰報》（1975年1月29日，第4版）；《人民日報》（1975年12月30日）；《中國建設》（1976年11月13日，第28頁）。

43　《人民日報》（1975年12月30日）。

44　這些學校與五七幹校有別，後者如清華幹部及教師1969年生活過的江西農場。

方的工作崗位，他們都定居在城鎮裏。現在，朝陽農學院模式鼓勵學生「幾上幾下」，即是說，農民學員上了短訓班，回到自己的公社，以後還會再回到學校接受進一步的培訓。[45]

　　1975年春天，清華大學在組織三年半的正規大學教學的同時，也開始為當地工人農民興辦短期的工業及農業學校。位於清華校園內的一所業餘大學，接納了來自北京地區140座工廠的1,500名學員。這些工廠的資源不夠興辦自己的「7‧21」大學，它們包括清華自己的校辦工廠、市區的中小型企業，以及京郊公社新成立的社隊工廠。這些學員沒有年齡限制，由其工廠推薦的這些學員中，約30%至少已有十年工齡。他們學習十個專業，有機床原理、汽車、焊接、電氣、水工機械、熱處理、鑄造、冶金、自動化和環境保護。學制從六個月到兩年，工人學員一般每週上兩個晚上和一個下午的課。有些學員也被指望著在畢業後回到自己的工廠裏幫助興辦「7‧21」大學。另外，清華的師生也被派到北京和石家莊的工廠去開辦技術培訓班。[46]

　　同一個春天，清華大學在京郊大興縣自己的農場裏興辦了一所農村分校，由大興及四周幾個縣的公社推薦了第一批500名學員。該校與許多公社建立了不斷發展的關係，隨著一批學員學完返回，又送來一批新的學員。有些學生在農村已經是泥瓦匠、電工、拖拉機手和農村技術員，有些則是下放的城市知識青年（他們通過接受推薦一事，表明自己要在農村的新家「紮根」）。學校提供四個專業：農業機械、農村電氣、農村水利（灌溉及水土控制）和農村建設。[47]在農村分校教過書的魯寶蘭說，她的學生文化水平一般比較低，但對於學習非常認真。「一切都相對簡陋，但他們學習得很努力，」她告訴我：「他們都很真誠，很好。」[48]

45　朝陽農學院類似於大躍進時期創辦的江西共產主義勞動大學。Cleverly (2000)在他寫的江西共大的歷史中，描述了兩個典型之間的競爭。江西共大是電影《決裂》歌頌的主題，該電影製作於1976年以促進激進的教育政策。

46　《清華戰報》（1975年3月31日；1975年7月18日）。

47　《清華戰報》（1975年3月31日；1975年7月18日；1976年5月6日）。

48　受訪者93。

1975年夏，清華的校報自豪地報告說，大學興辦的短訓班的新學員，已經超過了大學正規班的工農兵學員數。文章宣佈，這個標誌顯示清華大學在完成其新使命上正在取得進步，新使命就是「為工農兵服務，向工農兵普及，從工農兵的基礎上提高」。[49]在文革前，清華大學領導人誇耀清華的優中選優；現在，它的領導人宣佈，目前該大學的目標是「越辦越向下，越辦越龐大」。

到1976年，全國大學的正規培訓已有56.4萬學員，當年錄取的正規學生數已經超過「大躍進」以來任何一年錄取的學生數。然而，到那時，這個數字與數千所工廠辦的「7‧21」大學及農村辦的「5‧7農業大學」所招收的262.9萬人相比，就相形見絀了。其他類型的成人教育也擴展得很快。到1976年，有3,052.1萬成年人上了掃盲班，1億2,730.2萬人上了成人小學，325.2萬上了成人中學。所有這些項目，都遠遠超過了以前及以後的任何時間的成績。[50]

正如文革政策的批評者所指出的那樣，所謂的「7‧21」及「5‧7」大學，很難算得上常規意義上的大學。因為它的大多數學生都沒有上完高中。儘管如此，激進派堅持稱它們是大學。清華大學校報上的文章，即使在它更低調地稱自己正規班的大學生為「學員」之時，仍有意地稱錄取在農村分校的學生為「社來社去大學生」。這裏明顯的目的是要削弱「大學」一詞的含意，此用意在一句口號的用詞上更是明白：「大學就是大家來學。」[51]拋開語義學，在清華大學接受學制更長、培訓質量更高的正規學生，與在「7‧21」、「5‧7」大學接受培訓的學生之間仍有實在的差別，而且這差別也繼續反映在不同的工作分配政策上。有意地製造語義上的模糊，標誌著激進派對現狀的不滿，以及他們要繼續侵蝕高等教育精英地位的用意。其政策方向與一個激進的願景是一致的，該願景就是整個教育制度實際上應是平的，無高下之分，且它所負責的只是分配

49　《清華戰報》（1975年7月18日）。

50　國家教育委員會（1984，47、50）。

51　周全華（1999，225）。

知識，而不管社會選拔。所有的孩子都應上完中學，然後去工作，而進一步的教育應日益採取短期實用培訓的形式。

剷平階級權力的文化基礎

1976年，韓靈芝——作為北京大學附中一位年輕的畢業生，正在附近的一個農村公社生活——被選到清華附中教書。雖然她已在農村呆夠了三年的期限，急於回城，但還是對這份工作感到失望。「我想到工廠當一名工人，我不想教書，」她解釋：「沒有人想當老師。當工人的階級地位更高。當時，教師不被視為一項好工作；老師是知識分子。」韓靈芝的父親是一位醫生，她告訴我，因為自己出身於一個知識分子家庭，所以在校時一直受到歧視。「出身於工人家庭、農民家庭或軍人及甚麼家庭的人，他們優於我們，」她回憶：「在當時，如果你有一個較好的職業，甚麼都容易些——當時『較好』就意味是工人……甚至僅僅聽起來也更好些。」[52] 韓靈芝的最後一句話，深刻揭示了文革正給中國帶來的地位秩序的新變化。當工人比當知識分子聽起來都更好些的這一事實，反映了一個社會中的巨大變化。在這個社會中，過去不幹體力活一直被視為高雅、成功和有地位的精英標誌。在關於文革剷平階級舉動之威力的證詞中，這個特權家庭的孩子竟打算放棄她的知識分子出身去當工人。當然，這變化僅是曇花一現，如今已經煙消雲散。她的話在今日的中國聽起來，似乎與它在中共1949年掌權以前一樣不合時宜。

文革在文化領域的目標，是極端激進的，且格外地雄心勃勃。毛澤東和他的激進追隨者們擔心，知識階級的持續再造以及一個技術專家治國的精英羣體，會威脅到共產黨剷平階級的工程；他們把取消腦、體差別的共產主義的長遠口號，轉化成一個立即行動的規劃。在他們手中，理論與實際的結合意味著純粹的知識智力職業將無藏身之地。他們懷疑任何種類的精英培訓。他們不光目標激進，所採用的手段也時常是有意地過分。激進領袖被毛澤東口號中的邏輯所指導：「矯枉必須過正，不

52　受訪者66。

過正不能矯枉。」[53] 遵照這一邏輯，過分不僅是鬥爭所必不可免的一個副產品，還是成功所必需之物。要打破文化領域的階級等級制，核物理學家必須去掃地，學會殺豬，還要接受農民的再教育。

文革教育政策的根本目的，是剷平文化領域的階級差別，而且——按這一目標的標準來看——實際效果頗為可觀。教育金字塔被改造成一個平得多的結構，而且，教育成就因此更為平均地被分配。中、小學的學制被壓縮，入學率極大地提高。高等教育也正朝同一方向變化——學制更短、高精尖的內容更少，以及參與的人更多。使所有學校在質量標準上更平等的舉動，產生了很大的效果，特別是在教育系統頂端。基礎教育的擴展，主要使社會更底層的孩子們受益；而學校體系頂端的壓縮，則主要戕害了精英家庭的孩子。這些結構上的變化，再加上階級路線的傾向，以及用推薦取代考試，極大地減少了在享用教育成果上的懸殊不等，嚴重地破壞了知識精英的再造。

課程也重新設計，以使理論知識與體力勞動技能相結合，為學生從事同時需要兩者的職業做準備。調整理論知識與實用技能（以犧牲前者為代價，提高後者的地位）相對價值的舉動，已經切實地——即使是暫時地——影響了民眾的看法，以及知識分子、工人和農民的相對社會地位。象徵文化高雅以及脫離體力勞動的符號，已經從高人一等的社會地位的標誌，變成了聲名狼藉的徽章。知識分子發現自己成了威力極大的運動的靶子，這些運動降低了他們的社會地位，並強迫他們與勞動階級打成一片。開門辦學的要求，極大地改變了學校的教學及日常生活。在清華，校辦工廠被置於教育規劃的中心，師生也花很多時間在校外工地上生活、勞動與學習。知識分子參加體力勞動，不再只是象徵性的操練，而是長時間的，且常規化。知識與非知識階級的實際隔離被打破了，他們在物質生活條件上的差別也縮小了。

53　這句話源自毛澤東1927年寫的〈湖南農民運動考察報告〉一文，文革十年中它常在新聞報刊中被引用（毛澤東1965，29）。在此報告中，毛澤東開始明確表達一個在其後來著作中常出現的論點：在鬥爭階段，過分行為是必要的，它可在後來的統一階段裏加以糾正。

　　當然，變化的程度不應被誇大。文化資本的分配仍極不平均，學校在質量上仍差別很大。知識家庭的子女儘管被設置了障礙，但在教育制度上仍享有重要的優勢。職業結構在腦力與體力勞動上繼續以鮮明的分工為特色，對腦力勞動的偏好仍在持續。儘管如此，審視1970年代中期中國動盪的現實，可以披露出這些領域逐一的重要變化。文革極大地弱化了文化領域的階級等級制度，至少暫時地是這樣。

第8章

工農兵學員

　　1970年8月29日，1,300多名工農兵學員扛著旗幟、昂首闊步走進清華大學的西大門。在那裏，他們受到人們敲鑼打鼓的夾道歡迎。他們是1965年以來第一批招收進校的正規學生的一部分，而且，他們與以前的學生非常不同。[1]1965年進校的學生，除了極少數例外，全都在全國統一的大學升學考試中獲得了高分，幾乎全都是畢業於競爭力很強的重點高中，而且大多數出身於中國鳳毛麟角的知識家庭階層。而這批新生進校並沒有經過考試，是被其工廠、農村、部隊推薦來的。他們大多數僅上過初中，有些僅僅讀過小學，但其中許多是模範工人或文革中的積極分子，一多半已經是黨員。文革前上清華的許多學生，喜歡穿皮鞋、西式襯衫；而1970年到校的許多學生，穿著中國鄉村和車間裏滿目皆見的布鞋和工作服，當他們走進清華校園時，有一隊學員肩上還扛著十字鎬，象徵著他們的階級身分。

　　取消大學入學考試，代之以「羣眾推薦」的制度，這是文革十年的教育改革中最重要、也是最有爭議的一項。激進的教育改革者，批評文革前把整個教育制度凝聚在一起的關鍵：考試制度，譴責它通過偏向選拔知識精英子女來再造知識精英，抨擊它提倡圍著考試轉的學究式及荒

1　1969年，四百名工農兵學員參與了清華大學為期七個月的22個「教育革命試點班」。1970年6月，第一批正式的工農兵學員開始到達大學，但大批新學員直到8月才到（何崇鈴 2001，277–78）。

謬無效的教學。取消考試，被視為改造教育制度的關鍵；過去，教育制度一直是圍繞著選拔出少數有才華學生並使其進一步深造而組織起來的；這次改革，則要把它改造成為一種新的制度，為每個人僅提供少量的實用教育。推薦制度的基本目標，是要把社會選拔的責任從教育系統中儘可能徹底地拿走。學校僅用來傳授知識，它不再負責選拔那些將接受深造及晉升的人們。相反，選拔將被變成一個政治過程，通過工廠、公社和軍隊的政治評審來完成。

在文革十年的後期，所有的中學畢業生都被安排在農村公社、城市的工作單位或部隊去工作，只有在一個體力勞動的職業中工作至少兩年，才有資格被推薦去接受中學以後的教育。受推薦的候選人，被要求上完初中、身體健康以及不超過25週歲。雖然政治及文化標準都要考慮，但很明顯，強調的是前者。政治方面的合格條件，基本上與入團、入黨所要求的是一樣的，涉及家庭出身和個人表現。對滿足了其他標準的候選人的相對資格的討論，主要涉及對個人表現的評價，這要按共產黨的政治及道德理想來定。規定的選拔程序，涉及三個階段：「羣眾推薦、領導批准、學校複審」。錄取名額沿著行政管理的等級制度一直向下傳，直至基層工作單位，主要是公社和工廠。此過程大略上是要按下列步驟運行：首先，個人申請。每個工廠生產小組或農村生產小隊的成員，討論申請人的資格並做出推薦意見。這些推薦意見，上遞到工廠車間或農村生產大隊，又上報至工廠或公社領導，他們批准候選人、篩選縮小名單。然後，被批准的候選人的檔案材料報至縣一級。在這一級，要評估候選人是否符合教育上最低的要求。來自各個大專院校的老師匯聚來選取候選人，以完成其學校的招生名額。這過程一地與一地差別很大，一時到一時也變化多端，每一方面都會有討價還價、爭執不休與腐敗行徑。

工農兵學員制度被一些難處理的問題所困擾，它成了中共內部激進與穩健兩大派爭論的一個關鍵點；事實上，沒有哪個問題總是像它這樣如此鮮明地表現著毛澤東時代最後歲月那標誌時代的派別鬥爭。從推薦制度被廢除以來，關於它的大多數學術及政治討論，都提出了它對大學招生中學業資格的負面影響。由教育官員所引證的種種問題，成了取締

它並在1977年恢復高考的理由。[2]本章將涉及學業資格的問題，但我的主要目的，是以推薦制度創造者的主要目標為標準——防止教育制度再造階級差別——來評價它的效果。我將基於文化及政治兩大資本來考慮階級差別；其中文化資本是由考試製度所支持和偏愛的，而政治資本則在推薦制度下走上前臺。

圍繞推薦制度的政治戰鬥

　　推薦政策及其做法是逐步才建立起來的。在1970年，當第一批工農兵學員被推薦上清華及少數幾所其他大學時，涉及羣眾參與推薦過程一事，幾乎沒甚麼政策到位。在做法上，工廠或公社一級，或更高層次的官員，簡單地挑選那些很容易被視為突出分子的個人，諸如勞動模範，或曾被選來代表本村出席縣學習毛澤東思想代表大會的農民。第一批學員的被挑選一事，大學招生人員也起了關鍵的作用。普通的工人農民往往是在此事結束之後，對推薦過程也一無所知。我採訪的1970年進入清華大學的那批工農兵學員中的四個成員，全都是這種情況。

　　下一批大規模的大學招生發生在1972年。這一次，錄取的學生人數要多得多，廣泛宣傳的招生運動還伴隨著新的指導方針，以及國家報刊上勸誡地方幹部發動羣眾參與推薦過程的一系列文章。《人民日報》1972年3月的一篇文章，描述了某個地方在學習如何實施推薦一事上的模範經驗。「開始，有些同志認為領導提名，意見容易集中，工作進度快。擔心發動羣眾討論，意見分歧，不好統一。」然而，凡是領導不經

2　很好地表達了官方批評立場的著作有崔相錄（1993）和周全華（1999）。圍繞著推薦制度而起的衝突進行描述的，有上述作者和 Chen (1981); Cleverly (1985); Unger (1982)；鄭謙（1999）。Andreas (2004)和Unger (1984)分析了用推薦代替考試對中學教育的影響。Bratton (1979); Pepper (1978); White (1981) 依靠可得的有限數據，對推薦過程中內在的問題作出了敏銳的觀察。Pepper (1996)根據自己對離開本地的鄉村教師的採訪，對推薦的實際做法作了詳盡的分析，她發現一地與一地的做法差別很大。Gao (1999, 107–14)描述了推薦一事是如何在他自己的村裏實施的。

羣眾就簡單選擇幾個候選人之處，效果都不好。「結果本人和羣眾都不滿意。後來改變了做法，認真地進行動員，把招生意義、招生條件和招生辦法，原原本本地向廣大羣眾講清楚，發動羣眾討論，動員符合條件的同志報名。」[3]

雖然做法差別很大，從我採訪的個人那些經歷來看，很清楚，從1972年起，許多工廠和村莊的工人、農民參與了推薦過程。儘管如此，根據大家所說，地方幹部繼續發揮著中心作用，許多人濫用推薦制度，為家人、朋友及親信獲取了機會——這一做法被稱為「走後門」。走後門招生的難題，從一開始就困擾著推薦制度，並成了推薦制度的反對者及倡導者都感到大為棘手之事。第一輪的推薦，也產生了學業水平差別過大的一批學生。在1970和1972年，衡量候選人學業資格的舉動，極少涉及正式的評估。例如，由清華派出的招生小分隊僅很簡單地面試被推薦的候選人，讓他們解幾道數學問題，以試圖評估他們的教育背景和潛力。

推薦制度所產生的難題，導致保守派和激進派各自提出極為不同的解決辦法。兩派都關注遏制走後門招生的問題；另外，保守派還有意提高大學招生的學業資格要求。保守派提出重新引進全國性的學業考試，來解決這兩大難題。與之相反，激進派力主羣眾推薦，他們反對重新引入考試。而且，他們企圖靠發動一場反對幹部濫用權力的運動，來控制招生中的走後門現象。在文革早期通過攻擊黨的官員的權威而升到顯赫位置的激進派領袖，把推薦制度視為一種手段，靠把羣眾的政治參與一事制度化，來遏制地方幹部的權力。[4]

謝淑麗 (Susan Shirk) 在對文革前大學招生政策爭論那有洞察力的分析中，強調了選拔大學生的三個相互競爭的原則：唯才是用 (meritocratic)、唯德是用 (virtuocratic) 與唯門第是用 (feudocratic)。[5] 唯才是用的選拔，

3　北京大學教育革命小組（1972）。

4　有關文革後期幹部的權威下降及其擔心被下級批判一事，見韓東屏（2000，66–71）；Perry and Li (1997, 191–92); Sheehan (1998, 139–55); Walder (1986, 205–10)。

5　Shirk (1982).

採用學業考試，執行的是理性的官僚政治原則；唯德是用的選拔，採用
的是政治/道德的標準，在領袖人物靠超凡魅力所帶領的運動中十分典
型；唯門第是用的選拔，採用的是家庭出身的標準，更與傳統的家長制
原則相一致。雖然謝淑麗的研究僅限於文革前的歲月，她提出在文革十
年中，毛澤東及其激進追隨者致力於增加唯德是用的作用，減少任人唯
才是用的作用，並限制唯門第是用的作用。她的類型學，在分析文革十
年間就推薦制度而起的爭論時是有用的；而且，中共激進派與保守派就
推薦而起的鬥爭，為她的想法提供了證據。激進派在推薦學生中強調政
治道德標準，而保守派試圖通過在推薦過程中加進去考試，來重新引進
理性的官僚政治選拔辦法。雙方都以不同的方式，在選拔過程中限制家
庭關係——以及廣義的社會關係——的腐敗影響。當然，在兩派之中，
都有一些個別幹部利用手中的權力來優惠親人及朋友，但原則上，每一
派都把這種做法視為其所中意的選拔原則中的腐敗行徑。

　　1973年4月，保守派成功地重新引進了一套全國資格考試。考試是
在候選人被工作單位推薦後進行的，類似於文革前的大學入學考試，雖
然標準降低到了初中和高中水平的問題。重新引進考試，產生了一些讓
激進派不安的效果。宣佈實行考試在中學和年青的畢業生中引起動盪，
促使他們加強考試準備，讓人憶起文革前為考試的死記硬背、填鴨式教
學。它也促使工作單位強調學業資格而不是政治資格，以便讓被推薦的
候選人得到在考試中成功的最佳機會。最後，考試導致大學的招生代表
與地方官員之間有充滿敵意的僵局。據幾位受訪者回憶，在他們所在農
業縣的考試中，大多數最高分考生都是下放的城市知青。大學招生代表
堅持把考分當作最終的仲裁，而當地官員則要求錄取當地的回鄉青年，
儘管他們的考分低一些。

　　激進派譴責新的考試，並把遼寧省的一位青年張鐵生捧成英雄；他
們表揚他在交上來的考試白卷上寫了一封信，抱怨考試讓那些只顧複習
功課而不關心集體勞動的書呆子佔了便宜。[6]激進派的論點，簡明地表

6　《清華戰報》（1973年8月13日）。張鐵生1976年被捕，當局譴責張春橋策
　　劃了此事（Broaded 1990）。

述在1973年9月《人民日報》的一篇文章上。「進行適當的文化考查是有需要的，對文化條件完全不顧也是不對的。但錄取標準必須堅持無產階級政治掛帥，把政治條件擺在首位，」作者寫道：「要充分重視實踐經驗，主要是根據推薦對象在三大革命運動(生產鬥爭、科學實驗和階級鬥爭)實踐中的一貫表現，而不是根據文化考試的分數來錄取。」文章繼續批評把「書本知識放在高於一切位置上」的考試。作者堅持，考試不應是考察考生把中學課本記得多麼好，而應評價他們使用基本知識去解決實際問題的能力。[7] 激進派聲稱，全國考試的提倡者最終想讓中學畢業生直接升入大學，並重新建立為升大學作準備的重點中、小學制度，招回過去被稱為「小寶塔」的等級結構。「搞『拔尖子』的資產階級教育」，「引誘學生去爬那個『小寶塔』，即通向資產階級精神貴族的階梯。」[8]

激進派贏了這一回合，強迫取消了新的國家考試。1973年底，清華大學工宣隊激進領袖遲群和謝靜宜在摩拳擦掌歡慶勝利之時，組織了一場對北京的大學教授突襲的考試。他們從北京地區的十七所大學中邀請了613位教授，來參加一場「專家會議」，等他們都到達後，才宣佈要他們參加一系列考試，考題與當年夏天工農兵學員候選人所考過的相似。考試結果使激進派領袖大喜，並廣為傳佈：200名教授交了白卷，那些答了考卷的教授中，90%多的不及格。[9]

在擊退了重新引進國家考試之舉後，激進派組織了一次反對幹部濫用推薦制度的政治運動，來鞏固推薦制度。1974年1月18日，他們在《人民日報》頭版發表了一封來信，發起了一場反對走後門的運動；這封來信是一位軍隊高級幹部之子寫的。他父親拉關係把他送入南京大學後，他從南京大學退學了。鍾志民的這封信開頭承認，他最初認為沾家庭關係的好處並不算甚麼，「過去我總感到自己家庭出身好，爸爸從井岡山時期就跟著毛主席幹革命，參加過長征……出身在這樣一個對革

7　《人民日報》(1973年9月22日)。

8　北大和清華大批判小組(1975)。

9　劉克選、方明東(1998，639–40)。這一插曲據說是受著名作家魯迅的啟發，魯迅曾提議要考試那些主考人。

命有『功勞』的家庭，受到一點特殊照顧有甚麼不應該的呢？」然而，鍾志民一到校，便感到不安，經過一年的思想鬥爭，他決定退學。「『走後門』這種做法，卻是利用人民所給的職權，為自己的私利服務，」鍾志民寫道：「為了讓自己的子女上大學，不經過羣眾推薦、選拔，不經過黨組織的正當手續，而憑著自己的職權和勢力，憑著私人之間的感情和關係來解決問題。有的甚至把大學招生名額當『禮品』送來送去，拉拉扯扯，卻把真正的工農兵的優秀代表關在大學門外。這種做法難道是為人民服務嗎？」鍾志民繼續寫道，「走後門」不僅背叛了公眾的信任，還表明像他本人這樣的幹部子女正在變成一個特權階層，「憑著一個電話就來上大學，這是不合理的。特別是那種以為出身好，好像在人格上就比別人高貴，享受『特殊化』理所當然的人，思想更危險，發展下去，很容易走向『特權階層』，很容易成為修正主義。……幹部子女長期生長在比較優厚的生活環境中，又長期脫離工農羣眾和生產勞動，如果他們不注意自己的世界觀的改造，就比較容易被資產階級的思想俘虜。」[10]

在鍾志民的退學信發表之後的幾周內，報紙上又發表了一系列評論以及「走後門」子女和「開後門」官員自我批評的相似信件。文章稱，當權的走資派正在鼓勵這種不誠實的做法，以腐蝕黨的其他官員，並讓他們走上修正主義之路。因此，這種做法不僅是個人犯錯誤的問題，還是階級鬥爭的一種表現。1974年1月25日，江青、遲羣和其他激進派領袖，在北京召集黨的幹部出席一個「萬人」大會，發起了「批林批孔」運動。新的運動是為了復興文革的激進議程。他們把鍾志民的事件以及反對「走後門」的運動，置於此次大會的前列及中心。[11]幾位後來的觀察者已經指出，激進派打算利用這次運動，再次發動工人農民去攻擊黨的幹部，就像他們在文革早年的所作所為一樣。王凡寫道，激進派希望「藉著毛澤東同意展開批林彪批孔子的運動……夾進了一個批『走後門』，把攻擊的矛頭指向周恩來、葉劍英等一大批黨政軍領導幹部」。[12]根據張立

10 《人民日報》(1974年1月18日，第1版)。

11 江青、姚文元、遲羣、謝靜宜 (1976，42–44)。

12 王凡 (2001)。

波所言，他們的目的，是通過把「批林批孔」運動的意識形態信息與能夠激起對中共官員進攻的實際問題聯繫起來，發動「第二次文革」。[13]

我們將永遠不知道反對「走後門」運動會走向甚麼方向，或會產生甚麼影響，因為它在開始後不到五週的時間，就匆匆收場了。保守派領袖周恩來與葉劍英給毛澤東寫信，表達他們對這場運動的破壞性潛力的擔憂，他們贏得了他的同意。毛澤東在回葉劍英的信中寫道，「走後門」是個大問題，涉及千百萬人。但他同意説，江青和遲羣的反應太極端了。[14]激進派剛剛贏得毛澤東對發動「批林批孔」運動的支持，但毛不準備支持對黨的幹部的又一場重大攻擊。2月20日，在周恩來的建議下，黨中央決定，應在問題被研究、適當措施被採取之前，暫時不搞反對「走後門」的運動。該運動再也沒有復活。[15]

羣眾推薦與地方官員的權力

推薦制度把選拔大學生的責任轉交給了工廠和農村生產大隊，這就進一步加強了這些工作單位在其成員的生活中已經巨大的重要性。單位制度建立了固定的集體，把個人捆綁在其工作地點上，限制人員流動；同理，也賦予了單位成員穩固的權利。單位的大權，集中在黨的幹部手中，他們對其屬下的生活有大量的控制，而推薦制度給他們的權力以更大的施展空間。與此同時，由於推薦的權力被認為是掌握在普通的工農手中的，該制度——至少在理論上——為單位成員們民主參與決策過程提供了機會。

在我調查推薦制度是如何在實際中運作的之時，我對地方幹部的權力特別感興趣。我研究材料的主要來源，是35個該過程親歷者對我的講述。他們的身分、視角各不相同。其中一些人是被其村莊或工廠推薦上清華的年輕人；有些是在文革十年中下放農村或去工廠當工人的城市

13　張立波（2000）。

14　葉劍英元帥是1970年代的國防部長及當時派性衝突中的關鍵人物。在1974年1月的政治局會議上，江青指控葉為自己的子女開後門（王凡 2001）。

15　Teiwes and Sun (2007, 149–55)；王凡（2001）；張立波（2000）。

中學畢業生，因此有資格被推薦，但未被推薦。有些人是上過清華附中的，而有些是其他中學的畢業生，在 1977 年恢復高考後考入清華。還有的是曾被派往各地去招生的清華大學的老師。[16]他們的敘述表明，推薦政策在如何被執行上有很大的差別。在有些工作單位，領導幹部獨斷專行，就是簡單地自己挑選候選人；而在一些別的單位，則有基層所有成員參與的、仔細的評議，以及一輪或幾輪的投票。他們的敘述僅提供了個人軼事性的證據；但從這些軼事中，我們還是可以瞭解很多有關推薦過程的機制。

從上及從下遏制幹部濫用權力的嘗試

　　為了阻止「走後門」錄取學生及推薦制度中的其他腐敗形式，該制度的倡導者從上、下兩個方面制訂了遏止幹部擅權的辦法。從上加以遏制的主要措施，是從大學派出老師。老師不僅要評估候選人的教育及政治資格，還要面試每個候選人，走訪其村莊及工廠，去調查他們被推薦的過程。我採訪了兩位清華大學的老師，兩人都曾是工農兵學員，又都去過遙遠的省分招生。他們很認真地完成了調查候選人的任務，而且，兩人都拒絕了關係亨通、但其資格又在一般標準以下的候選人。

　　1974 年，張翠英與另外一位老師一道被派出去為清華招生，他們花了一個月走訪村莊和工廠，面見候選人及其工作單位的其他成員。張翠英回憶說，羣眾參與推薦過程的程度一地與一地相差很大。「它是否民主，取決於工作單位的領導人，」她告訴我：「有些單位召開會議，每個人都做了推薦，然後推薦結果逐級上報。在另一些單位，它們根本不開會；就由領導人提名，羣眾毫不知情。」於是，她和同事一定要與普通村民及工人交談。「如果他們不滿意，如果他們認為這個人不好，那就表明有錯的地方，」她說：「如果羣眾不支持這個人，我們就不收他。」[17]

　　朱友先 1974 年畢業後不久也被派下去為清華招生。他描述了他與

16　我採訪過 19 個在鄉村經歷推薦過程的人，16 個在工廠經歷推薦過程的人。我沒有在部隊經歷推薦過程者的採訪數據。

17　受訪者 50。

另一位清華老師遭遇的事。專區的一位幹部給他們施壓，要他們招收他的兒子，而他們認為他不夠格。「我們認為，他的文化水平太低，政治表現也不好，」他告訴我。朱與同事到該青年的工作單位去，與其工友交談。「我們徵求他們的意見，『他的表現怎麼樣？他幹活怎麼樣？他的思想怎麼樣？』」他們採訪的人並不怯於批評這位關係通達的青年。「羣眾對他的印象不好，」朱回憶：「因為他爸爸是一位幹部，他總是欺負人。」[18]清華的老師拒絕了這位候選人，這使專區的領導人很不高興。後來，朱還與大學有關的系聯繫，進行核查，看此青年是否用其他方法鑽進了學校。最後，朱發現他被山東石油學院錄取，他認定，這是他父親影響的結果。「但是，」朱自豪地說：「他沒能進清華！」[19]

按道理，對幹部擅權行為最重要的遏制，是來自下面的監督。雖然普通工農參與推薦過程的程度千差萬別，但從受訪者的敘述來看，很明顯許多地方幹部擔心自己因不當行為被其下屬批判。在文革早期，幹部們因造反派指責他們濫用權力而遭到公開羞辱並被趕下臺。對此痛苦經歷，黨的官員們記憶猶新，很多人小心翼翼，避免那些被視為腐敗的行為。雖然大多數幹部官復舊位，但前事不忘，許多人竭力表現他們願意傾聽羣眾的意見。

1974年被其村莊推薦上大學的左春山，描述了「社會主義教育」運動與文革中創建的貧下中農協會是如何對幹部實施監督，並在他的公社影響推薦過程的。這些貧協代表是由每個生產小隊的社員選出來的；他們監督幹部處理小隊、生產大隊和公社的事務。（例如，小隊的糧倉門上有兩把鎖，鑰匙有一把在小隊的會計手裏，另一把在貧協代表手裏。）當公社分到了一個要推薦上大學的名額，每一個生產大隊都要向公社領導推薦候選人，然後，公社領導得選出最好的候選人往縣裏報。左回憶，到了這一步，領導人會從公社的各大隊把貧協代表召集來開會。「推薦的方法得與他們討論，」他說：「不管貧下中農怎麼說，幹部就得按那樣辦。」最後，公社領導決定，最終的名單得用考試的方法來決定

18　受訪者 82。
19　受訪者 50。

(在當時流行的政治氣候下，這可是個有風險的決定)。左春山確信正是對貧協代表的害怕，防止了公社領導濫用推薦制度，「他們不敢……有貧下中農的監督！」他告訴我：「比方說一個地方幹部……運用一些手段送他自己的孩子或親戚上學，那麼有一些貧下農中農就會想，『他怎麼能去上？他的資格又不怎麼樣，或許就是因為他的家庭關係。』這樣，他們就會向上反映。」[20]

我採訪過的許多人相信，他們自己工作單位的推薦過程是正大光明的，因為在基層那一級，幹部的行動難以逃脫監督。例如，吳先傑，一位未被其工廠推薦的中學畢業生，就相信那些被推薦的人並不是幹部干預的受惠者。「如果發生在基層那一級，工人們就會反對工廠。」他回憶，「那時候，工人們真的有很大的權……如果我們那兒有壞人……我們會到上級那裏去批評工廠廠長……如果他們(為自己)用了一些錢，如果他們不通過班組和車間就推薦人，他們就會被批評。」另一方面，吳——像我採訪的其他人一樣——相信，在縣一級，腐敗肯定更是個問題，因為更高層的幹部不受下面的監督。「在工廠……我們有權；我們能容易地站出來，」他告訴我，「(但)到了更上層，我們就不再有權了。」[21]

一般情況下，被其工作單位推薦並被送至縣一級的候選人中，實際能上大學的不到一半。縣裏的官員可以利用他們向下一級分配名額的處理權限，還可以利用他們對下級官員相當大的影響，來幫助決定他們收到的候選人名單上的名字。另外，在縣一級選拔候選人中所使用的標準，往往成了縣級官員與大學代表之間互有爭議及討價還價之事，這為雙方的個人替特定的候選人運作推薦過程留下了空間。

推薦與單位政治

上大學的推薦，成了類似入團、入黨一樣的政治評議過程。所考慮的政治資格——按家庭出身和個人表現的標準——是基於同樣的原則的。像入團、入黨一樣，除了官方的政治標準，候選人與工作單位的領

20　受訪者 88。

21　受訪者 65。吳是在 1977 年恢復高考後考入清華大學的。

導及其他成員的關係，也是成功的關鍵。然而，與入團、入黨不一樣的
是，前者是由團支部或黨支部的成員來決定，而推薦學生的評議，則是
要包括單位的所有成員的。況且，當羣眾真正進入評議過程時，他們的
參與能在重要的方面改變該過程，因為幹部與普通工農的觀點往往是不
一樣的。

最重要的資格——也是最容易招致不同評價的——是候選人的個人
表現。如前所述，這包括信仰共產主義的意識形態、支持共產黨、願意
勤奮工作，以及有集體主義精神。許多受訪者強調，當單位領導考慮一
個人的表現時，他們往往看的是服從權威以及個人忠誠。推薦的權力，
加強了幹部對屬下的激勵機制，能讓後者更順從。這種權力如何運用，
被清華附中的畢業生蔡建設講得明明白白。蔡被下放到一個村莊，度過
了文革十年中的大部分時間。蔡出身於北京一個知識分子家庭，一直期
望著讀大學，但在考試被推薦制度所取代之後，圓這個夢就得靠村莊及
公社幹部的支持了。然而，蔡又傾向於與權威作對，這是他在文革早期
作為造反積極分子養成的脾氣，而且他很快就與公社官員幹上了，關上
了自己被推薦的大門。他被要求加入了一個旨在遏制幹部貪汙腐敗的社
員小組後，更是惹上了麻煩。後來，小組的幾個成員都被推薦當了鄉村
學校老師或工廠工人。「他們一直討好那些幹部，」蔡告訴我：「那些不
拍馬屁的——我們大約有三四個——就又被送回生產大隊（參加田間勞
動）。負責（城市）知青的公社幹部告訴我，我永遠也不會被推薦——我
將在鄉下呆一輩子了。」[22]

當一個工作單位的普通成員參加推薦評議過程時，他們往往最看重
個人的工作表現，而不怎麼看重政治表現，他們很自然地瞧不起那些拍
馬屁的行為。我採訪的參加過基層有關推薦討論的所有人，不管是在工
廠車間，或是在村莊生產大隊，都強調了這些評議中工作表現的中心重
要性。[23] 通過了村莊推薦而於1973年被招進清華的呂寶蘭堅持認為，村

22　受訪者22。

23　Pepper也報告說，她採訪過的農村教師強調了勞動作為推薦的一個標準的
　　重要性：「凡是聽取羣眾意見的地方，它都往往是如此」(Pepper 1996, 462)。

民們最關心的，是候選人幹得怎麼樣。所有的生產小隊都分別開會，每個社員都參加，包括那些有資格被推薦的人。每個小隊推薦兩位年青人，他們可以是村裏六個小隊裏任何一隊的社員。「主要的是每個人對你的印象，你的表現的每個方面，」她告訴我：「如果有甚麼事你不願幹，那麼就不會留下好印象。你要幹活賣力，有禮貌，能吃苦，有甚麼活要幹時，總是一直跑在前面。」[24]

集體主義精神也是被工作單位的成員所高度評價的。黃景山說，鄉親們推薦他，是因為他在村裏的工程項目上工作努力，這些項目包括修建灌溉渠工程和一個農村圖書館。他描述的推薦過程與呂寶蘭村莊的很相似。他說，自己和一位農村姑娘被全大隊各生產隊的最多數社員所支持。「村民們鑑別人是很容易的——他們選那些在村裏起積極作用的人，」他告訴我：「我們倆在村裏事務上都很積極——我們義務地幹困難的事，我們有公心。我在灌渠工程上幹活——那可是件又苦又累的工作。村裏人會講你幹活多麼賣力……標準是公心和對集體做貢獻。」[25]

黃和呂兩個人都強調，村裏人都不太看重政治套話和共青團的活動。呂告訴我，一個候選人不一定得在政治上是最積極的，但是，你得「和人處好關係，幫助人」。黃說得很清楚，對普通的社員來說，辛勤工作和公心勝過政治活動。「人們不選村裏的團支書，因為他幹活不努力。他開太多的會，因此他不幹活。他想法逃避體力活……當你只會唱高調，只是政治上積極，人們不喜歡這一套。」[26]

1976年被工廠推薦過的馮小波應和了黃的觀點，描述政治活動如何在普通民眾中實際讓人反感與厭惡。「如果有人跟領導走得太近，工人們就不喜歡那個人。當積極分子就意味著你要跟著跑，你執行領導的意思，並推行下去，你就像個大老闆似的。當積極分子，你就得像那個樣。」然而，政治上積極，並不妨礙你與工友們搞好關係。「當然，如果

24　受訪者 93。

25　受訪者 97。

26　受訪者 97。

你與大家的關係好，你也可以積極，」她又説：「如果你把自己的工作做得好，也幫助其他人，如果你連著幹兩個班，如果你的工作技能真正棒，人們會佩服你。可是如果你只是政治上積極，但工作不努力，他們會認為你政治上積極只是為了拍馬屁，去討好領導。如果你光是説得好，但做得並不好，如果你只是説空話，那麼，他們就不喜歡你。」[27]

應該指出的是，呂、黃和馮不僅是工作非常勤奮，政治上也非常積極。呂在她的村裏負責宣傳，黃是村團支部副書記，而馮也是她工廠團組織的一名領導。[28]然而，他們每人都明白，如果政治活動不伴以努力工作，那就會傷害一個人在單位工友中的地位。正如馮小波明確指出的，這種情況尤其突出，如果你似乎只是説些正確的話去討好領導，太急於聽他們的吩咐。他們的敘述，披露出悄悄影響羣眾推薦過程的那矛盾的局面。當取悦當權者在幹部眼中是一個正面品質之時，普通工農把它視為一個負面的品質。我們可以推測，凡是推薦過程較民主之處，它就會阻攔那種跟著跑、拍馬屁的行為。把普通工農包容進推薦過程，就引進了一種機制，來對抗幹部與其部下之間垂直依靠的那種普遍情況。

然而，無論推薦過程可能會變得多麼民主，它一直還是在強調人情與關係的重要性。當一個更民主的過程，限制了幹部使喚其部下的權力之時，它也增加了要與單位工友搞好關係的重要性。友誼、派性、親情以及其他各種私人關係，必不可免地仍是重要因素。在一個把選拔當作一個政治過程的制度中，這幾乎是無法避免的。

27　受訪者 95。

28　在此三人中，只有呂最終成了工農兵學員，於1974年進了清華大學。黃被其村莊推薦，但沒過了公社那一關。馮被其車間推薦，並被全廠投票選上（車間10名候選人中選上4人）。工廠領導人然後從此4人中挑選了3人，把她給拉下了。馮認為，作為她父親（該市一名高官）朋友的廠長，可能擔心人們會把她的中選視為討好她父親。黃和馮兩人都在1977年恢復高考後考入大學。

清華大學工農兵學員的特點

考試被工作單位的推薦所取代，根本地改變了清華大學學生羣體的社會組成與質量。1970 年，清華大學領導對第一批進校的工農兵學員的特點（見表 8.1）做了一份詳細的報告。遺憾的是，這樣詳盡的報告在以後幾屆學生中不再有。下面，我將討論 1970 級學生的數據，然後，根據不那麼詳細的統計數據以及對學生的採訪，討論以後幾屆學生的特點是如何變化的。

階級及性別組成

推薦制度極大地改變了清華學生的階級出身。在文化革命前，絕大多數學生出身於舊的知識精英及新的政治精英家庭；1970 年，明顯地不再是這樣的情況。「剝削階級」出身（根據中共的分類學）學生的比例，從 10% 跌至 0.2%；而中產階級出身（主要是城市知識羣體，諸如白領僱員和獨立人士）的比例，從 46% 跌至不足 15%（即使把這一羣體中「其他」類別的所有學生都算進去）。1960 年代中期上清華的學生們估計，革命幹部的子女約佔同班同學的 9%，而在 1970 級，這些子女僅佔 3.7%。另一方面，出身於受教育最少的階級（工人及貧下中農）的學生比例，從文化革命前的不足 37% 上升到 1970 年的 81%。[29]

出身舊的知識精英及新的政治精英家庭的學生比例，在隨後的幾屆中毫無疑問地增加了。1970 年時，中學畢業後就被安排在農村和工廠裏勞動的許多城市「知識青年」，幹體力勞動的時間還不足兩年，不夠被推薦的年限。從 1972 年起，分配給農村公社的名額定期專門留一些給下放的城市青年，而且許多大學招生者也傾心於這些候選人，他們的學業程度往往更好些。雖然在文革期間，家庭出身成了知識分子家庭子女一個更大的障礙，但有些人靠努力勞動、教育優勢——而且在有些案例中，也靠教育體制中的關係——還是克服了這一障礙，進了大學。

29　文革前學生家庭出身的數據見表 3.4。

表8.1 清華大學的工農兵學員（1970年）

特點		人數	佔總數的百分比
總計		2,842	100.00
性別	女	573	20.2
	男	2,269	79.8
階級出身	工人、貧下中農	2,304	81.0
	上中農、白領	293	10.3
	革命幹部	105	3.7
	剝削階級	7	0.2
	其他	133	4.7
工作單位出身	老工人	596	21.0
	年青工人	794	27.9
	農村青年	1,008	35.5
	軍人	444	15.6
文化水平	小學	258	9.1
	初中	1,935	68.1
	高中	533	18.8
	中專	109	3.8
	大學	7	0.2
政治身分	黨員	1,431	50.4
	團員	1,033	36.4
	羣眾	378	13.3

來源：清華大學（1975）。這份報告包括清華在四川分校的學生。

　　革命幹部子女也擁有許多同樣的優勢，而且往往擁有更有勢力的後門關係。毫無疑問，他們在此階段的大學學生中比例超高（和他們在文革前時一樣）。[30]另外，革命幹部子女也能在好系、好專業中獲得位

30　我採訪的11名清華大學工農兵學員中有3名是革命幹部子女。由於我靠的是個人介紹，所以，這11個人很難組成一個隨機的樣本，而且大多數受訪者是畢業後仍留在大學的極少數人的一部分。

置。1970年，上清華的105位革命幹部子女中一多半集中在(十一個專業中的)兩個專業——石油化工工程和電子工程——而且，另外的19%在清華大學的四川分校，那裏是專門的軍工電子專業。這種系及專業集中的現象，似乎在以後的年代裏繼續下去。石油化工部似乎在安排幹部子女上大學一事上特別有勢力。[31] 在此期間，被推薦上清華大學的學生中，就有習近平，一位高幹之子，如今要接替胡錦濤擔任中共的總書記。

雖然可以肯定的是，來自知識分子家庭和革命幹部家庭的大學生的比例，繼續超過他們在總人口中所佔的極小比例，而且隨著時間推進繼續在增長，但他們在整個文革後期的清華，仍是佔很少數。在此階段讀清華的受訪者說，他們的同班同學中僅有幾個來自知識分子家庭，而且在革命幹部子女不集中的那些專業裏，大多數學生連一個出身革命幹部家庭的學生都不認識。

1970年的清華報告中，幾乎無法判定基層幹部子女的學生中，其父輩有多少不夠「革命幹部」的級別，因為他們與中共的關係僅在1949年後才開始。例如，1950年代入黨的村大隊書記之子，官方是被定為農民出身。農村幹部，其子女一般是生活在他們掌權的公社。這些人在為自己的子女操縱推薦制度上，就特別有優勢。[32] 結果，在此階段的清華及其他大學裏，農村出身學生中的許多是農村幹部的子女。儘管如此，還是有許多別的人——包括我採訪到的所有農村學生——來自普通農民家庭。

由於1970年的報告沒有區分工人子女與農民子女，因此，難以估計農村學生的人數。「農村青年」這一類別，包括從中學畢業後下放農村的城市青年；而絕大多數的軍人是農民出身，但也並非全都是農民出

31　1973 至 1975 年間在清華大學學習計算機工程的學生報告說，他們的同班同學中有幾個是高中級幹部子女；其中一些是被石油化學工業部選送的。

32　Pepper (1996, 455–65) 發現，她的受訪者所在的公社或國有農場所推薦去上大學或中專的農村出身的候選人中，有近一半出自當地幹部家庭。她在此類別中包括有生產小隊的隊長，他們大部分不是黨員，而且其社會及經濟地位與其他社員也相差無幾，但其領導地位可能便利了其子女的入選。

身。另一方面，被工廠推薦的許多學生，最初也是來自農民家庭。例如，一位受訪者說，在來自工廠的25個同班同學中，他和18個同學都是在農村長大的。[33] 也難以用我的訪談數據來估計農村出身學生的比例，因為不同專業中，學生的背景差別極大。幾個受訪者說，他們的絕大多數同班同學都是在農村長大的；而其他的則說，他們的班上幾乎沒有農民出身的。儘管缺乏精確的數據，文件和訪談數據都支持兩個寬泛的結論：文革十年中在清華大學，農村生源繼續佔有極低的比例，但農民出身的學生比例仍比以前或以後的任何時代都高。

農村人口比例過低的部分原因是，清華是一所工科院校；在此階段，原則上，學生是要回到推薦他們的原單位的。因此，特定的大學生及專業的名額，往往是被分到隸屬工業各部門的工廠去了。例如，化工系的大量名額，被來自化學煉油廠的工人所佔據，而許多冶金專業的學生來自鋼鐵廠和鑄造廠。正因如此，工人出身的學生在大學的比例格外地高。

雖然可用的數據未回答重要的問題，但很清楚的是，推薦制度從根本上改變了清華學生羣體的階級組成。在文革前，舊的知識精英和新的政治精英的子女，佔了清華學生的約三分之二。現在，即使兩大羣體——特別是後者——有可能繼續佔過高的比例，但校園裏主要都是工農的子弟。推薦制度在傾向文化較少階級的情況下，極大地重新分配了上大學的機會。[34]

與之相反，在推薦制度下，清華的性別不平衡現象變化極小。1970年，所有學生中五分之一多一點的是女生。與十年文革以前（及以後）

---

33 受訪者 82。

34 Pepper (1978); White (1981) 對許多工農兵學員的實際階級出身表示了懷疑，指出被公社推薦的每個人（包括從城市下放農村的知識青年）都被官方稱為「農村青年」。然而，1970年的清華大學調查，記錄了家庭出身和工作單位出身（農村、工廠或部隊），並報告說進校學生中，81%是工人或貧下中農家庭出身。我所採訪的在此階段上清華的學生說，他們同班同學中絕大多數確實是工農家庭出身。

的比例約一樣。[35] 然而，(文革期間的推薦制度) 使農村學生的性別比例
發生了重大的變化。在文革前，清華學生中的相當一部分來自農村，但
他們幾乎都是男性。極少的農村女孩上到高中，而參加大學升學考試競
爭的就更少。同樣的形勢今日依然。我採訪的十四個在農村長大、文革
前或文革後考入清華的學生中，沒有一個是女性。另外，在我詳細詢問
受訪者的班級在文革前後的社會組成時，沒有一個學生說有過一個來自
農村的女性同班同學。這個現實，導致幾個有浪漫意識的學生注意到的
一種失衡：在大學裏有相當一些農村男生，而女生卻都是來自城市的
(這反映了一個難以溝通的社會鴻溝，甚至在毛澤東時代也是如此)。與
之相反，在 1970 年代初上清華的受訪者中，許多人回憶自己班上有農
村女孩。確實，我採訪的十一名工農兵學員中，有三個是在農村長大的
女性。[36]

教育資格及政治資格

　　1970 年的報告記載了清華第一屆工農兵學員那又低又不均衡的教
育水平。超過 9% 的僅讀過小學，68% 的僅上過初中，不足 19% 的才上
過高中。再說，許多人上的是農村及城市工人區質量差的學校，而且都
被文革初期的派性鬥爭中斷過學業。儘管如此，比起一般的老百姓，他
們還是受過良好教育的羣體。1970 年時，全國學齡人羣中僅有約 10%
的從初中畢業，僅有約 3% 的從高中畢業。當時，為了不致取消絕大多
數工農子弟上大學的資格，教育官員都不能把高中畢業定為推薦的一個
標準。在文革十年過程中，每年的高中畢業生人數，從不足三十萬增加
到遠超過六百萬。如果中學迅速擴張的勢頭繼續下去，文革要普及高中

35　見附錄 1。性別失衡在工科大學的清華特別扭曲。1965 年，女生佔全部大
　　學生的 27%；到 1976 年，此比例增加到 33%(國家教育委員會 1984，40)。

36　我並未專門尋求女生或農村出身的學生來採訪。所有這三位女性都是今日
　　在清華大學的。而且，我在大學遇到的所有女性中，這三位是我知道的在
　　農村長大的僅有的人士。

教育的目標可能會相對快地實現，給夠資格被推薦的年青人提供一個更一致的教育基礎。[37]

　　然而，即使普及了高中，工農兵學員也決不會具有一致的高標準學業資格，那是要由考試選拔來保證的。首先，中、小學學制已被縮短，此階段的中學教育並不是為大學那更復雜的教育做準備的；精英的重點中學制度已經被取消。另外，推薦制度主要按政治特徵而不是學業的精通來選擇。候選人工作單位的成員，並不能真的評價其學業能力。在工作單位成員的評議中，他們往往會偏向上過高中的候選人，考慮其在工作中展示的智力和能力，但他們幾乎不知道其在學校學得怎麼樣。「人們真的不考慮教育」，被村裏的社員推薦上清華的呂寶蘭回憶：「他們真的不知道你學習好不好。」再說，流行的思想並不怎麼強調在學校的表現。文革十年中在一家工廠當工人、出身知識分子家庭的一位青年吳先傑回憶，當他的工友討論推薦上大學的候選人時，他們不怎麼關心候選人的學業狀況，「他們認為，你去上大學，一切都會變——即使你甚麼也不懂，你可以學；他們想，『他不錯，他是個好工人……他怎麼也會成個好學生。』」[38]

　　由大學派出去招生的老師，在評價候選人的教育水平及能力上，最終負有主要的責任，他們也更在意是否能招到能更好在大學學習的新生。儘管如此，這些老師也被指示說，要審查政治及文化兩大資格，不能僅找那些學習最好的候選人。老師們負責評價候選人教育背景及學習能力的考試，但這些考試一般是專門出題，旨在評估候選人是否達到了最低的期望值，而不是鑑別出最優者。例如，1974年隨一支外出的小分隊去招生的朱友先告訴我，他們給了所有候選人一次書面考試，試卷是當地教育官員出的，但考分只用來作為參考，而不是錄取新生的決定因素。他們優先政治資格，而在評價候選人的教育資格時是靈活的。「我們與候選人談話，看他們的反應能力，看他們的數學怎麼樣，看他們的文化水平如何，如果他們是初中或高中畢業生，則看他們的靈性、

37　Andreas (2004, 18)。必須被記住的是，高中文憑的受教育年限從 12 年減少至 10 年（在許多農村地區或是 9 年）。

38　受訪者65。

悟性，」他告訴我：「他們的文化水平不能太低。即使如此，一個人可能是高中畢業但不夠機靈，而另一個或許只是初中畢業生，但可能更機靈。」[39]

　　雖然工農兵學員的學業資格相對低，但在政治上，卻是一個精選出來的羣體：據1970年的調查，一半多的新學員已經入了黨，其餘的大多數則是團員。清華的校報也自豪地指出，第一屆的2,842名工農兵學員中，有268名是出席縣學習毛澤東思想代表大會的積極分子，351名曾任當地革命委員會的羣眾組織代表 (指的是文革早年湧現出來的派別)。

　　推薦制度旨在選拔那些勤奮、能幹、會團結人且政治忠誠的，以及那些有抱負、有志氣，又願意讓個人利益服從於「為人民服務」的青年積極分子。1970級的清華工農兵學員張翠英，就是這種積極分子。今天，她仍展現著當年風華正茂時的熱情與信心，對當年的回憶，充滿了那時的共產主義口號。她的父母是普通的農民，土改時被定為貧下中農。1960年代中期，她成了自己中學班裏第二個入團的人，且在文革中積極參加學生運動。返鄉後，她在田裏幹活，有時也當村裏小學的代課教師。她被選作村裏的婦聯主任，而且在此任上，訪問過山西省模範大隊大寨。回村後，她組織了村裏的「鐵姑娘突擊隊」。這支突擊隊，是她那地區唯一的一支，由十位年青的婦女組成，她們義務幹運土、挑水等特別重的活。「我們姑娘們也不弱，」她驕傲地說：「小夥子們能幹的，我們也能幹。」[40]1970年，張代表她的村出席了縣裏的學習毛澤東思想代表大會。

　　從各方面來看，1970年代上清華的工農兵學員，是一支艱苦奮鬥的羣體。他們學習特別勤奮，早晨一早就起床，晚上熬到深夜。雖然老師們哀嘆他們的文化水平低，但稱讚他們的熱情與決心。「大多數工農兵學員學習非常刻苦，」梁友生，從1958年一直教到前幾年的這位清華老師說：「我敢說，他們要比今天的學生學得還要更努力。」[41]

39　受訪者 82。

40　受訪者 50。

41　受訪者 49。

羣眾推薦與知識精英及政治精英的再造

推薦制度本身，就包含著文革剷平階級戰略的基本要素。一方面，它打算重新分配獲得教育的機會，並使選拔成為主要基於政治資格的一個政治過程。另一方面，它旨在促進人們廣泛參與政治評議。它的目標是，先把權力從文化領域轉至政治領域，然後，再分散政治權力。該制度在第一項努力中要比在第二項中更為成功。

羣眾推薦的主要目的，在於遏制知識精英的社會再造。以考試導向的學校制度一直是一項強大的機制，它再造著文化資本的不均衡分配；用推薦取代考試，就是打算促進教育機會的徹底性的再分配。在完成這個目標上，它極為有效。首先，在考試製度下由知識家庭子女享受的好處，遭到了嚴重的破壞，這些子女在大學裏獨大的局面被極大地縮小了。第二，取消考試促進了教育制度的羣眾性擴展，使得學校力量聚焦於給多數人提供基本教育，而不是用於選拔少數人從事更高一級的深造。[42] 結果，推薦嚴重地中斷了文化資本的代代相傳，促進了教育成果的一個意義重大的分散。

與此同時，推薦制度也有可能成為一個強大的機制，造成基於政治資本的階級分化。推薦制度使上大學的選拔成為一個主要基於政治標準的政治過程；它以犧牲學業選拔資格為代價，擴大了政治選拔資格的範圍。推薦制度可被用來加強工作單位的恩主—待從關係；幹部會利用他們擁有推薦的權力，在部下中鼓勵更大的個人效忠。另外，走後門上大學的舉動，通過促進把父母的政治資本轉化成子女的文化資本，成為再造政治精英的一種手段。

推薦制度的激進倡導者——他們是黨的官僚制度的死敵——試圖防止該制度成為再造政治資本的工具；他們主要的手段是努力使該制度變得更民主。通過把羣眾參與推薦一事制度化，激進的倡導者希望在工作單位重新分配政治權力，犧牲幹部的權力以提升普通百姓的權力。激進的倡導者，想通過促進民眾參與以及發動一次反對「走後門」上大學的

---

42 Andreas (2004).

運動，來緩解由權力集中在幹部手中所產生的難題；他們這些新生的舉動令人感興趣，值得進一步研究。採訪的證言顯示，羣眾參與決策的確限制了幹部們的擅權，並控制了推薦制度促進恩主—待從關係的傾向。儘管如此，這些難題在推薦制度短暫存在的全過程中始終存在；而且，要解決這些難題的舉動所產生的效果，並未激發信心，使人們相信推薦制度的倡導者已經找到了有效的方法，去防止該制度促進基於政治資本的階級分化。

第四部

新時代（1976-現在）

第9章

重建政治資本及文化資本的基礎

　　1976年10月6日，毛澤東死後不足一個月，人民解放軍北京衛戍區派部隊控制了清華大學，逮捕了遲羣和謝靜宜。與此同時，張春橋、江青、王洪文和姚文元，即在後來被統稱為「四人幫」的幾個人，以及其他重要的激進派領袖都被逮捕，軍隊控制了關鍵的大眾媒體設施及政府部門。[1]隨著中共內部的激進派被有系統地鎮壓下去，在全國有數以千計的其他人隨後也遭逮捕。於是，毛澤東在十年裏精心構建的造反派與行政管理者之間制度化的鬥爭體系，在他死後數週內土崩瓦解。

　　中國的共產主義時代，一般以毛澤東之死劃分成兩大階段。由於中共壟斷權力，並繼續追尋一個現代化中國的前景，兩大階段之間存在著很多延續。主要的區別在於，1976年後，中共放棄了它消除階級差別的規劃。鄧小平領導著從毛澤東死後的權力鬥爭中湧現出來的政權，進入了一個新的時代。在新時代中，毛澤東對階級鬥爭的堅持遭到重點批判。鄧小平宣佈，只有讓一部分人先富起來，中國才可以實現全國富裕。這就清楚地表明，階級差別不僅是不可避免的，還是合乎需要的。[2]

1　張春橋、姚文元和王洪文作為中共政治局委員被召集去出席政治局常委會的一次會議時被捕。吳德在其回憶錄中，詳細地記述了由一小組黨政領袖所計畫的這次抓捕（吳德 2004）。另外也見Forster (1992a); Onate (1978); Teiwes and Sun (2007)。

2　激進派被捕之後，是華國鋒與鄧小平兩派之間的爭鬥，華國鋒帶領的這一派想保留毛澤東時代的許多政策，而鄧小平率領的這一派要與過去作一決斷。到1978年底，鄧小平這一派佔了上風。見Baum (1994); MacFarquhar (1991)。

轉眼間，極度緊張的關係煙消雲散，它原是由剷平階級之舉在過去三十年中所造成的。在新時代的最初歲月，一個專家治國的階級秩序在中國得到了鞏固，它主要是基於對政治資本及文化資本的掌控。這一秩序依賴的，是學術及政治兩大選拔資格認證制度，它們也一直是本書的中心議題。這些制度，在整個共產主義時代的階級分化中起著關鍵的作用；但是，它們一直受到共產主義規劃平均主義的限制，而且，它們也一直被文革十年中剷平階級政策有系統地加以破壞。現在，它們可以按有秩序的方式得到重建及提升，不再受剷平階級的意識形態的限制，或者它的不確定性和破壞性的動員力之摧殘。在新的領導班子之下，清華大學迅速恢復了蔣南翔時代的精英教育機制和堅如磐石的黨組織。而且，隨著政治及學術兩大選拔資格認證制度在全國得以重建，清華又一次在兩大制度頂端確立了自己的位置。本章將詳細探討後毛澤東時代這兩大制度各自的演變。

重建階級權力的政治基礎

1977年春，一個新的領導小組到達清華之後，大學裏開展了一場徹底的「大清查」運動，召集了羣眾集會來聲討遲羣與謝靜宜，還有因寫激進文章而在全國出名的幾位教師。文革初期顯赫的蒯大富及其他激進人物，在入獄坐牢之前也被拉回清華公開批鬥。工人宣傳隊被解散，工宣隊員被送回原工廠和部隊。學校對在工宣隊之下各級崗位上擔任過領導的每個人，都調查了其政治歷史及傾向。許多人被撤職，而那些政治可信度遭懷疑的人們，被要求參加政治學習班以「統一思想」。[3]

1978年，在大清查運動開始後一年多一點時，鄧小平任命蔣南翔率領一個小組來調查清華的形勢。蔣南翔在報告中，清楚地指出絕不容忍對現已臭名昭著的文革十年政策仍予支持的表現，並呼籲注意暴露了「舊思想」殘餘的許多事件。他點名批評了對新領導及其政策不滿的老師、工人和工農兵學員，特別關注幾位大學工人的不妥協態度。「在

3　《清華戰報》(1977年5月20日)和《新清華》(1980年10月14日)。

遲、謝的毒害和腐蝕下，有些工人以領導者、改造者自居，充當了整知識分子的急先鋒，」蔣南翔寫道：「…… 值得注意的是，有些工人至今思想上還轉不過彎子，對黨的十一大路線格格不入 …… 」[4]

最後，該運動徹底地消除了困擾大學十幾年的派性鬥爭的任何公開表現。蔣南翔被任命為高等教育部部長，他的一位多年朋友，劉達，作為清華的黨委書記被選來接管大學。劉達在 1935 年的抗日學生運動中很積極，而且兩人隨後曾在團中央共事；在文革前，劉達負責領導中國科技大學。1977 年，他帶了團中央的幾名高端官員到清華，幫助整頓大學，清除激進派的影響。但他最後主要是依靠何東昌、艾知生及其他文革前的清華牌幹部，去重組和管理學校。

隨著工宣隊的撤走，新的大學領導按照官僚治理效率及整齊劃一的理想，重建了黨的和行政管理的等級制度。不再需要對付激進派對頭及外來干涉者的搗亂，他們重建了單一的指揮鏈條。行政管理的等級制度得到清理和整飾，除去了騎牆者，提拔了早該晉升的幹部，消除了高級幹部向低級幹部彙報的不正常情況。

解除了羣眾政治參與的負擔

在政治團結的旗幟下，毛澤東在文革中推進的那一套製造分裂的做法及制度上的安排被取消了。「大鳴、大放、大字報及大辯論，」鄧小平在 1980 年宣佈，「作為一個整體來看 …… 從來沒有產生積極的作用。」[5]自從激進派成功地將「四大」寫入 1975 年全國四屆人大通過的憲法之中，這些做法就得到了正式的保護。而在鄧小平的催促下，所有這些權利，還有罷工的權利，都被 1980 年的全國五屆人大取消了。[6]學生「上大學、管大學、還要改造大學」以及與文革相關的其他做法，現在被當作「舊思想」及有礙「科學管理」的發展而被取消，「科學管理」則成了新

4　《蔣南翔文集》（1998，900–904）。中共第十一次代表大會於 1977 年 8 月召開。

5　《鄧小平文選》，第二卷（1984，241–42）。

6　MacFarquhar (1991, 385); Meisner (1996, 112).

時代時髦的口號。在戰勝激進派的決定性勝利終止了黨內深深的派性分裂之後，黨的領袖儘量通過有秩序的程序，並關起門來解決他們的分歧；不再有任何理由讓羣眾參與政治爭端。

實際上曾滲透到了社會方方面面的政治，現在從普通百姓的生活中退了出來。在毛澤東時代，個人曾被期望著信奉共產主義的事業，並在自己的行為中顯示這種信仰。而在文革十年中，延伸到社會底層的變化無常的派性衝突，進一步把政治搞得熱火朝天。即使在自治的羣眾組織1968年被鎮壓下去後，制度化了的派性爭鬥一直使形勢繃得很緊。在清華，工宣隊的控制搖擺不定，校園裏流行著有爭議且危險的政治討論及活動。同時無可避免的是：學生、工人、教師、幹部和工宣隊員，都被期望參與政治活動。與之相反，在後毛澤東時代，個人被奉勸管好自己的事，而把政治留給黨的官員去管。鄧小平1979年宣佈，「多出油就是石油戰線的政治，多產煤就是煤炭工人的政治，多打糧食就是農民的政治，保衛邊疆就是戰士的政治，努力學習就是學生的政治。」[7]

一方面，不再有公開政治爭議或批評黨的官員的空間；另一方面，私人生活的非政治化，也讓個人有了更多的自由去持有自己的意見。文學藝術、教育和科學技術不再必須為政治服務，專家不再必須是「紅」的，個人也不再被迫去開政治會議。作為鎮壓派性衝突以及政治從日常生活中的總撤離的結果，在文革十年中曾牢牢控制著人們生活的政治張力，消失得無影無蹤——這是許多人喜聞樂見的變化。在全國的學校、工廠和村莊，過去常常頗為繁重的政治義務——冗長的會議、強制性的學習報紙文章及黨的指示、每天討論工作單位的問題和計畫、強制性的批評與自我批評以及無休止的政治運動——都成為歷史。然而，政治的退卻有好處，也有壞處。在敘述自己家鄉農業縣的政治歷史時，韓東屏悲嘆，集體農業的瓦解也導致了討論村莊事務的一個「公共平臺」的消失。[8]這個平臺在工廠和學校也消失了。當工人、農民、教師和學生被免除了其政治義務之時，他們也失去了伴隨這些義務而參與決策並與領

7　鄧小平的講話引自Meisner (1996, 181)。

8　韓東屏（2000，165）。

導人理論一番的機會。隨著政治退到黨委會的門後，學校、工廠和村莊的政治權力，在更大程度上集中到了當地黨的書記及其他高級官員手中。

現在清華任教的前工農兵學員方學英，將她們那一代高度政治化的學生的心態，與今日她的學生那更關注個人的心態做了比較，她告訴我，「那時的學生和今天的學生非常不同。我們總是想著國家的未來，因為我們認為，自己的未來與國家的未來密切相連。今天，學生僅考慮自己的未來，全是個人奮鬥和自我設計，他們想的是出國，想的是如何為自己的未來而發展自己。那時，我們想的是國家的大事，而且我們非常關心改造學校的事——我們的責任就是上大學、管大學並改造大學。今天，學生們沒有這個責任——他們的責任就是學習。」[9]

共產主義意識形態和集體主義道德的崩潰

政治的敗退，伴隨著共產主義意識形態和集體主義道德的崩潰。這一崩潰來的相當突然，在我的採訪中也戲劇性地反映出來。在1949至1976年之間上清華的學生經常用集體主義目標，來描述自己的和同事們的動機，這些目標卻在1977年後上清華的學生的詞彙中基本消失了。那些在毛澤東時代長大的人，不約而同地提到過去與當下在信仰和道德方面的鮮明對比。他們站在今天的角度，大多會把自己過去集體主義的理想描述成太天真，但回憶起那些理想，他們仍然表示出懷念和悵然若失之情。雖然在毛時代，他們絕非不關心自己的福利與地位，但他們的個人抱負是與集體組織連在一起的，是放在更廣義的共產主義事業框架裏的。他們說，以後的人不可能理解過去盛行的集體主義思想，因為年輕人只知道奔向個人追求這個目標。

慈繼偉在一組犀利尖銳的散文中，觀察到在後毛澤東時代，人們隨著其共產主義未來遠景的崩潰，經歷了一段意義的喪失。他寫道，在毛澤東時代，人們一直被催促著要辛勤工作，放棄目前的享受以換取未來的富足；另外，他還被要求奮鬥及犧牲，不是為了個人的興旺，甚至

9　受訪者55。

不是為了家人的幸福,而是為了集體的繁榮。這種集體主義觀念的突然解體,驅動了「從烏托邦主義,到虛無主義,再到享樂主義」的迅速運動。[10]慈繼偉的觀察回應著異議作家劉賓雁的文章,劉賓雁描述了毛澤東時代集體主義思想的瓦解所造成的1980年代的一個「精神不適」。「80年代民眾的思想傾向與毛澤東之下極端主義的思想正相反,走向了另一個極端,」劉賓雁寫道:「過去,政治就是一切;現在,它甚麼也不是。過去,『為人民服務』是基本的革命口號;現在,輕視老百姓被視為是進步的。過去,提倡『毫不利己,專門利人』是規範,即使那些喊得最響的人實際上做的正相反;現在,提倡『專門利己,毫不利人』成了時髦。過去,知識分子要到羣眾中去,現在允許他們過得舒舒服服,在自己封閉的小圈子裏洋洋自得。」[11]

　　文化大革命由於集中打擊中共幹部的腐敗及濫用權力行為,而破壞了一種可以維持集體主義道德的共識。儘管如此,正如我們在清華師生的敘述和行動中所見到的,集體主義在毛澤東的晚年仍保持著其威力。它還是有可能號召人民為公益而去犧牲,同時也要求他們與違反集體主義職責的人作鬥爭;儘管文革中揭露這樣的壞人壞事,也引起了人們對共產主義事業是否可行的懷疑。公眾對集體主義理想信心的總的崩潰,是後毛澤東時代的領導層放棄了這些理想的結果。領導層放棄這些,做得明確又猛烈,痛斥「平均主義」的危險及「吃大鍋飯」的思想。取而代之的是提倡追求個人成功,不管是通過考試競爭或是農民搞承包。共產黨維持集體主義的舉動被果斷地拋棄了,現在提的是通過個人酬報激發勤奮勞動;共產主義艱苦奮鬥的禁慾主義,也被一種致富光榮的新道德所取代。儘管集體主義道德曾經激發出那麼熾熱的奉獻,最終證明它還是十分脆弱的。它依靠的是一個無階級社會的目標,一旦此目標被放棄,集體主義無可奈何,只有破產;現在要是有人收穫別人艱苦勞動與犧牲的成果,那後者不再是英雄,而是傻瓜。

　　新的領導層已經在中途拋棄了共產主義剷平階級的規劃,而開始完

10　Ci(慈繼偉)(1994).

11　Liu(劉賓雁)(1990,xvii、22)。

全按經濟發展的標準去重新設定黨的使命。然而，在共產主義原理的核心——集體主義和一個無階級的未來——被放棄之後，它的整個意識形態體系的意義就蕩然無存。其他種類的意識形態，也提供現代化和經濟繁榮的承諾。共產主義在這些領域所宣傳的那一套既缺乏新意，與富裕資本主義國家的成就一比也黯然失色。如此一來，一個光輝燦爛的共產主義未來的前景，就日益被美、日等國當代成功的更具體的形象所取代。

對1980年代上清華的學生來說，很難期望他們能去信仰一種與黨的實際做法——以及其當時的修辭——相脫節的意識形態。結果，以前曾是入團、入黨過程關鍵部分的思想要求，現在已經基本上退化成一種無意義的形式。1980年代初在清華上學時入黨的劉文青，回憶起自己寫入黨申請書時是多麼艱難：「要找個理由說自己為何信仰共產主義，真是太難了，像打了一場大仗似的，」她告訴我：「老師也知道它很難，每個人要找到一條理由都很難，我們湊了一條論據——我們都知道社會將越變越好，而且我們也都知道共產主義是最好的，那麼，社會將演進到共產主義。」[12]

劉文青遭遇的困境，顯示了意識形態的顯著變化，它就在短短几年之間內發生。在毛澤東時代上清華（無論是文革前或文革十年中）的學生，在寫入黨申請書時也會覺得繁瑣乏味，但極少人會在宣佈自己信仰共產主義前景上有甚麼困難。在文革的激烈派性戰鬥中，兩派的學生都準備為一個共產主義未來的前景獻出生命。然而，在劉1981年到清華時，一切都變了。她和其他同學還是努力入團和入黨，但他們主要把它視為自己事業升遷的一種手段，他們的動機與信仰馬克思的意識形態沒甚麼關係。另外，雖然政治活動仍涉及開會之類，但伴隨著社會的非政治化，以及共產主義意識形態的崩潰，與團員、黨員身分相連的信仰也式微了。

清華大學及清華附中的學生們變化了的態度，使老教師和學校官員深深不安。他們的苦惱記錄在1980年代中期由附中領導所寫的一本官

12　受訪者 33。

方校史中。那時，附中已從文革的破壞中恢復過來。前校長萬邦儒再次走馬上任，來自附近村莊裏搗亂的學生也被轉走了（事實上只要是這些村莊的來的學生都被轉走了），教室裏恢復了秩序，學校也重獲其重點地位，得以從北京全市錄取高分學生。但是，就是在這些萬校長和老教師寄予厚望的學生中，他們遭遇到一個現象，在某些方面，甚至比農村學生造成的搗亂還要讓人不安。「學生思想混亂的狀況達到驚人的程度！」學校領導們哀嘆，「即便是『擇優錄取』的重點班的學生，也不例外。他們中有相當一部分（包括少數團員和幹部）對政治反感，認為政治是『假、大、空』，缺乏革命理想，『談學習津津有味，談理想是昏昏欲睡』。」[13] 萬校長及其同事們相信，1980 年代的學生，為集體想得太少，為自己狹隘的事想得太多。老師們對年青一代的失望之情，與他們誇獎文革前的學生恰成鮮明對比。他們寫道，文革前的學生不僅聰明、勤學，還有崇高的政治理想，要把學校和國家建設得更美好。在萬校長及其同事詳細記述的歷史中，1960 年代初清華附中的朝氣蓬勃的生命力，被文革打得粉碎，再也未能恢復過來，特別是在道德方面。

　　精英中學學生中公心衰敗的這一記述，呼應著反映官方論調的更一般的論述，在經歷過毛澤東時代的幾代人中引起廣泛共鳴。在這樣的記述中，文革之前，官員們誠實正真；工人、農民和學生勤奮、苦幹；當時還有經濟發展和社會秩序。這個黃金時代被文革摧毀了。文革毀掉了人們對官員的信任，破壞了經濟進步，粉碎了社會秩序與和諧氣氛，為道德敗壞打開了大門。在文革十年期過後，秩序得到了恢復，但道德衰敗只是更加嚴重。在不那麼官方的論述中，文革的起伏動盪讓人民的眼睛睜開，看到了中共醜惡、骯髒的那一面；他們開始對黨的官員喪失信任。兩種論述都認為，人民與其領導人之間存在的信任被文革打破了，再也沒有恢復。無論人們同意哪種說法，或是有對這段歷史的另一種闡釋，伴隨著中共幹部以及整體人民道德的急劇淪喪，他們對其所聞所見都表達著深深的失望。另外，後毛澤東時代日益嚴重的幹部腐敗也無可避免地與其新的座右銘聯繫起來——「致富光榮」。

13　萬邦儒（1987，99–100）。

在中共掌權前十幾年間，指導中國官員公共服務的強烈道德標準，在意識形態上，是與中共那集體主義、平均主義以及禁慾主義諸思想相連的。對這種意識形態基礎的侵蝕，嚴重地破壞了中共幹部公共服務的道德。後毛澤東時代官員腐敗的興起，只是進一步削弱了早在文革期間就被嚴重侵蝕了的黨的威信與權威。雖然在毛澤東死後，派性爭鬥被掃除了，統一的黨的等級制度被恢復了，但在文革間給黨的機關的權威所造成的損害，卻未能徹底修復，而且，中共幹部再也得不到他們過去所享有的那種權威了。1980年代在清華擔任黨委書記的那些人所領導的等級制度，要比文革後期遲羣和謝靜宜所掌管的分裂的黨組織，遠為統一團結，官僚機構也更為有效率；但兩者誰也掌握不了像文革前蔣南翔所曾享有的那種權威了。這差別不簡單是蔣南翔的能力與個性的問題；而是黨書記的職位不再指揮著蔣南翔時代所曾擁有的那種毫無條件的服從。黨的官員在文革中所受的批判與侮辱，再加上官僚主義權威與政治說教所遭受的譴責，已經在文革時培養了一種懷疑態度，它使得舊日秩序的返回再無可能了。

恢復與優化政治選拔資格認證制度

文革曾搞得一團糟的政治選拔資格認證制度，在毛澤東死後得到重建。在清華，工宣隊曾取消了政治輔導員制度和從事政治教學的教研室，它還取消了專門管入團、入黨及政治教育的其餘大部分機構——它們都是圍繞著共青團而組織起來的，文革時被斥責為舊清華「修正主義」黨機器的殘餘勢力。新領導復興了獻身政治思想工作的幹部羣體，它又一次成為大學黨組織的政治核心。政治教員的教研室得到恢復，一個「學生工作部」被建立起來，以監管重獲生機的共青團的行動。[14]蔣南翔聘用精選出來的學生及年輕教師擔任政治輔導員的規劃被複活，此舉也得到了鄧小平的認可；政治輔導員的任務，是協助政治教育，並負責幾個班學生的入團、入黨問題。「經過若干年的培養，（政治輔導員）形成

14　劉舒立等（1987，162–64）。

了一支又紅又專的政治工作隊伍，」鄧小平宣佈，「這個經驗好。」[15]隨即，全國的各大學都按照清華的模式創建了政治輔導員制度。

政治選拔資格認證制度，以毛澤東時代所不可能的方式合理化了。過去，入團、入黨、提拔和降級一直都是在政治運動的過程中進行的。在政治運動中，積極分子被大量地吸納；而在平靜的間歇期，被接納的黨員及團員相對的少。[16]黨的領導人的命運，一直是被一輪輪的羣眾批判、一波波的派別權力所決定的。現在，政治運動的動盪已經成為過去，入團、入黨、晉升、降級能以有秩序得多的方式進行。黨的組織部最終能夠建立穩定的重要職位幹部名單和井然有序的升遷道路，而且中央黨校的作用得到極大增強，去選拔及培訓向上流動的幹部。[17]沿著黨和國家的等級制度向上攀升，現在可以由更有系統的選拔程序來管理了，該程序是基於正規的成套標準及資格的。

黨員的成員身分雖然已被剝去其意識形態的內涵，但它仍作為一種政治認證資格及關係網絡手段，保留著其工具價值，吸引著渴望進入政府以及攀登領導崗位的雄心勃勃的大學生。[18]和過去一樣，黨尋覓著具有領導品質的青年人；但是，新時代給領導的定義帶來重大的變化。在文革十年中，領導的定義包括有「造反精神」。文革初期放任的派性爭鬥，使得蔑視權威的態度成了一項高尚正義的個人品質，而1970年代初期激進派曾試圖把造反精神搞成政治上吸納黨員的一項重要標準。在清華，雖然工宣隊的領袖並不樂意自己受到批評，但他們卻鼓勵學員和工人們去批評各自的頂頭上司。現在，工宣隊已經無影無蹤，權威的單一等級制度也已經恢復。結果，造反精神被當作文化革命的一種惡被摒棄；學生被期望著服從老師，工人們被期望著服從其監管者。

現在，在選取一個官僚組織所需的領導素質時，黨的功能機構要容易得多了；對大多數這些機構來說，本來有關造反精神的言辭，一直就

15　鄧小平的講話引自滕藤、黃聖倫（2003）。

16　Dickson (2003, 31).

17　Li (2001); Burns (1989)。

18　Ch'i (1991) 和 Rosen (1992) 討論正在變動著的對黨員身分的態度。

沒甚麼用處；它們所尋找的，是能在黨的等級制度中有效率工作、從上級接受指導、對下級進行監督的年青人。黨內不再有階級鬥爭論調的任何位置了；相反，現在，黨完全信奉專家治國的價值觀，頌揚務實的實用主義、組織效率、科學管理及政治秩序。

清華的黨組織很快從工宣隊激進領袖留下的汙泥濁水中恢復過來，並重新獲得作為政治幹部首要培養場所的聲譽。事實上，正如我們將在第十章中看到的，在新的中共領導層信奉了專家治國的日程後，由清華黨組織所培養的年青幹部，擁有著利於他們在黨和國家的等級制度中迅速晉升的資格。

重建階級權力的文化基礎

1977年5月，鄧小平以「尊重知識、尊重人才」的號召，開啟了新時代。[19]中共新領導不僅批判了文革的激進教育政策，還徹底地否定了在文化領域的剷平階級之舉，把黨從對此學說的信仰中解放出來，該信仰從1949年以來就一直給它的教育政策製造麻煩。黨現在能夠——第一次——興辦精英學校並主張英才教育的理想，而不用在道德上又愛又怕，或在政治上左顧右盼、心神不定、遭人事後算賬了。在鄧小平的領導下，政府迅速重建了學術選拔資格認證制度，明確地提升及完善了學校作為一種社會選拔機制的制度功能。

恢復考試

鄧小平1977年被平反後所採取的第一個舉動，就是恢復高等學校的入學考試。此舉是有高度爭議的，而當時在國務院負責監管教育、科技工作的鄧小平，只是在1977年夏召開的有關大學招生的全國會議上，經過40天尖銳辯論後，才得以成功。[20]直到新一批經過考試進校的學生和老一批工農兵學員從全國匯集到大學校園共處後，辯論還在進

19　《鄧小平文選》(1984，53)。

20　劉克選、方與東 (1998，648–50)。

行。1968年從清華附中畢業、一位高級知識分子的兒子蔡建設，1977
年考進了清華大學，他描述了隨後繼續的論爭。「我們與工農兵學員之
間的關係非常緊張，」蔡告訴我：「我們認為，我們有權利在這兒，因為
我們是考進來的；而他們認為，他們有權利呆在這兒，因為他們有政治
資格及階級資格。」[21]

　　蔡建設和其他新生有權利為他們的成就而驕傲。全國有一千多萬名
考生參加了1977年12月進行的第一次全國高校升學考試，但僅有不足
3%的考生考上了大學。與蔡一樣，許多成功的考生文革前都上過重點
中學。那時的課程是為考試而特定的。在這些學生中，有大量知識分子
子女和政府官員子女，兩大羣體佔據了這些學校的教室。[22] 那些通過了
升學考試的人們認為，考試不但是保證高的標準的必要條件，而且跟推
薦來比，也是更公平的選拔大學生的辦法。像蔡一樣在文革前上過清華
附中、1977年恢復高考後考入大學的李歡，重申了這一觀點。她說，在
推薦制度下，她被剝奪了上大學的機會，因為她的爺爺曾是地主、國民
黨軍官。「一個農民的孩子可能會說，考試製度對他不公平，但事實
上，每個人都得靠他自己的能力，靠他自己的水平，」她告訴我：「推薦
一位工農兵學員可不是這樣——它不是靠你個人的能力，對吧？比方說
他只上過小學，甚麼也不懂，但只因為他的家庭出身好，他就能上大
學，而像我們這樣的人就沒有機會。」她堅持認為，考試是最公平的辦
法，因為它立足於個人的能力。「你出身工人或是出身農民都沒有關係
——如果你考得好，你就可以上。」[23] 這種觀點得勝了，現在在中國幾乎
被普遍接受了。

　　1970年代末，清華和別處的大學當局熱烈地歡迎新學生。清華及

21　受訪者22。

22　清華和北大的一部半官方的歷史表明，大多數新生在文革前上過中學（劉
　　克選、方明東1998，660）。1977年考進清華大學的原清華附中畢業生蔡建
　　設，提供了他36個同班同學家庭背景的詳細情況。有一半出自知識分子家
　　庭，另外17%是政府官員子女（受訪者22）。

23　受訪者29。

北京高校的一本半官方歷史書的作者，用豐富多彩的語言描述了這次換崗。「在（新生）考入大學以後，他們成了黨和國家的寵兒、天之驕子，」他們寫道：「（反過來看），上了大學的工農兵學員又怎麼樣呢？他們一般年齡也都偏大，知識基礎一般也都很薄弱……即使上了大學，他們的主要任務也並不是學習科學技術知識，而是要革命，要造反，要佔領高校陣地，把高校的領導權、管理權、教育權從資產階級反動學術權威的手中奪過來，是要對舊知識分子進行批判鬥爭，幫助他們脫胎換骨，重新做人的。……（他們）去放牛羊，去修水庫……世勢的變遷，讓這些曾經紅極一時的工農兵學員們結結實實地嚐到了一回從備受寵愛到倍受冷落的滋味。昔日那些低眉順眼的『臭知識分子』居然又西裝革履，曾被剃成陰陽兩半的腦袋又梳成了高傲的大背頭，鼻樑上又架起了『藐視人』的金絲眼鏡，挾著厚厚的講義，踱著『旁若無人』的方步向教室走去。見了老學員，也端起老師的架子來了。通過考試新來的學生……也很神氣，很有點瞧人不起。於是，新老兩代大學生……很少搭腔，好像時代仇敵的兩個氏族部落。」[24]

　　清華的老師和幹部把「真正的大學生」（考試進校的）和工農兵學員區分開。大學給工農兵學員發放不同的畢業證、檔案另外存放的決定，更加劇了他們的低劣地位。兩百名已經留校的前工農兵學員，被調往其他工作單位，留下來的大多數轉做行政工作。僅有少數，主要是考上了新招收的碩士研究生的，才被允許返回學術崗位。

重建教育金字塔

　　在被復活的重點學校制度下，清華及幾所全國高校接受了高得多的資金、被安排了最好的師資，而且能在全國高考中招收最高分的考生；如此一來，在新時代，清華的地位穩步上升。[25]清華附中也重新獲得重點中學的地位。從1978年起，它能夠從全市的升學統考中招收最高分

24　劉克選、方明東（1998，654–55）。

25　劉克選、方明東（1998，657–751）。

的考生。在轉型期間，附中的學生按考分分成了「重點班」、「普通班」
和「基礎班」，有效地把校園子弟與農村生源分開。學校集中關注那些參
加高考的重點班的學生，高中部重點班的學制從二年延長到三年，而且
重點班的學生幾乎全部考上了大學，其中很多進了清華。普通班和基礎
班的學生還是兩年就畢業，極少有考上大學的。1981年，全校都轉變成
了重點中學，學校官員又開辦了一個清華二附中，以接納未考入重點清
華附中的學校職工子女。文革十年中曾在清華附中就讀的附近村莊的小
學畢業生，今後就不予考慮了。

當教育官員集中重建國家的最精英的學校時，他們也極大地削減了
全國範圍內學校系統的規模。官員們認為，1970年代開辦的大部分農村
中學，包括那些小學戴帽而成的中學，應該標準化。在1977至1983年
間，超過10.5萬所中學被關閉，中學生總數從6,779.9萬跌至4,397.7
萬。[26]初中畢業的年青人的比例，從文革十年末的超過三分之二，跌至
1980年代初低點時的剛過三分之一；高中畢業生的比例，從40%多跌
至不足10%。[27]隨著學生人數急劇減少，學制也延長了。小學從五年延
至六年，中學從四年延至六年，正規大學從三年延至四年，而大學之後
又增加了研究生階段。文革政策曾接近於創建一個實際上是扁平的學校
體系，其中所有的學生都只學習九至十年；後毛澤東時代的改革，重建
了一個要立體得多的，但選拔性也強的多的，教育金字塔。[28]

升學考試和重點學校，又一次成為再造知識精英的強大機制。雖然
學校制度繼續為相對少數考得好的貧寒子弟提供到達頂端的一條路徑，
但該制度的封閉性是越來越強的。這與過去形成了尖銳強烈的對比：那
時教育者被迫增加來自農村的大學生的比例，而現在大學官員變得日益
擔憂農村出身的學生降低了學生羣體的質量。當我1990年代末到達清華

26　國家教育委員會（1984，196–97）。

27　Andreas (2004, 18).

28　有關中學教育的收縮及重新強調重點學校的分析，見Bakken (1988)；韓東
　　屏（2000）；Pepper (1996); Rosen (1987); Thogersen (1990)。Pepper (1994)彙集
　　了解釋收縮行為的官方理由的文件集。

之時，大學領導人正泰然自若地尋找方法，以減少農村學生的數量。那時，中國的教育者正處於提高教育質量和學生素質的一場運動之中，[29]它包括一些改革考試製度的措施，以便減少考試對中學教育的負面影響，並提升高考考生的創造能力。在清華及其他大學的教育改革者中，形成了廣泛的共識，那就是考試制度帶來的一個難題：它選拔了太多的農村學生，這些人的教育只不過是強化的應付考試的準備。改革者說，許多農村學生在升學考試中考得很好，但缺乏更深厚的知識素質——表現在外語水平、計算機技能、音樂訓練和創造性思維上——而這些正是城市重點學校的學生具備的。因此，他們的明確目的，就是改革招生制度，這樣便可以選拔到更多城市重點中學的學生，少招農村地區的學生。近年來，農村出身的學生被招進清華大學的不足20%（而中國大多數的人口卻住在農村），這或許是1958年大躍進開始以來最低的比例了。[30]然而，在目前的意識形態環境中，即便農村學生佔五分之一已被視為太多了。

改革大學教育

後毛澤東時代的教育改革者，急著去恢復1966年前曾盛行的標準、資格認證、課程、教學方法及評估程序，抹掉了旨在把腦力勞動與體力勞動結合起來的文革政策的所有痕跡。清華的新領導結束了「開門辦學」的做法，不再要求學生到校外的工廠、農村和建設工地去，作為他們學業的一部分。校辦工廠的數目從19個減少到9個，剩下的工廠的生產也被壓縮，這些工廠的功能被重新定向，它們要服務於更常規的研究及教學。教師和研究人員也從校辦工廠返回各自的學術部門，數百名

---

29 Kipnis (2001)、Anagnost (2004)和Kipnis (2006)分析了改善教育質量的那些運動，它們作為改善中國人口素質的更寬泛舉動的一部分；其中，素質被視為等同於城市中產階級的品質。

30 這個數字基於1995至1999年間（可得數據中最近年分的）把戶籍從農村變為城市的進校學生人數。此數字記錄在清華大學上報北京當局的《北京市高校錄取新生辦理戶籍情況統計表》。

工人被調出大學。原來家在市區、有城市戶口的約1,200名工人，被送到當地的其他工廠去工作，而在文革十年中被大學聘用的500名轉業軍人被送回了各自的家鄉農村。[31]據校辦工廠廠長洪程前所說，這些轉業軍人沒有別的選擇，只好離開大學，但其中有些人自己也想走。「他們許多人感到，文革已經結束了，他們在大學裏的地位一落千丈，因此，他們不高興呆在這兒。」[32]原來清華為產業工人辦的擴展項目以及它的各分校，包括大興縣的農業分校，都已終止，或是拋給更低的教育實體去管理。[33]

執行中央的政策，清華新的行政管理機構倡導大學幹部及老師與陳舊的「平均主義」思想決裂，因為「平均主義」阻礙識別與選拔優秀人才。大學領導堅持，進步取決於識別和培養有特殊才能的師生。「我們的思想還沒有得到充分的解放，我們的制度還有缺陷，而且平均主義的思想仍是一個主要的障礙，」大學校報的一篇文章呼籲，「我們必須擇優培養，量才使用，揚長避短。」[34]大學裏恢復了「因材施教」的規劃，並格外強調新的研究生培養計畫。清華附中恢復了它那特殊的升學預備班，這些班的學生聽大學教授講的課，不用參加高考即可直接升入清華（為了他們能省去那煩瑣的應試準備，好讓他們發揮自己的創造能力）。[35]1988年，清華附中校長萬邦儒實現了他長期的夢想，創辦了一個專攻科學的高中實驗班，學生通過特別的考試從全國招來。[36]

蔣南翔和1977年時最初掌管教育制度的其他老資格官員，堅持要儘量完整地恢復清華及其他大學在文革前的狀況，它主要是仿效蘇聯的模式的。然而，到了1980年代中期，大學領導轉為消除蘇聯高等教育的特點，而開始學習美國的做法了。清華大學在1952年重組時一直被定為工科院校，現在又一次成為一所綜合性大學（雖然它最強的系仍在

31　劉舒立等（1987，156）。

32　受訪者77。

33　《新清華》（1980年10月14日，第2版）。

34　《新清華》（1980年10月14日，第6版）。

35　《清華校友通訊》（No. 12，1985年10月，147）。

36　周紅軍 (2000, 2)。

工程領域），教學被重新安排成寬泛的學科講授，強調通識教育和基礎理論課程，不再著重實際培訓了。

　　1980年代中期，依照中央政府市場改革及與國際接軌的定向，清華開辦了法學院和經濟管理學院。經濟管理學院由清華的老校友、後來擔任了國務院總理的朱鎔基所創辦，指導了中國經濟的私有化。清華經濟管理學院是中國這類學院中的第一所，它成了清華大學裏最大也最受歡迎的學院。它仿照的是美國頂尖的商學院，也信奉這些商學院盛行的經濟原理及商業、管理理論。今天，它提供了工商管理碩士的學位，並與哈佛大學商學院及麻省理工學院斯隆管理學院合作，舉辦學費高昂的工商管理培訓班項目。2000年，中國和國外的主要政府官員、學界名流及商業執行官受邀加入了一個新創辦的顧問董事會。清華大學經濟管理學院的顧問董事會裏的外國顯要，包括有因特爾、高盛、日產、通用、納斯達克、麥肯錫、英國石油公司、淡馬錫、摩根·斯坦利、美林、諾基亞、花旗銀行、卡萊爾（凱雷）投資集團和黑石公司的頂層執行官。[37]朱鎔基擔任了董事會的名譽主席，而主席則是美國沃爾瑪聯鎖店總裁及首席執行官小斯科特（H. Lee Scott）。沃爾瑪在2004年向清華經管學院捐助一百萬美元，資助它開辦清華大學中國零售研究中心。[38]

把頭腦放回身體之上

　　伴隨著新時代的曙光及對文革的批判，新的中共領導否定了該黨長期以來抑制文化資本價值、打擊舊有知識精英社會地位的做法。作為新措施的一部分，黨發起了一場運動，來修補它與知識分子之間那破碎的關係。在黨中央委員會1981年對黨的歷史所作的一項決議中，第一次有系統地批判了毛澤東；新領導嚴厲地評價了黨以前對知識分子的態度。決議宣佈，「要堅決掃除長期間存在而在『文化大革命』期間登峰造極的

37　有關清華大學經濟管理學院的信息，見http://www.sem.tsinghua.edu.cn。也見Chandler (2005)。

38　「沃爾瑪捐贈100萬美元以建立清華大學的中國零售研究中心」，2004年11月2日，http://www.wal-martchina.com/english/ news/20041102.htm.

那種輕視教育科學文化和歧視知識分子的完全錯誤的觀念，努力提高教育科學文化在現代化建設中的地位和作用，明確肯定知識分子同工人、農民一樣是社會主義事業的依靠力量，沒有文化和知識分子是不可能建設社會主義的。」[39]

黨的發言人在解釋黨過去對知識階級的敵視行為之時，作了道歉，但也極力地強調，社會主義將最終提升知識分子的作用。科學家胡平承擔了明確表達中共對知識分子新政策的這一任務，他提出，過去黨偏離了它的真正的社會主義使命。「在社會主義社會，比起歷史上的任何時候，應更需要知識，知識分子應更受尊重」，他在一篇廣為流傳的1981年的文章中寫道。他解釋道，封建社會極少使用專門的知識，資本家只珍視那些給他們帶來利潤的知識分子及其知識，而社會主義將充分發揮知識分子及其專門知識的作用。不幸的是，在過去，中共執行了一條不正確的對待知識分子的路線。這不是由於社會主義的性質所致，而是由於黨是從農村根據地湧現出來的，那裏的農民——從事小規模的生產，極少使用科學——浸泡在無知和迷信之中。「而在主要從事革命戰爭之時，不熟悉現代科學的幹部，沒有機會提高他們的文化水平，」胡平解釋，結果，在1949年後許多年裏，知識分子被迫害、被限制並被棄置一邊，知識遭鄙視，且「外行領導內行」。幸運的是，胡平說，1978年以來，「黨通過改革政治及經濟管理制度、執行一條合理正確的知識分子政策，下功夫糾正了過去的錯誤。」[40]

清華新的行政管理當局非常關心1949年以前培養出來的高級教授，且尋求為它過去的過失做出補正。作為尊重知識、尊重人材、拋棄過去偏見的舉措的一部分，1980年代初，大學重新挖掘它那令人肅然起敬的革命前的遺產。校慶紀念冊、書籍以及一份新的校友雜誌的文章向民國時代的著名教授表示敬意，並頌揚那個時代的知識及社會傳統。在這種懷舊的氛圍中，1966年被紅衛兵拉倒的清華大學的老校門，又得以重建。新複製的老校門，取代了1967年在其舊址上由井岡山派豎立的一尊毛澤東的塑像。

39　中共第十一次中央委員會（1981，37）。

40　Hu（胡平）（1981）。

中國的知識階級滿意於現狀——經過幾十年的折騰——腦力勞動與體力勞動之間的適當關係，按社會地位及經濟報償來説，現在都正在得到重新建立。在毛澤東時代，當技術工人比許多大學老師的工資還高之時，知識分子抱怨説「腦體倒掛（身體被放在頭之上）」。現在，自然的秩序得以恢復，頭又被放回到身體之上。按社會地位和經濟收入的分配來看，教育成就更恰當地得到認可。蔣南翔在其作為高等教育部部長的新職位上，堅持説，過去對待知識分子的錯誤得被糾正。「落實知識分子政策……一是政治信任，二是經濟保障，三是生活、工作條件，」他在1979年宣佈：「當前突出的問題是，知識分子的經濟待遇比同等年齡的工人低。」[41]這種不正常現象被糾正，且在隨後的幾年裏，關係被果斷地顛倒過來了。清華大學的工資得到調整，目的在於給那些較高級別的人以足夠的報償，特別是那些從文革開始前就沒有漲過工資的中年教師。專業職稱制度得以恢復，近三千名教師得到了晉升，在工資及福利上獲得相應的增加。[42]除了正規的工資，清華大學及清華附中都能掙得額外的收入，特別是在開始收學費之後，這筆錢被用來支付教師相當豐厚的獎金。

工宣隊被趕出大學後不久，清華幹部和教授就能收回他們原先的公寓，在文革中強佔了他們生活區的工人家庭搬走了。在隨後的幾十年裏，大學為其教職員工建了新的公寓。最初，雖然新公寓是按專業級別建造和分配的，但沒有刻意去創建各自清一色的住宅區。事實上，1980年代，當清華大學推平了附近一個村莊，建設學校住宅時，它還為村民提供了位於大學新建的家屬院內的公寓樓，來做為補償。然而，到了新世紀之交，一個新的階級等級制度已經牢固地建立，社會階層混雜居住似乎不再適宜。1990年代末期，當大學吞併了就在校園南鄰的藍旗營時，它拒絕了村民提出的原地安置居住的要求。那些拒絕搬離的人家，被強力趕走。取代了村莊的豪華公寓組成的新居住區，專門為清華及附近北大的高級別的教授、研究員和行政幹部保留。

41　《蔣南翔文集》(1998，957)。

42　《新清華》(1980年10月14日，第2版)。

第 10 章

紅色工程師們的勝利

　　1980年1月16日，清華大學系一級及以上的所有幹部受邀來到天安門廣場上的人民大會堂，與聚集在那裏的幾千名其他官員一道，聆聽了鄧小平的一次重要講話。清華的官員對於鄧小平贏得政治控制以來所發生的變化感到興奮。他當天的講演激起更大的熱情。鄧小平宣佈，「專並不等於紅，但是紅一定要專。」[1]這些話對清華代表團的成員是鼓勵的言辭，但聽眾中的其他許多人，那些沒有甚麼教育文憑的中共幹部，感到不僅僅是一點憂懼而已。鄧小平的勸誡簡明地表達了他要改造中共的目標，即要把曾是農民革命家的黨改造成一個專家黨。過去，曾有過往這個方向走的趨勢，但都被黨所信奉的剷平階級差別的規劃所阻撓。毛澤東曾多次發動黨員及大部分的民眾去抵抗專家治國的傾向，並在文革十年中以一種特別決斷的方式來這樣做。只有等到文革遭到批判，黨那剷平階級的規劃被拋棄之後，鄧小平才能公開地尋求把中共改造成一個專家的黨。在選定此目標之時，中共領導人堅決地要切斷這個黨與農民及工人階級長期捆在一起的紐帶，並修復它與知識精英的關係。

　　隨著毛澤東時代剷平階級的強制力被清除，中國的新階級自身建立起來了。這個階級代表了中國新、舊精英的集合，而且把兩大羣體各自掌控的政治及文化資源結合在了一起。以前三十年的爭鬥與合作，已經

1　《鄧小平文選》，第二卷，（1993，262）。

為這次大會師奠定了基礎。首先，隨著農民革命家的子女積累了文化資本，昔日知識精英的子女積累了政治資本，兩大羣體的資產結構已經逐漸融合。第二，爭鬥互動的幾十年，最終已經為新、舊精英之間的政治統一創造了條件。關鍵的推動力就是文化大革命，在文革中，毛澤東同時攻擊兩大羣體，無意之中促成了精英之間的團結。毛澤東1976年死後，黨的官員和知識分子在譴責文革的暴力及激進的平均主義之中，找到了共同的事業。鄧小平曾在1957年領導了一場「反右」運動，整治「大鳴大放」的知識分子；而現在，卻允諾要與舊的知識精英修好。中共毫無保留地認可了文化資本的合法性，促進了精英之間的會師，以及一個穩定的階級秩序的鞏固。知識分子成了黨招收新黨員的主要對象，而且，雖然中共繼續要求在政治上默認其合法性，可在黨放棄了剷平階級之舉並信奉知識界認同的專家治國的議程後，許多知識分子能夠樂於把黨視為自己的黨，默認中共不再是甚麼難事。

新階級的核心，由共產黨時代曾在清華及其他大學培養的又紅又專的幹部組成。1976年後，長期以來紅壓倒專的權力結構被廢除；文化水平低的老革命已經退休，既有政治資格又有高級學歷——特別是工科學歷——的幹部迅速被提拔到領導崗位。隨著基於政治及文化兩大資本的一個新階級秩序的鞏固，那些最終攀至頂端的人擁有既紅又專的資格，雖然「紅」已經被抽去了它原來的意識形態的內涵。這一章將審視這個新階級的等級制度被鞏固的過程。

把中共改造成一個專家黨

在鄧小平的領導之下，中共戲劇性地把它吸納新黨員一事聚焦在知識分子身上。雖然黨早就把學校當作吸納新黨員的一個關鍵場所，一直傾向於吸收有文化的人，但它也吸收了大量的工人和農民入黨；而在文革十年期間，吸收黨員的活動一直有意地沿著社會等級制度向下移。結果，在毛澤東時代結束時，絕大多數黨員的文化水平非常低。根據1985年收集的統計數字，黨員的大多數仍來自文化水平低下的階級：

10%的黨員是文盲，42%的僅上過小學，30%的初中畢業；14%的黨員高中畢業；僅有4%的大學畢業。然而，到那時，黨的領導人已經從功能上去改變黨的階級組成。被列為知識分子的新黨員的比例，已經從1979年的8%上升到1985年的約50%。[2]

1978年，階級成分制度被取消。這對於戴過地主、富農、資本家或其他「壞」階級的帽子，在入團、入黨、升學及就業等問題上遭受嚴重歧視的昔日精英家庭來說，真是一個巨大的解脫。它對於那些並未蒙受壞階級出身影響的知識分子來說，也是一個解脫，因為他們一直被黨優惠工農的階級偏向政策以及對知識階級總的不信任所妨礙。現在，所有的知識分子在入團、入黨、提拔至領導崗位等事上，都被明晰地給予優惠。同理，農民和工人不再受到官方的偏愛，而且，昔日的階級偏好因與文革的關聯如今反而成了汙點；在那一階段被提拔的人們，隨後也被人瞧不起，並遭到懷疑。雖然黨繼續接納工人和農民，但鄧小平那「所有的『紅』都應該專」的格言的清楚含義，就是黨內不再有太多的空間留給勞動階級的成員，他們要當領導人幾乎沒甚麼前途了。

清華的新領導熱情地執行吸收知識分子入黨的指示。在文革十年期間，工宣隊集中在校園工人中吸收黨員，並懷著疑心看待教師。現在，大學的黨組織顛倒了過來，邀請長期被拒絕入黨的資深教授加入組織。表10.1呈現的是1993年按職業和職位劃分的清華大學教職員工黨員一覽表。數據披露出就業上的等級制度，其中教育資格和政治資格大致相符：在每一檔，黨員率與教育資格同步增加。教員中黨員的比例（60%）與工人中黨員的比例（18%）之間的差別相當之大。同樣說明問題的，還有在教員與專業職員的內部，專業職稱與黨員比率的相關度。從1950年代以來，這一關係一直是相反著的，那時只有極少的教授是黨員。另外，那時大學黨組織的核心領導班子裏，沒有高級教師的成員，全都是些資深的革命家，包括農民和地下學生運動的領袖。而到了1990年代初，大學黨組織已經變成了一個「教授黨」，其領導班子全由高級教師組成。

2　Lee (1991, 302–8).

表 10.1 清華大學教職員工中的黨員一覽表（1993）

教職員工的地位及級別		總計	黨員數	黨員在總數中的比例
教員	教授	701	540	77.0
	副教授	1,323	894	67.6
	講師	786	406	51.7
	助教	531	168	31.6
	小計	3,341	2,008	60.1
行政職員		484	261	53.9
專業職員	高級	399	193	48.4
	中級	843	313	37.1
	低級	705	93	13.2
	小計	1,947	599	30.8
工人		1,805	326	18.1
總計		7,577	3,194	42.2

來源：方惠堅、張思敬（《清華大學誌》2001，卷 1，第 819 頁）

　　同樣的類型出現在所有的工作單位，變化最劇烈的是在工廠。正如第三章所述，在 1960 年代，工廠的黨組織由佔絕對多數的工人組成，在入黨上，他們遠比技術幹部有可能的多。現在，黨在吸納新黨員上，對技術幹部要比對工人遠有興趣的多，工廠黨組織的主要基地日益定位在行政管理辦公室和技術辦公室，而不是車間第一線了。[3]魏昂德（Andrew Walder）在對城市居民的一項全國調查中，發現在毛澤東時代，有大學文憑者與沒有大學文憑者之間，在入黨的比率上，幾乎沒甚麼差別，但在 1987 年以後，大學畢業生在入黨上要高於非大學生近六倍。[4]

　　大學畢業生們逐漸開始認為，那些有著響噹噹的教育資質者，也應該有著相應的政治資格，反之亦然。韓靈芝回憶起，作為一位清華大學的畢業生，她被期望著也是一名黨員。「我們是從清華出來的，當我們

3　Dickson (2003, 34).

4　Walder (2004, 198)。Walder 及其同事通過進行對個人生活經歷的調查，能夠比較不同時期的入黨比率。

有了一份工作，我們將是骨幹，因此我們得是黨員，」韓告訴我，她是
1982 年畢業前入黨的，「比方說，你去了一家機關或一個研究所；有來
自其他大學的人，他們已經是黨員了，而我是來自清華的，我卻不是。
我肯定要比他們強得多，因此，這樣就很難堪。如果你學術上更強，通
常每個方面都更強。」[5] 那些在學術競爭及政治競爭中都勝出的人，為自
己的成就而自豪，這很好理解。作為大學畢業生和黨員，他們是精選出
來的兩大羣體的一部分，每一羣體都使他們與一般平頭百姓大為不同。
受到新時代思想的灌輸，他們自信應得到權位與特權，這是他們那兩大
資格的結合賦予他們的權利。

紅色專家掌權

　　在 1980 年代，自中共 1949 年掌權以來就維持的紅壓倒專的權力結
構被撤除了。正如第一章所述，當中共派遣它自己的幹部，一般是農民
出身的軍人，去接管由舊政權遺留下來的充斥著白色專家的企業及政府
機關之時，這一結構就建立起來了。自那時起幾十年裏，中共建立了分
開的技術與行政管理兩條職業軌道，並帶著疑心看待大學畢業生，通常
把他們放進沒有甚麼權力的技術職位上，因此，上述結構就得到不斷再
造。在工廠裏，黨寧願從普通工人中選拔廠長和黨的幹部，而其中最能
幹的會被提拔到企業的領導崗位，然後又升到市裏、省裏和中央各部官
僚機構。在毛澤東時代，大學培養的工程師——即使他們是黨員——通
常也不被視為當領導的材料。按當時的想法，黨的領導人的作用，就是
動員工人和農民，這個工作最適於那些從羣眾當中湧現出來、說著羣眾
語言的幹部。與之相反，工程師則只是提供技術幫助而已。在新時代，
羣眾動員已被「科學管理」所取代；而工程師現在則被視為擁有最佳的
資格，去擔任行政管理和政治領導人。[6] 以前被貶到技術崗位的大學畢
業生，現在被提升到權力的職位：工程師成了工廠廠長和黨委書記；研
究員成了各部委、司局的領導；規劃者成了市長和市委書記。

5　受訪者 66。

6　Rofel (1999).

在毛澤東時代，特別是在它最激進的歲月，中共也偏向從工人中提拔技術幹部。在文革十年中，清華以三種方式深深地參與到此任務的承擔之中：培訓經過三年學習仍回原單位的工廠工人；幫助大廠創辦他們的「7‧21」大學；為小廠的工人舉辦短期技術培訓班。在鄧小平的領導下，中共關閉了「7‧21」大學，終止了從工廠自己的工人中選拔技術幹部的做法。現在，所有的新幹部——技術的和管理的——統統直接從學校招收。1980年，黨的總書記胡耀邦明確地制訂了新政策，宣佈，「從大中專畢業生和具有相當文化水平的青年中挑選，一般不直接從文化低的工人農民中提拔。」[7] 結果，階級地位在學校制度中就被決定了：那些上學不多的人當工人，並一直是工人；那些考入高一級學校的人當幹部。

即使在軍隊裏，現在也變了。過去長期以來，軍隊一直是學校體系以外的積累政治資格的另一條出路。以前，人民解放軍從自己的士兵隊伍裏晉升軍官，選拔有希望的新兵——幾乎所有都是農民青年——進行政治培養和軍官訓練。由於許多軍官後來轉業到了地方，這也為在學術資格認證制度中會面臨令人氣餒的差距的農民青年，開闢了一條重要的道路，使他們能在地方上的機構中擔任領導幹部。從1980年代初起，軍官培訓學校的候選人從入學考試中考得好的高中畢業生中選拔。隨著人民解放軍提升了它的精英教育機構，創辦了一所國防大學，並在清華及其他頂尖的高校開設軍官培訓項目，軍官的團隊也經歷了技術官僚化的改造。[8]

現在，不僅是從非幹部（工人、士兵等）職位到幹部職位的流動有了更多的限制，而且，兩者之間的界限也更清楚地界定了。過去，提拔到技術及管理職位的許多工人（包括在清華大學擔任工廠和系的領導的工人），會保留他們作為工人的原來地位以及他們原來的工資級別（往往比他們的新幹部職位的工資級別要高）。這種模稜兩可的地位，被稱為「以工代幹」，現在也被取消了；這些工人或是返回他們原來的生產崗位，或是被正式地給予幹部的地位，接受幹部的工資待遇及福利，幹部

7　胡耀邦的講話引自Lee (1991, 231)。

8　Dreyer (1996); Kamphausen (2007)；Li (2001)。

的工資現在漲得要比工人的高得多了。在新時代，也沒甚麼要幹部參加生產勞動，或讓工人參與管理的號召了；這些做法日益被視為過時的東西，妨礙效率及科學管理的。

　　在1980年代，現存的幹部隊伍的大部分已被替換掉了，他們是在李成（Cheng Li）和白霖（Lynn White）稱為「歷史上或許最大規模的、平靜的精英改造」之中被取代的。[9]新政權有系統地把文化水平低下的幹部，即革命老幹部和毛澤東時代提拔的工農幹部兩者，換成了新幹部；按鄧小平的話說，這些新幹部「年輕化、知識化，專業化」。[10]正如李洪永（Hong Yung Lee）所指出的，通過用文化水平高的年青幹部換掉文化水平低的老幹部，政府不僅改善了技術競爭力，還安置了更同情鄧小平專家治國政策的一支幹部團隊。許多更老的黨的官員抵制在入黨、提拔政策上的變化。李所引用的中國的新聞報道，批評那些「還沒有從僵化的極左思潮中解放出來」的幹部，因此，這些人仍視年青的候選人「只專不紅」、「盛氣凌人」、「脫離羣眾」、「追求資產階級生活方式」以及「不成熟、不穩定」。這些老幹部繼續把知識分子視為「改造的對象，只能被使用，不能被信任」，他們聲稱，「如果他們入了黨，那黨的性質就改變了」。[11]然而，改革的勢頭無法被這些抱怨所阻擋；代之的是，這些批評被用來證明，這些幹部正是這次運動旨在清除的難題的一部分。

　　在1982至1988年間，1949年前參加共產革命的163萬名幹部退休；在同一時期，還有312萬名1949年以後參加工作的幹部也退休了。[12]許多幹部不情願退休，只是在毫不留情的黨的運動的壓力之下才離開了；這場運動的明確目的，就是要除去不符合鄧小平要求的幹部。1986年，《人民日報》懷著滿意之情報道，在之前六年中，46.9萬多名大學畢業的幹部已被提拔到縣級以上的領導崗位。[13]從1982至1984，僅僅三年中，

9　　Li and White (1990, 15–16).

10　《鄧小平文選》(1984，308)。

11　Lee (1991, 306–7).

12　Manion (1993, 78).

13　Li and White (1990, 14).

有大學文憑的市級領導人的比例從14%增長到44%，有大學文憑的縣級
幹部的比例從14%增長到47%。[14]在最高層，黨中央委員會中的大學畢
業生比例，從1977年的26%上升到1982年的55%，1987年的73%，1992
年的84%，1997年的92%，和2002年的99%。[15]

一個新的專家治國的階級秩序

在1980年代，中共構建社會制度及階級等級，與精英主義者聖西
門所提倡的社會主義極其一致。雖然馬克思主義那一套消滅階級差別已
經被放棄了，但80年代的制度與當時蘇聯的相像，從依然基於公有財
產這個意義來說，仍是社會主義式的。在1990年代初之前，私人企業
仍嚴重受限制，在這個過渡歲月裏建立起來的階級秩序，具有特殊的理
論重要性，因為它主要是立足於政治資本和文化資本之上的，經濟資本
的作用仍很有限。

在這個階段，階級的等級制度從最根本上來說，是基於公有部門相
對於私有部門的優勢地位上的。在城市裏，公有部門——國有企業和集
體企業、政府機關、學校、醫院等等——佔有主導地位，而私有企業只
允許在邊緣存在，主要是小型的零售業和服務業。在農村地區，土地仍
是村莊的財產，但由單個農戶承包耕種；鄉鎮企業有著快速的發展，它
包含著社會主義的和小型資本主義的生產關係。由於私營企業家（城市
的和農村的）不允許合法僱用7名以上的工人，在私有部門盛行家庭勞
動。

在公有部門，階級地位與行政等級制是同義的，職業中的升遷主要
由對政治資本及文化資本的掌握來決定。事實上，公有部門越信奉官僚
政治的原則，它就越盲目崇拜學術資格與政治資格。另一方面，在家庭
勞動部分，學術資格和政治資格遠不那麼普遍，但它們也不那麼重要。

14　Lee (1991, 256)。受過大學教育的官員數目的增加，部分是由送幹部入校進
　　修所致，但大量的幹部退了休，並由文憑更高的幹部所取代。

15　Li and White (2003, 578)。

極少的農民或自我僱傭的城市居民是黨員，而且幾乎沒有誰有高中文憑，更不用說大學文憑了。但是，家庭經濟活動的成敗對這兩種資格都不依靠。職業技能、社會關係和政治關係重要，還有區域位置和運氣，但是，更重要的是企業家能力。通向成功之路，不是靠文憑、資質的積累以及官僚等級制度中地位的任命，而是靠財產的積累。由於對私有部門的限制，通向階級等級制度最頂端之路，位於公有部門之內，而那些擁有在公有部門幹得好所需的教育資質或政治資格的人，一般偏愛公有部門所提供的正式職業軌道。事實上，私有部門的組成人士，主要是被公有部門排除在外者。

在公有部門的頂端，約有2,800萬幹部，而在1990年，全中國的公有部門僱傭著2.3億人。[16]現在，教育資質是資產，它劃定了幹部與其下面的工人羣眾的界限，因為入門的通道是由一個人在學校學得多麼好來決定；大學畢業生與中專畢業生，仍然被保障分配到幹部崗位。這些職位仍劃分成兩個軌道，一個是技術的，另一個是政治的／行政的；而每一級的黨組織，仍然負責任命關鍵的行政管理崗位。雖然所有的幹部中僅有一小部分屬於黨，但頂端的34.5萬名左右的「領導」職位——那些在縣級或團長級及以上的人士——幾乎專門是留給黨員的，而且在晉升到這個上層階層時，一般需要一張大學文憑。[17]這些人士是管理國家的紅色專家。

在1950年代中國共產主義時代的黎明時分，兩大獨特的精英——迥異而又互疑——在中國社會的上層互相會面了。四十年後，社會的頂層被一個遠為同質得多的紅色專家羣體所佔據。這些紅色專家中的許多人是新生精英的後代，而其他的人則是昔日精英家庭的後代；但現在已經不再那麼容易把他們區分開。一些人有更強的政治資格，而其他的則有更強的教育資格，但他們都是兩者兼有。兩類人的下一代之間區分就

---

16 公有部門職工數據得自中國國家統計局（2006，128–29）。我根據Heilmann and Kirchberger (2000, 11–13)中的數據估計了1990年的幹部數目。

17 Heilmann and Kirchberger (2000, 11)。剩餘的一些較老政治精英的成員並沒有大學文憑。

更小。文盲農民革命家和高雅詩書之家的孫輩們，上的是同樣的精英學校，雖然仍有可能辨別出他們各自所繼承的上一代各有千秋的特性，但與前幾十年相比，這些差別十分微小。有些學生能夠高談自己是書香世家，而其他的學生則可以詳細敘述革命家史。但是，他們都有受過教育的父母，而且，都可以不受歧視地自由追求其政治前程。代替過去相互爭鬥的精英空間的，是一個新階級的誕生。這個階級植根於以前的兩大精英羣體，而且其組成從內部和下方得到了擴充——通過政治及學術兩大資格認證制度。

紅色工程師攀上頂峰

在2002年的中共第十六次代表大會上，黨和國家機構的控制權傳給了以胡錦濤為首的一羣領導人。按照黨的算法，這是中共1949年掌權以來的第四代領導人。以前的幾代都是在中共尚是個造反組織時就入的黨；而胡錦濤等人是在共產主義時代成長起來的第一代領導人，而且是由本書所仔細審視的政治及學術兩大資格認證制度所選拔及培養的。全中國最有權勢者，政治局常委會的所有九位常委，都是作為工程師培養的；而包括胡錦濤在內的四名常委是清華大學的校友。

在中共頂端領導層中，工程師特別顯赫——且其中又以清華畢業生尤為突出——的原因，可以從黨的歷史中找到。1950年代，黨為了與受蘇聯啟發而制訂的迅速工業化規劃一致，從其重組中國的大學及政府各部以來，就下大氣力集中培養工程師。不僅大學畢業生的大多數是專門學工科的，而且工程專業也吸引了考分最高的學生。在鄧小平掌權之後，所有的領導幹部——從中央各部、省委書記到縣長等縣級領導——都被期望要站在科學管理、計畫和現代化的第一線，而工科的培訓正與最適宜當領導的觀點及能力相連。

因為在蔣南翔1950年代和1960年代的領導之下，清華大學已經獲得了它作為中國最頂尖工科院校的聲譽，並建立了一個使人重視及尊重的政治吸納新成員的組織，1978年後黨的領導人就開始在蔣南翔時代的清華畢業生中，尋找具有領導潛力的年青幹部。在大學黨組織中積極活

躍、當過學生幹部及政治輔導人的清華畢業生，便具有現在能保證迅速升遷的彌足珍貴的學術及政治資格。早在後毛澤東時代的初期，清華大學就奠定了它作為中國的領導幹部首席培訓場所的地位。因此，在中國最有權勢的官員中，清華畢業生的數目遠遠大於其他任何一所大學畢業生的人數。三百多清華畢業生擔任了國務院的部長和副部長，數以千計的其他人擔任了工廠廠長、局長、市長、省長、地方上及省的黨書記。[18] 由於這麼多的清華校友攀上了政治體制的最高峰，他們被集體地稱為「清華幫」。儘管有此稱謂，清華的畢業生卻從未組成過任何種類的政治派別。但是，許多人傾向於儘量聘用及提拔自己的校友，而且，他們靠強大的社會網絡聯繫在一起。由此以來，隨著更多的校友掌控權位，清華大學文憑的價值穩步上漲。

通過回顧過去三十多年來中共關鍵領導人的生平傳記，我們有可能追溯黨的專家治國的改造，並跟蹤紅色工程師──出自清華的以及其他頂尖工科院校的──攀上中國政治等級制度最高層的路程。通過考察這些人不同的個人背景及歷史，也可以管窺新、舊兩大精英會師所經歷的動盪過程。包括胡耀邦、趙紫陽在內的第二代領導人在 1970 年代末掌權，他們是在 1930 年代入黨的老革命。作為鄧小平的信徒，他們是黨的專家治國改造工程的經辦人及保護者，但他們個人僅受過相對少的教育或技術培訓。而隨後的幾代則全被紅色工程師所把持了。

1980 年代末掌權的第三代領導人，都是在 1940 年代參加共產黨的地下活動的，但他們也都接受過工程師的培訓。擔任過黨的總書記的江澤民，和先當總理又當人大常委會委員長的李鵬，都是革命烈士之子，在共產黨的家庭中長大的。他們都被黨派去學習工程，且在 1950 年代初結束了在蘇聯的培訓回國後，先在工廠裏開始了自己的工作生涯，並升至機械工業部和電力部的重要職位。[19] 另一方面，中共十四大後被任命為副總理、然後又繼李鵬之後擔任總理的朱鎔基，出身於湖南一個非常富裕的有田產之家，前輩據說可追溯到明朝的開國皇帝朱元璋。朱鎔

18　Li and White (1998); Li (2001); Li (2002, 2–3)。

19　Li (2001, 140–41)。李鵬之父及江澤民之養父都已被殺害。

基在舊政權下考進清華大學。在清華，他成為共產黨地下學生運動的積極分子，並於1949年入了黨。1951年他從電機系畢業後，在國家計畫委員會工作直到1958年，那時他被劃成「右派」分子，丟了職位，也被開除出黨。[20]

1978年後，此三人全都升遷極快。1980年，江澤民被任命為國家外國投資管理委員會主任。在短暫地擔任電子工業部部長之後，江於1987年擔任上海市委書記，然後又被選任中共總書記。1979年，李鵬任電力部領導，1983年擔任了副總理，1987年又被任命為代總理。朱鎔基的黨籍在1978年恢復後，他回到了計畫工作崗位，1983年任國家經濟委員會副主任。1987年，他接替江澤民擔任上海市長、市委書記，1991年回到北京擔任副總理，然後，於1998年取代李鵬擔任了總理。朱鎔基在成為國家領導人之後，繼續擔任清華大學經濟管理學院院長，該學院是他於1984年創辦的。

現在統治中國的第四代，是在1940年代出生的，且在1949年以後上大學、入黨的。今天佔據著中國的黨和國家領導機構最高位置的三個人的經歷，有著非常相似的軌道。在大學裏，他們都是學習傑出的好學生、模範的學生幹部，但在他們職業生涯的前幾年——在文革十年之中——他們的工作主要都侷限在技術領域。2002年擔任中共總書記、後來又擔任國家主席及中央軍委主席的胡錦濤，出生於江蘇省一個富裕茶商的家族。1959年考入清華大學水利工程系後，他成為一名優等生和一個熱情的政治積極分子。他領導過全校的文工團，入了黨，擔任過政治輔導員，並被選任政治教師。作為蔣南翔政治培養機構中的一名幹部，他在文革早期當過靶子。以前的學生說，胡錦濤和其他許多學生幹部一樣，在隨後的派性衝突中，是同情穩健派陣營的，但他很明智地避免涉及太深。1968年，工宣隊進校後，他被送到甘肅西部的一個建築隊去工作，經過一年的體力勞動，又被安排在設計及建造水電項目的技術崗位上。

中國的總理溫家寶，出身於天津一個教師的家庭。他選擇追隨父親

20　McCarthy (1999).

的地質專業，1960 年考入中國地質學院。在大學裏，由於他積極參加政治活動，成為入了黨的一羣精選出來的學生中的一員。1968 年畢業後，他也被派往甘肅省，在那裏完成了一年體力勞動的鍛鍊之後，在下一個十年的大部分時間內，作為一名田野地質隊員而工作。全國人大常委會委員長吳邦國，是在解放軍測繪學院教書的一名基層幹部之子。他於 1960 年考入清華大學無線電電子系。而且像胡錦濤一樣，他入了黨，當了一名政治輔導員。畢業後，他被分配到上海一家電子管廠工作，在那兒經過一年體力勞動鍛鍊，他成了一名技術員。

在文革十年中，雖然胡、溫和吳三人在主要時間裏都被下放，去作技術工作，改革時代初——在決定應由工程師來掌權之後——他們都被選拔為快速提升的候選人。最初，他們就在自己開始職業生涯之處的經濟官僚機構裏升遷，但很快，他們就都晉升到有政治權力的職位上。胡錦濤攀升到甘肅省建委的領導崗位，但 1980 年就調往共青團工作，四年後被任命為團中央書記，加入到北京黨中央的頂層行列。然後，胡被外放到貴州和西藏擔任省委書記，接受鍛鍊，1992 年返回北京，任中央黨校校長，這一任命預示著他將被推薦去黨的最高職位上任職。溫家寶先是提拔到甘肅地質局領導崗位；然後，於 1982 年，他又被調到北京的地質部，第二年被任命為副部長。1985 年，他又升到黨中央辦公廳，次年成了中央辦公廳主任，在黨的最高領導層建立了自己的地位。吳邦國在 1978 年擔任了他那電子管廠的廠長，隨後，他很快升到上海工業局，1983 年進入上海市委常委會，然後，於 1991 年接替朱鎔基擔任市委書記。在那個十年的稍後時期，溫家寶與吳邦國都被任命為副總理。[21]

到 2002 年的中共第十六次代表大會上，胡、溫和吳三人接過黨和國家的最高職位之時，黨的領導層已經徹底被紅色工程師們所控制。黨的最高機構中央政治局裏，擁有理工科文憑的人士的比例急劇增加，從 1982 年的零，到 1987 年的 50%，到 1998 年的 75%，再到 2002 年的 76%。到那時，如前所述，政治局常委會的全部九名常委，都是原來培

21　胡錦濤、溫家寶和吳邦國的工作軌跡可查 www.chinavitae.com。也見 Li (2001)；萬潤南（2006）；Tkacik (2004); Yan (2005)。

養的工程師。[22]但從那以後，黨的最高領導機體中，工程師的比例開始下降，看起來，第五代領導人將包括更多在其他領域受過培訓的人士。事實上，2007年中共第十七次代表大會上，政治局裏新任命的九名新成員中，只有三名有工程學科的文憑，其他人的文憑學科則有經濟學、管理、計畫、法律、數學、歷史和哲學。在這些新當選的政治局委員中，似乎習近平要被培養，在2012年去接胡錦濤總書記的職位，而李克強則要被推薦去接溫家寶的總理職位。習近平是一位顯赫的黨的官員之子，1970年代作為工農兵學員上過清華的工程化學系，後來又從清華大學政治教育系中取得博士學位。李克強是一位基層幹部之子，1977年恢復高考後考入北京大學，取得法律的本科學士學位，最後在經濟學中取得博士學位。重要的是，兩個人都沒有在技術領域的工作經歷。因為他們是在新時代的早期從大學畢業的，那時，紅壓倒專的制度正在被廢除；與他們前面的人不一樣的是，他們能夠直接從政。習近平進入了政府機關，李克強成了團中央的一名領導人。[23]

在黨的第五代領導人之中，工科學歷及技術工作經歷不那麼普遍的事實，應被闡釋為黨的專家治國的特點正在遭侵蝕的一個徵兆嗎？[24]這樣一個論點可以被提出，但只能在一個狹窄的意義上：隨著中央計畫已經讓位給市場交換，中國已經變得更與全球的政治及經濟制度融為一體，作為當領導必要條件的教育資格也在演變。相對於理工科訓練的價值，經濟學、管理、法律及其他領域的訓練價值已經增加。然而，使黨實施專家治國的基本要素仍然不變。領導人繼續要被學術及政治兩大資格認證制度有系統地加以選拔和訓練，而這兩大制度早已支持及鞏固了中國的專家治國的秩序。而且，在清華及其他大學新成立的經濟學院、管理學院和法學院，已經被證實在培養年青的專家治國人才上，與理工科的系、專業一樣擅長。另外，選拔與培養的方法，隨著職業晉升所需

22　Li (2000, 22); Li (2003, 562).

23　李克強和習近平的工作軌跡可查 www.chinavitae.com。也見 Li (2007)。

24　Li (2007) 提出這一論點。

的研究生教育及黨校培訓的發展，已經變得更為精緻與優化。而且，整個黨的機器繼續嚴格地為著能力、官僚政治的功效以及專家治國的價值觀，培養著認同黨所設定的「科學發展觀」的官員。[25]

25　「科學發展觀」這一口號已在胡錦濤的指示下，於 2007 年被寫入中共黨章。

第11章

技術專家治國與資本主義

1997年6月27日，清華大學那些具有商業雄心的教授和幹部，正焦急地等待著清華同方股份有限公司在上海證券交易所首次公開募股（IPO）的結果。他們把從1950年代以來一直維持著的大學的小型研究設施及工廠整合起來，剛剛創辦了這家公司。首次上市大獲成功，第一天公司股票的價值就翻了三倍。從那時起，部分是由於收購了其他企業，清華同方的成長驚人：在1997至2006年間，它每年的繳稅額從4,700萬增長到120億元（15億美元）。除了開發中國領先的個人電腦品牌之一外，公司還提供信息技術服務，製造品種日益增多的其他產品，包括平板電視機、空調及照明系統、檢測技術、廢水處理設備、光盤、藥品和軍用通訊系統。[1]

清華同方是公私合營的一家公司。清華大學持有34%的股份，其餘股份由其他的投資者擁有，包括公司的主要執行官，他們可以被稱為國有經濟的企業家。清華同方的董事會主席是榮泳霖，他也是清華控股公司的總裁。他創辦這個實體就是為了管理大學那幾十億美元的資產的。雖然榮泳霖拿了一個清華大學化學系的本科學位，他在清華的隨後生涯卻一直是政治的及行政管理的。他於1970年畢業，一年後入了黨，後來任職於多個領導崗位，包括大學計算機工廠的廠長、清華大學的校團委書記，以及校長助理。與之相對照，清華同方的首席執行官陸

1　清華同方的信息可在該公司的網站上看到：www.thtf.com.cn。

致成，走的卻是大學現在鼓勵的「教授變首席執行官」的軌跡。陸致成是1974年作為工農兵學員進清華的，1977年拿了一個土木工程學位，1983年又拿了一個熱能工程的碩士。作為清華的教授，他在計算機控制的空氣調節上搞研究，並開辦了一家校辦工廠來商業化開發此技術，這家工廠後來成了同方的一部分。[2] 領導著威視（Nuctech）公司的36歲的胡海峰是同方公司的新星之一。威視是同方的一家子公司，專門從事X光的檢測技術。胡海峰關係亨通又訓練有素：他的父親是胡錦濤，而且，他在父親的母校拿了一個工商管理的碩士。[3]

這三十年來清華校辦企業發生了鉅變。1970年代，榮泳霖剛被任命為大學計算機工廠的廠長助理時，他的工資可能不會超過每月80元；當時，這家工廠正在生產中國的第一批臺式計算機。他的工資比當時廠裏許多技術工人拿的還少，而且他還要與工人「同吃、同住、同勞動」。今天，同方的高級執行官們年薪高達45萬元，外加獎金及股票分紅；而且，他們可能從來不會與公司的許多生產線上裝配同方計算機的工人談話，也極少會見到他們。在2000年的一次採訪中，同方首席執行官陸致成驕傲地把《中國日報》的一名記者介紹給孫家廣。孫是清華的一名教授，他把一項軟件創新技術轉化成了同方的特權股，成了一名「快速百萬富翁」。陸致成預估，三至五年內，同方將創造出「一千名百萬富翁」。[4]

同方的總部設在一座黑色的玻璃－鋼鐵大廈之中，大廈高聳於清華校園裏眾多教學樓之中。這座建築物是清華科技園的一部分——佔地62英畝的園區可被稱為大學的新資本主義面孔。該園區於2000年開業，為20家跨國公司提供辦公室，其中包括日本電氣、太陽計算機系統、豐田、微軟、谷歌、寶潔公司及斯倫貝謝技術公司。園區還為幾十

2　有關陸致成的傳記信息，見www.thtf.com.cn。有關榮泳霖的傳記信息，見http://www.cec–ceda.org.cn/huodong/2006zscq/ryl.htm。

3　Chen (2006).

4　有關清華同方執行官的薪酬補償，見http://www.mediapoint.co.uk/investing/quotes。陸致成的話引自「特權股創造了一股中國百萬富翁的旋風」，http://www.peopledaily.com.cn/english（2000年7月21日）。

家中國的高科技公司提供辦公用地，其中的許多企業都被掌管清華大學資產的清華控股公司持有股份。它還是清華歸國留學生創新園區的所在地。創辦創新園區，是為了「孵化」新啟動的高科技公司的；它為新起步的企業家提供辦公場地、法律及財務諮詢服務、經營管理的講習班，以及溝通的機會，這些企業家大部分都是在國外學習與工作後回國的清華校友。清華控股公司還為那些看來大有前途的人士提供風險投資。[5] 這些與清華的高科技公司及孵化器規劃相似的合資企業，可以在全國各地的大學裏看到，它們是一個遠為宏大現象的一部分：中國的紅色工程師，或至少是其中一部分，正在變成資本家。[6]

從 1990 年代初起，橫掃一切的市場改革──包括私有化及廢除終身僱傭制──按照資本主義路線重構了中國經濟。1992 年初，鄧小平在廣為人知的南行中，巡視了中國東南沿海經濟特區的外資企業；這一般被視為關鍵的時刻，它標誌著中國向更激進經濟改革的轉變。[7] 這一章描述著隨後的中國經濟的資本主義轉型，並考慮重新引進的經濟資本已經如何改變了一個社會的等級制度；而該等級制度，過去一直是主要基於政治資本與文化資本的。

資本主義轉型

1992 年以後，中共強力鼓勵私人資本主義經濟的增長，而且，到這十年期的末尾，它已經把國有企業的大部分都私有化了。大多數國有企業和集體企業成了其廠長的財產。[8] 在 1991 至 2005 年間，公有經濟僱用的城市勞動力的比例，從約 82% 跌至 27%。[9] 國家控制著最大型和最重要的企業，特別是那些在金融業、石油、鋼鐵、電力、通訊和軍工工

5　有關清華大學科學園區的信息，可見http://www.thsp.com.cn。

6　由各大學運作的高科技孵化器的討論，可見Eun, Lee, and Wu (2006); Harwit (2002); Sunami (2002)。

7　Naughton (2007); Garnaut, Song, and Yao (2006).

8　Li and Rozelle (2003); Garnaut, Song, and Yao (2006).

9　中國國家統計局（2006，128–29）。公有部分包括國有企業和集體企業。

業的企業，但是，其結構也在根本上被改變，以便要求它們——且使它們能夠——把生產利潤當作其首要目標。要完成這個目標，它們捨棄了以前對其職工的責任和義務，從為其職工及家屬提供住房、醫療保健、幼兒照顧、娛樂、教育及其他服務中擺脫出來。[10]終身聘用的保障也被取消了。據估計，到2002年，有超過5,000萬工人——約佔公有企業40%的勞動力——由於重組而喪失了工作。[11]企業壓縮了其勞動力的規模，但它們也辭退了老工人，換成了成本更低、也更順從的年青工人。例如，國有煤礦現在僱用承包的包工頭，工頭們用農民工，以每噸煤最低的成本，競爭著採煤。[12]由於這些改革的結果，中國經濟的社會主義部分已經不復存在；實際上，所有的企業——包括那些仍由國家所部分擁有的——現在都按照資本主義的原則在運作。

　　大規模私有資本的引進，正在重新組織著中國的階級結構。在1980年代就鞏固了自己在中國社會頂端地位的紅色專家階級，也正在被改造。從這一改造中最終湧現出來的掌控階級，將不再由同樣的個人所組成，而且也不再擁有同樣的權力基礎。許多又紅又專的幹部，諸如經管清華同方的那些工程師們，本身已經轉變成了成功的企業家。事實上，中國初出茅廬的資本家中的一大部分，已經從黨–國體制內部湧現出來。這種情況一方面是由於非農經濟的絕大部分是由公司組成，這些公司從工業巨人到簡陋的鄉鎮企業，是作為政府實體開始起步的。另一方面，1990年代像雨後春筍一樣突然冒出來的私人企業中的許多，也是由與體制內部有關係的人士創辦的。這些人士中，有脫離了公有部門職業的專業人員與廠長經理，也有公有部門幹部的親戚。事實上，中共官員子女構成了新生企業家階級中不合比例地大的一部分；官員子女下海經商的模式，從村莊黨支部擴展至黨的頂端階層。[13]

10　Naughton (2007).

11　Solinger (2003, 69).

12　Solinger (1995)；Wang（2006a）。

13　例如，在Goodman採訪的63位山西省成功的私人企業家中，有25位是黨員的子女，其中大多數是「黨－國體制中負一些責任的人士」（Goodman 2004, 159）。

在最高層，政治權力肯定已經造成了經濟成功。1990年代策劃中國國有企業私有化中最有權勢的三個人——江澤民、李鵬和朱鎔基——的子女，在商業世界中都幹得極為成功。江澤民的兒子江綿恆，曾在美國費城卓克索 (Drexel) 大學獲得電機工程博士學位，現在是中國科學院副院長和解放軍總裝備部政委；在此處，他致力於部隊的信息技術改造。同時，他夥同臺灣最富有的工業家之一的後代王文洋興辦了宏力半導體公司。該公司投資數億美元在上海建立半導體工廠 (它還聘請美國總統小布什的弟弟尼爾‧布什擔任顧問，每年報價40萬美元，以公司股票來支付)。[14]李鵬的兒子李小鵬、女兒李小琳都是清華的畢業生，每人各領導著一家巨大的國有電力公司，兩家產的電力高達中國電力的15%。[15]朱鎔基的子女都進入了金融業。他的女兒朱燕來是中國銀行香港分行的計畫部經理；而他的兒子朱雲來是中國國際金融公司的首席執行官，它是中國最大的投資銀行。[16]

中國當今最高領導人——胡錦濤和溫家寶——的子女，也都以這樣或那樣的資質涉入信息技術產業。溫家寶的兒子溫雲松，是北京優創科技有限公司的首席執行官，這是一家重要的信息產業服務商；而他的女兒是長城計算機公司的總經理，它是中國最大的計算機制造商之一。[17]胡錦濤的兒子胡海峰，如前所述，領導著清華同方的一個分部；而在2003年，他的女兒胡海清 (像她的父兄一樣——她也在清華拿到一個工程學位) 嫁給了茅道臨，中國最富有的互聯網大王之一。茅道臨作為一家極具影響力的的互聯網企業——新浪公司——的首席執行官，積累了至少價值6,700萬美元的股票。[18]

然而，如果認為新生的資本家階級僅僅是紅色專家精英變質的後代，那就錯了。中國的紅專幹部中，僅有一小部分變成了企業家；而且，許多已經下海的僅取得不算大的成功。例如，清華大學數以千計的

14　Balfour, Einhorn, and Murphy (2003); Lam (2004)。

15　Oster（2006）.

16　中國個人簡歷 (http://www.chinavitae.org)；Chen (2008)。

17　中國個人簡歷 (http://www.chinavitae.org)；Tkacik (2004)。

18　路透社 (2003)。

幹部和教授，僅有少數一些人變成了高科技的企業家，或任何種類的資本家；公有部門的情況也是一樣。造就一個成功的又紅又專官員的那一套素質，總起來說，並不是造就一個成功的資本家的同樣東西。事實上，中國新一代資本家中許多最成功者，反而是從社會等級制度的較低檔次上起步的。他們有的是昔日簡陋合作社小廠那不受管束的廠長，今日管理著工業巨型企業；也有的是在建築業及房地產發展上積累了巨大財富的雄心勃勃的農民企業家。[19]只有在私有化過程結束了化公有財富為私有財富的轉變，而市場上所有突出的合適位置都被填滿之後，我們才能夠評估——在新湧現出來的資本家階級之中，有多少是驅動著私有化進程的那些紅專官員的直系後代。

　　從社會等級制度的最高層到最底層，生意人一般都要比國家官員更富裕，但他們的學術資格和政治資格不那麼高。如果我們比較一下公有部門和私有部門極高層的那些人士：主要的公有部門官員，實際上都是黨員，都有大學文憑；而中國最富有的男人、女人的名單(他們大多數都與全私有的企業有關聯)上，僅有少數人是黨員或大學畢業生。[20]這些不同，是公有部門與私有部門之間結構差別的一個產物；在公有部門，政治資本和文化資本仍在其主導作用；而在私有部門，企業家創業精神與私有財產則起著更為重要的作用。儘管如此，隨著與公有部門有關的家庭，爭著搶著把它們的政治資本及文化資本轉化成經濟資本，而那些儘管政治關係相對薄弱且缺乏高等文憑卻在商業中成功的家庭，奮力去利用其經濟資源來獲得政治及文化資本，我們可以預計，分別從公

19　有關幾位成功企業家的傳記簡歷，見Goodman (2004)。

20　胡潤報告(The Hurun Report)估計，它那2007年名單上的800位數百萬富翁中，僅有三分之一是黨員(http://www.hurun.net)。搜索過去五年的胡潤報告及另外三份中國最富人士流行名單，中國大學校友協會發現，其中僅有300名大學畢業生，而且不像國家頂端官員的是，他們之中大部分並未上過國家最精英的學校(新華社2008)。在此富有的企業家羣體中，有黨員身分和大學文憑者，按比例來看，要比一般民眾的多得多，但比上層國家官員的要少得多。

有部門和私有部門湧現出來的精英家庭之間的差別，會隨著時間的前進而縮小。

經濟資本回歸所帶來的影響

在精英循環與精英再造的難題之外，資本主義企業的興起，提出了在階級權力的基礎上關於制度變革的問題。中國經濟的改造，如何改變了1980年代出現的專家治國的秩序？經濟資本的重新引進，是怎樣影響了政治及文化資本的運作及相對重要性？

中國的資本主義與政治資本的韌性

從中共1949年掌權以來，政治資本的價值，一直是基於黨對它所指揮的國家機構及經濟組織的控制。現在，黨已經把大部分經濟領域讓給了私有部門，而且，黨也贊同讓剩餘的國有企業按資本主義經濟原則來運作。其結果是，與計畫經濟的時日相比，黨的權力已經大大衰落，而且政治資本的相對重要性也隨之下降了。儘管如此，政治資本仍是階級分化的一個中心機制。在公有部門和私有部門，它以不同的方式發揮著作用。在公有部門，包括清華大學，中共繼續控制著人事制度，且對關鍵的行政管理職位的任命仍有正式的管轄權。因此，在公有部門，一個成功的行政管理仕途，仍然需要黨員的身分和黨校培訓的選拔。除了這些不受個人情感影響的政治資格，黨組織還繼續充當培育個人關係網絡的框架，而人際網絡對成功至關重要。

就像中國過去的帝制官僚政治一樣，中共也輪換國家官員，以防止地方上結幫拉派的發展，造成對中央權力的破壞；為此目的，黨把民航、電訊公司及其他關鍵的國家企業的高端執行官調來調去，且把政府崗位上的頭目調到企業管理職位上，或是反過來做。西方經濟學家反對這一做法，認為黨對國有企業人事決定的影響，是把政治考量帶進了決定，違犯了公司管理的國際規範；而公司的決定，在原則上是要基於股民的利益的。中共對人事任命的控制，毫無疑問面臨著日益增長的反

對，反對者有來自國際上的利益相關者，有國有企業的廠長、經理，還有在特定企業買有股票的其他國內投資者。但迄今為止，黨極少顯示要放棄這一關鍵的權力槓桿的意向。[21]

在私有部門，政治資本也很重要，但以不同的方式發揮作用。在此領域，黨組織更稀疏，人事部門不受黨委控制，也沒有檔案制度或既得利益的權貴階層。其結果是，黨員身分作為一種官僚政治的資格，價值大跌。代之的是，它的價值在於它作為一種網絡溝通工具的功能。在每一層次，黨組織都可以提供跟其他政治、經濟及社會精英的聯繫。對商界人士來說，它不僅提供跟政府官員的聯繫，還提供與其他成功的企業家的聯繫。正因為這個原因，許多私人企業家發現入了黨有好處，而且黨也急於吸納成功的企業家；企業越大，廠主越有可能是黨員。[22]另外，調查表明，私有企業中有高比例的廠長是黨員。而且，當私人企業家面試求職者時，他們認為黨員身分是一個正面因素。[23]於是，甚至清華大學經管學院的學生有意在畢業後到私企找一份賺錢的職位時，也有理由要入黨。只要中共還能保持它對國家機構的控制，與黨掛鉤所獲得的政治資本就大有益處，無論是作為一種資格，還是作為一種網絡溝通工具。

今天，紅色工程師們繼續掌控著中國，運用著一個專家治國的國家機構，去管理一個有活力但又難駕馭的資本主義經濟。最終，正是黨對公有部門官員任命的控制，繼續賦予中國這個國家以專家治國的性質。

21　Chang and Wong (2004); Naughton (2004); Yusuf, Nabeshima, and Perkins (2006, 41)。

22　《中國私有財產年鑑 2000》報導，中國私營企業主中，19.8%是黨員（Holbig 2002）。在由 Tsai (2007) 所進行的一次 2002–3 年度的全國調查中，有超過三分之一的企業主報告說他們是黨員。由 Dickson (2007) 在四個省大型企業主中所進行的調查表明，一半是黨員，而且其餘的大多數想入黨；企業越大，企業主越有可能是黨員。Goodman (2004) 在山西採訪的 63 名成功的私人企業家中，39%是黨員。

23　Goodman (2003); Dickson (2007).

黨從根本上信奉專家治國的原則，而且它運作著人事制度，該制度通過嚴格的選拔選取和培訓著具有專家治國所需的資格及價值觀的官員。黨通過牽制兩股力量，一直使國家保持著專家治國的特性。首先，它扼殺了一股可能要讓民粹主義議程得勢的來自下方的威脅；第二，它能夠遏制私有資本狹窄金錢利益對政治的影響。民眾的要求和經濟的腐敗，繼續威脅著中央集權化的權力及組織上的完整，而此兩者正是國家的專家治國性質所依賴的，但是，到目前為止，黨組織巍然屹立。

文化資本的增值和唯才是用觀的衰落

　　一方面，資本主義改造對文化資本的影響，可以按學術資格的金錢價值來衡量。只考慮這一非常具體的措施的話，由於1990年代市場改革的結果，文化資本的價值已經大幅度地增加了。在那之前，改革時代初期時，雖然文化成就所得到的補償比起毛澤東時代要更為優厚，但公有部門的工資水平仍是壓得很低，幹部的薪水相當微薄。例如，在1980年代末，清華大學正教授的基本工資是每月160元，與新僱的食堂工人的40元相比可見一斑；兩個工資標準都是由國家規定的。實際的收入差距，算上獎金、住房及其他小額優惠的不平等供應，是要更大些，但仍相對狹窄。由於公有部門的工資有上限，使許多教授不安的是，大學校門之外，沒有文化的農民企業家掙得比他們還多（雖然極少有人願意放棄公有部門的職業，下海去大幹一場，試試運氣）。1990年代的改革，創造了一個更開放的勞動市場，在此市場中，學術資格的價值猛漲，安撫了知識階級。一個大規模的私有部門的出現，其中包括在中國新開業的跨國公司，在就業上提供了另一條賺錢的門路，而且，公有部門的工資上限也提升了。對城市職工工資的全國性研究顯示，在1988至2001年間，擁有大學文憑（與高中畢業文憑相比）的價值，在年收入增加值上，上漲了三倍多。[24]在清華，今日的工資差距巨大。由於通貨膨脹以及住房、其他物品和服務的商品化，難以直接比較今日的工

24　Zhang, Zhao, Park, and Song (2005, 739).

資與二十年前工資的差距，但是，差別是驚人的：清華大學食堂裏，今天很多工人的最低工資是每月580元，而大學誇耀它付給高級教授每年一百多萬元。按照蓋瑞‧貝克爾（Gary Becker）的術語，開放勞動市場極大地增加了在人力資本上投資的回報。

清華大學正在增長的收入鴻溝，反映了全國的趨勢。1978年，中國的堅尼係數為0.22；這一係數是用來比較國際收入不平等的；其中，0表示絕對平等，而1表示絕對不平等。這一數據在世界上位於最低者之列，學者們對此尤其重視，因為中國那麼大，地理差別多種多樣。事實上，儘管中國城鄉之間、發達地區與不發達地區之間有著巨大收入差距，中國還是達到了這樣低的比率，因為在每一地區之內，收入差別極小。不到三十年，在2006年，中國的吉尼係數達到了0.496，超過了美國，並接近世界上最不平等的國家，諸如巴西和南非的水平。[25]地區之間的不平等，城鄉之間的不平等，都大大地增加；但最劇烈的變化，卻是地區內部收入的兩極化，而且——正如我們在清華所見——工作單位內部的兩極化。從1992年以來，不平等現象增加的大部分，可歸結於從財產所有權上獲得的收入，但是，文化資本的增值也起了非常重要的作用。學術資格的市場價值，一直得益於大規模私有企業的發展；甚至公有部門的專業人士，包括清華的教授和幹部，現在也能要求更高的工資和津貼了——他們參考私有部門正在上漲的標準，為自己的要求提供正當的理由。過去十幾年來，隨著工資增加，清華教授中獲得最佳酬報者已經開始放棄自己那相對貧寒的大學公寓，與私營企業家一樣，在北京如雨後春筍般冒出來的郊區別墅及豪華的高層建築中安居了。

然而，在文化資本的金錢價值大為增長之時，1990年激進的市場改革，卻對1980年代興盛的宏大的精英統治觀產生了有害的影響。1978至1989年的十年間，是中國唯才是用理論的全盛期。根據該理論，進入社會的最高層應該主要由知識來決定。隨著工程師和科學家在整個龐大的國家機構中正被提拔到領導崗位，唯才是用的思想籠罩了中

25　Goodman and Zang (2008)。也見Naughton (2007, 217–21)；Wang（2006b）。

國知識分子的想像力和創造力。天體物理學家方勵之和火箭設計專家錢學森這兩位被任命到顯赫崗位的全國聞名的科學家，雄辯地體現了被廣泛支持的知識分子具有領導作用的觀點。「我們說知識分子是領導力量，那麼中國的責任就落在了我們的肩上，」方勵之宣佈，策動他的聽眾去爭取歷史所賦予他們的地位。[26] 錢學森則提議，到 2000 年時，所有的幹部都應有大學文憑，縣處級及以上的幹部應有碩士學位，而且省部級幹部應該有博士學位。[27] 有些人把中共視為從事這種專家治國轉型的載體，他們堅持認為，現代化不僅需要技術專家，也需要一個中央集權的、有效率的政治權威的堅定指導。另外一些人則把黨視為一個障礙，因為黨在提拔個人時繼續考慮政治忠誠，在知識與能力上搞欺騙；因此，他們催促黨放棄它對權力的壟斷。在此議題上的意見，在大學生、大學教師、專業人士、科學家、工程師、廠長經理，以及黨內外的官員中間，激起了活躍的討論。[28]

　　1980 年代中國的這些辯論，讓人們憶起從 1960 年代起就在東歐掀起波濤的那些往事。在康拉德與塞勒尼內省的敘述中，黨的「衛道士」頑固地試圖利用政治資格，堅持他們對權力的特別要求，而更廣大的知識階層正在推進一個更加唯才是用的制度。他們寫道，東歐的知識分子正追尋著一個「新階級工程」；該工程的最終目的，是使文化資本成為階級權力的主要決定因素。這一目標可被描述為一個純粹的專家治國論，未被政治的侵入所汙染。在 1960 年代和 1970 年代，一個專家治國的及唯才是用的未來圖景，不僅在社會主義的東方流行，在資本主義的西方也時髦。當康拉德、塞勒尼與其他人正在預報，在東方，政治權力的撤退及文化權力的勝利之時，一些有影響力的西方學者，如丹尼爾・貝爾（Daniel Bell）、約翰・加爾布雷斯（John Kenneth Galbraith）和艾爾文・古

26　方勵之的講話引自 Kraus (1989, 299)。

27　錢學森的講話引自 Li and White (1991, 362)。

28　Buckley (1991); Hamrin (1990); Kraus (1989); Li and White (1991) 對 1980 年代的唯才是用觀和專家治國觀的盛行提供了有洞察力的描述。

德納（Alvin Gouldner）正在得出結論，資本的統治正在讓位給基於知識的社會階層。世界的未來似乎要屬於一個上升的「知識階級」。[29]

在中國，政治權力會撤退的希望，被1989年對學生運動的殘酷鎮壓所粉碎。在天安門廣場的鎮壓之後，中共繼續它自己的專家治國論的轉型，把專家提拔到權位上，使得國家比過去更被專家所治理，但它也毫不顯示有交權的傾向。另外，在近幾年，有錢的企業家開始佔領最高層的位置，唯才是用的觀點——其中，社會選拔將主要基於教育及知識能力——已經逐漸衰落。隨著國家日益成為金錢的奴隸，社會將很快由一個知識階級來統治的想法似乎愈行愈遠了。甚至那些焦急地等待著中共死亡的異議知識分子，也不再持有這些主張。最後，精英統治的預言屈從於一個比坦克更可怕的死敵——經濟資本。

1980年代在中國出現的專家治國的階級秩序，在公有制仍盛行之時，被政治權力與文化權力的聯姻所支持及鞏固；現在，政治權力找到了一位新伴侶。當然，近年來中國所發生的深遠變化，只是一個全球現象的一部分。在1990年代，經濟資本徹底又猛烈地重樹其首席地位，不僅在中國，在全世界都是如此。至少從當下來看，公有財產及經濟計畫已被擱置一邊，這一現象逐漸破壞了過去宏大的唯才是用觀的基礎。隨著國家從經濟領域中退卻，日益允許市場和利潤決定著資源的分配，創建一個聖西門式社會的美夢——其中經濟由科學家代表公眾理性地統管——已經悄悄地枯萎了。代之的是，一個專家治理的國家盡其所能地去制約一個日益屬於財神的經濟。

29　在此階段西方發表的最著名的專家治國方案中，是Bell (1973)、Galbraith (1967)和Gouldner (1979)的。Bell同意，計畫的崛起意味著技術的和專業的知識界的上升；但他主張，社會選擇決不會完全立足於知識。他寫道，計畫需要在相競鬥的利益和價值觀之間裁定，而這一過程最終是政治的，並不是技術的，因此，它授權給政治家，而政治家的主要權力來源不是技術能力，卻是一個政黨的機器。「最終掌權的不是技術官僚，」Bell認為，「而是政治家」。(Bell 1973, 360)

新階級秩序中的清華大學

　　每一年的四月底，數以萬計的清華校友返回其母校，歡度於1911年建校的清華大學的校慶紀念日。校園裏正式的慶祝活動，只不過是把散佈在全國、乃至全世界的前同班同學、朋友、同事聚在一起的宴會及會面的一個背景而已。有些人是小企業或縣機關的工程師，而其他的則作為市委書記、中央各部的司局長、或公司執行官，掌管著龐大的官僚機構。最突出的參加者，包括最高的政府領導人（朱鎔基和胡錦濤往往名列賓客名錄之首）、中國最大型國有企業的主要執行官，以及國內最成功的高科技新辦企業中一些有著驚人財富的老闆。實際上，所有那些參加四月校慶的人士，都是清華校友會的成員，它在中國每一個大城市，乃至全世界的眾多城市都有分會。一小羣但日益增加的校友會成員，還是清華企業家協會（TEEC）的成員，該協會源自這些校友聚會，並於每年四月在校園裏舉行一次大會。協會的創始人中，許多最初是在美國加州的硅谷發財，而且，今天協會的成員中，包括有太平洋兩岸的百萬富翁與億萬富翁。他們給清華大學捐出大筆金錢，並返回母校來參加一個每年舉行的未來企業家培訓營。「學校培養你，這種感情，」協會的副總裁及一位高科技企業家楊雷這樣說：「跟年輕的學弟學妹共事，也是一種回饋。」[30]

　　清華大學的校友會，是聯繫大學畢業生的多重社會網絡的正式體現。清華的這些網絡，加上其他大學的校友網絡，有助於從上到下凝聚起中國新的統治階級。清華校友網絡中最有權勢的成員，從他們在中共的職位上獲取其權力。當他們還是清華黨組織的學生黨員時，就開始建立關鍵的聯繫；他們圍繞著執政黨已經培育的個人網絡，組成了布迪厄所謂的實體化的政治資本。其他人則主要從其掌握的經濟資本及其已經培育的商業網絡，即被清華的聯繫所極大地豐富了的網絡，來獲取其權力。這些政治的及經濟的網絡，圍繞著一個學術機構旋轉的事實，揭示了在今日中國，把政治資本、經濟資本及文化資本凝聚在一起的這些關係鏈接有多密集。

30　丁偉（2007）。

結論

結論

　　二十世紀共產主義消除階級差別的舉動，是人類歷史上最為雄心勃勃和損傷慘重的剷平社會的實驗。在有記載的全部歷史中，社會剷平運動不時發生，在按持久性、涉及的地理範圍、涉及的人數以及意識形態的精緻水平上，沒有一次超過共產主義運動。雖然難以精確地說出這次實驗的終結時間，但1989年的事件，以及隨後大規模的私有制在蘇聯集團的大多數國家以及中國的復辟，肯定是一個決定性的時刻。雖然一些共產黨還在掌權，但幾乎所有的都把私有財產請了回來，放棄了共產主義規劃的基本要素，並為財富及收入的迅速兩極化開闢了道路。那麼，按這個算法，1990年代就標誌著20世紀共產主義工程的死亡。然而，共產黨要消除階級差別的舉動，結束的要早得多。早在私有財產返回之前很久，蘇聯、中國和別處的共產黨就基於公有財產而統治著精心建立的階級等級制度，由一個紅色專家的新階級高居其頂端。在某種意義上，這些國家仍是社會主義的，但它們已經放棄了馬克思的一個無階級社會的觀點，而著意於聖西門的一個由精英統治的社會的觀點。

　　雖然共產主義的這些實驗最終是一場有目共睹的失敗，但仍能從這一失敗中學到很多東西。無可避免的是，未來一定會有更多的剷平社會的運動。雖然今天全世界各國的憲法都規定著私有財產神聖不可侵犯，但難以想像的是，那些沒有財產的人們會長期容忍一小部分人擁有財富的一大部分。毫無疑問，未來的社會剷平運動會重提對公有制的訴求，而這也是我們應該更密切地審視產生於共產主義公有制內部的等級制度

的起源及性質的原因。在這本書中，我聚焦於通過掌握文化資產及政治資產所獲取的階級優勢，並審視了圍繞著分配這些資產的制度所起的那些衝突。我已經揭示，儘管中國共產黨有過掃除一切階級差別的承諾，但它卻像其他社會主義國家的同行一樣，變成了基於政治資本和文化資本的階級分化的堅定倡導者。在這個收尾的章節，我將返回此書開始處提出的問題：當共產黨的革命家們剝奪了有產階級，並基於公有制建立了社會主義制度之時，他們是有意地要建立一個專家統治的階級秩序嗎？如果不是的話，那這個結果是無可避免的嗎？

為回答這些問題而做基礎工作，我將首先比較中蘇兩國的經驗，鑑明那些目標、衝突、過程及結果，它們有些似乎是共產主義工程所共有的，而另一些似乎是中國所特有的。這裏的目的有兩重。首先，由於蘇聯建立了中共及其他共產黨追隨的模式，瞭解這一模式的起源，將會幫助理解中國的情況。第二，對兩個最重要的共產主義實驗的結果的比較，將更好地使我們回答上面提出的一般性問題。在下面的篇幅裏，我將首先回顧蘇聯的早期歷史，從許多有洞察力的研究中，抽取那些與隨後的中國經驗特別相關的要素，然後，我將總結我本人研究的發現。

通向專家統治的迂迴的蘇聯之路

在1917年，布爾什維克黨與俄國的技術知識界有著重要的潛在可能達成統一。正如肯代爾‧貝利斯（Kendall Bailes）所指出的，兩者都決定用科學來現代化俄國，而且，布爾什維克黨的統制（dirigisme），對於一直被沙皇俄國僱用的科學家、工程師以及計畫者來說，也不是甚麼完全陌生的東西。另外，列寧也讚揚技術知識界的知識及務實的定向，而且，在俄國沙皇倒臺後隨之而來的天下大亂——武裝的工人佔領工廠、農民奪佔土地——之中，技術知識界的許多人，懷著他們對秩序及紀律的偏好，還是傾向布爾什維克，而捨棄了與布爾什維克競爭的民粹主義者和無政府主義者。[1]如果布爾什維克運動受到過聖西門觀點的啟發的

1　Bailes (1978).

話，兩大羣體有可能會合作，在一個相對短的時期內，創建一個由專家
治理的社會。然而，事實上，布爾什維克信奉著馬克思主義消除階級差
別的目標。這一目標使他們與知識階級的成員發生了尖銳的分歧，這其
中就包括技術知識分子界，從而導致了一段持久而尖銳的衝突。

在蘇維埃時代的早年，蘇聯共產黨與知識精英之間的關係，比起
1950年代初中共與中國知識精英之間的關係，要變化無常且敵對得多。
由於一大部分知識階級拒絕與新生的革命政權合作，頭六個月特別困
難。對廣泛的罷工，布爾什維克回應以讓所有的技術專家去服強迫的勞
役；列寧稱，蘇維埃當局為一方、資產階級的代表及知識界的部分人士
為另一方之間的對抗為一場內戰。[2]就在這個階段，布爾什維克創建了
紅壓倒專的管理結構，就像後來在中國實施的那個一樣。黨派出政委去
監督在職的經理廠長和技術人員，雖然它對與之合作的技術知識界給予
優惠的酬報，但在政治上卻避開他們，代之的是，它招收工人入黨，並
提拔工人到權位上，來加強自己的隊伍。1928年，布爾什維克奪權十年
後，黨內僅有138名工程師，而工人卻有74.2萬。[3]蘇維埃的工廠一般是
一名紅色廠長在管理，他通常是一名原來的工人，且極少受過正規教
育；這位紅色廠長依靠一名總工程師的幫助，總工程師通常不是黨員。[4]

在俄國，與後來的中國一樣，早期的共產黨教育政策波動，但總的
是朝著一個激進的方向移動。列寧把馬克思關於需要消除腦力勞動與體
力勞動差別的評論，當作新生社會主義國家的基本目標；1919年制訂的
布爾什維克規劃的教育政策要點，承諾改造學校，把它「從資產階級控
制的武器改造成徹底摧毀社會內部階級分裂的武器」。[5]規劃許諾為十七

2　Lampert (1979, 12) 中所引用的列寧之語。另見Lewin (1985, 231); Fitzpatrick
　　(1979, 87); Bailes (1978, 19–23); Karabel (1997)。

3　黨內工程師的人數，見Bailes (1978, 138)。Rigby (1968)提供了黨員人數的數
　　據(頁52)及工人出身黨員的比例(頁116)。許多工人階級的黨員被提拔到
　　廠長經理的位置。

4　Bailes (1978, 64–66); Lampert (1979, 22–24).

5　Lapidus (1978, 82).

歲以前的所有少年兒童提供免費的義務教育，大學的大門對所有人敞開，並在學習與生產勞動之間建立密切的聯繫。[6]當然，這些只是對未來的承諾；在當時，大部分民眾是文盲，學校很少，而且大部分老師敵視新生政權。在蘇維埃時代的頭十年裏主要仍是自治的學校，成了不同的教育議程競鬥的場所。蘇聯教育當局努力實施進步的教學方法，它基於實用知識和全面的智力發展，但許多老師則努力維持常規的標準及方法；而無產階級的學生戰鬥著，要從「資產階級的」師生那裏奪回對學校的控制權。在高等學校，一道寬闊的社會及政治的鴻溝把兩派學生分開：一派是從傳統中學畢業的、出身昔日精英家庭的學生；另一派是工人階級學生，其中大部分是由工會、黨、共青團推薦，來上專門為工人開設的大學預科的。[7]

1928年，蘇聯共產黨——現在是在斯大林 (Joseph V. Stalin) 的領導下——決斷地向左轉，走上了農業集體化與迅速工業化的道路，並開啟了一個時期的文化激進主義，舍拉·費茨帕特里克 (Sheila Fitzpatrick) 稱之為蘇聯的「文化革命」。[8]中、小學迅速擴張，伴隨著大規模的成年人識字運動。大學教育也擴展得很快，重點在短期的技術培訓班及學科口徑很窄的專業設置，它們能迅速地培養出畢業生，去加入工業化的熱潮。分數、考試和常規的講課受到批判，而政治課、實用知識及學生參與生產勞動這些事得到強調。從布爾什維克掌權就開始的階級歧視得到加強，它是針對昔日精英家庭出身的學生的。招生時，65%的名額留給了工人、農民及其子女。入學考試被取消了，約有15萬成年工人被推薦上了大學，其中一大部分是黨員。這一波的無產階級學生被鼓動著，要通過監督老師、挑戰其權威，並參與學校管理等手段，最終把學校從資產階級教授手中奪回來。[9]

6　全俄共產黨（1953, 111–12）。

7　Fitzpatrick (1979); Zhu (1997); Zhu (2000).

8　Fitzpatrick 使用此術語來指認 1928 至 1931 年間的文化激進主義，部分是為了凸顯此階段的蘇聯政策與中國文化革命政策的相似性。該術語廣泛用於當時的蘇聯，但並非專門指認此階段 (Fitzpatrick 1999)。

9　Bailes (1978, 159–261); Fitzpatrick (1979, 113–211); Lapidus (1978); Zhu (2000).

激進的教育政策，恰好與各個部門(包括工業界和政府)裏對知識
精英的攻擊相一致。工廠工人受到鼓勵去挑戰專家的權威，而且工人發
明家與工人技師(他們僅受過在職的培訓)的貢獻，被頌揚為優於工程
師的貢獻。1928年發生了沙赫蒂(Shakhty)事件，一羣礦業工程師因「破
壞」而受審，在此之後，工人們被鼓勵密切監視他們工廠的專家，而且
幾千人遭到逮捕。在1930年另一椿被大肆宣揚的審判中，蘇聯政府各
部及計畫辦公室的一羣高級工程師及專家，被指控成立了一個「工業黨」
及陰謀用一個專家管理的政府取代布爾什維克政府。

走上專家治理之路

1931年，斯大林發表了兩個講話，標誌著文化激進主義的這一階
段的終結，也標誌著被尼古拉斯·蒂瑪舍夫(Nicholas Timasheff)有名地
稱為「大退卻」的開始。[10]在第一個講話中，斯大林譴責了「小資產階級
平均主義」，而在第二個講話中，他宣佈，舊的知識界正在移到蘇維埃
政府這一邊來。[11]激進的教育政策逐漸被翻了過來。成年工人被推薦上
大學一事偃旗息鼓了，入學考試恢復了，學校收費也引進了。分數、課
程考試和常規的教學方法恢復了，實用知識的學習以及學生參與生產勞
動之事也減少了。學生被勸誡，不要干涉管理，且被鼓勵要尊重教師的
權威。階級傾向被取消了，而且，對昔日知識精英(無論是教授還是工
程師)的攻擊被勸阻。[12]專業級別被恢復，而且，對那些有較高資格、
做出更大貢獻人士的工資及待遇也增加了。這導致工人與技術人員、管
理人員之間有了一個穩步加大的鴻溝。[13]

在1930年代初，成千上萬新被打造出來的無產階級紅色專家畢
業，進入了勞動大軍。最初他們被招收進來上大學，是為了讓他們能夠
取代那些不可靠的資產階級專家，但到最後，大部分的老專家仍被留了

10　Timasheff (1946).

11　Bailes (1978, 153–54); Fitzpatrick (1979, 213–17).

12　Fitzpatrick (1979); Timasheff (1946).

13　Lewin (1985, 254–55).

下來。結果證明，在激進政策被拋棄後，在不斷發展的工業化熱潮中，仍有足夠的空間容納新、老專家。儘管如此，許多年青的紅色專家得到提拔，取代了文化水平低下的紅色廠長與經理（1920年代從工人隊伍中提拔上來的），1936–38年間大規模的官員遭清洗一事，促進了這一過程。[14]結果，紅壓倒專的結構被一個新的模式所取代；在這個新的模式中，政治、管理和技術的領導合在一起，權威集中在單一的又紅又專的廠長手裏。在第二次世界大戰後的年代裏，第一批紅色專家的成員迅速升遷到黨和國家的官僚機構中，並且在1960年代及1970年代逐漸掌控了蘇聯的領導權。[15]由於1920年代末和1930年代初強烈的階級偏向政策，這些領導人一般是工人階級出身，但在階級歧視被取消後，教育機構也逐漸更多地從知識階級的子女中招取學生。[16]

雖然政治運動在隨後的歲月裏造成了成千上萬的受害者，但在1930年代初放棄了文化激進主義以後，主要的政治運動並沒有專門針對舊知識精英的成員，也沒有使與教育相關的社會不平等作為政治動員的一個原因。[17]1936年，斯大林宣佈，蘇聯社會由兩個友好的階級，工人和農民，還有一個他稱為「勞動的知識分子」的階層組成。[18]後面這個術語，正如費茨帕特里克指出的那樣，不僅換掉了貶義的「資產階級知識分子」一詞，現在還包括著舊的知識界成員及黨的幹部兩者。[19]到1950年代，蘇聯顧問專家到達中國之時，蘇聯正由紅色工程師們管理著，他們是被一個有著明確等級制度的學校體系和一個信奉專家治國論的黨組織所選拔的。

實現一個無階級社會並清除腦力勞動與體力勞動之間的差別的目標，直到蘇聯的覆亡，都是蘇聯共產黨教條的一個正式部分——並神聖

14　Fitzpatrick (1992, 149–82); Bailes (1978, 268–87); Hoffman (1993).

15　Fitzpatrick (1992, 149–82); Bailes (1978, 267).

16　Bailes (1978, 196).

17　Bailes (1978, 225–26) 和 Fitzpatrick (1993) 顯示，老精英在1928至1930年間是專門的靶子，但在後來的清洗（包括1936–38年間的清洗）中並不是。

18　Stalin (1976).

19　Fitzpatrick (1992, 15).

不可侵犯地寫入國家的憲法。然而，在文化激進主義於1930年代初被放棄之後，這一目標不是要靠階級鬥爭的手段來實現的，而是通過工人農民文化的逐漸改善、使他們可以達到知識界的水平來實現的，而知識分子現在成了效法的榜樣。這個新的闡釋激起的社會騷動要小得多，但是，它對減小階級差別的影響甚微。在隨後的幾十年裏，給知識界成員所提供的工資及物質條件，比起工人的來說，在穩步增長，而且鞏固知識精英的社會優勢、促進其代代再造的制度也被精心打造，並得以加強。[20]

中國與蘇聯道路

在很多方面，1949年後中國的情況，比起蘇聯的早期歲月，在專家治國論的發展上，要適宜、有利得多。新的共產黨政權與知識精英的關係上，有少得多的對抗。這是幾個因素的結果，包括中共更牢固地掌握著權力，它在農村根據地 (與當地精英的合作有相當多的實踐) 有執政的經驗，以及它對城市精英比較溫和的態度。這一態度受到新政權蘇聯顧問的鼓勵，這些顧問是帶著建設社會主義的藍圖前來援華的，這些藍圖反映了蘇聯多年前曾發生過的專家治國的轉變。儘管如此，中共還是拒絕了專家治國之路，相反，它開展了剷平階級的工程，這與蘇聯早年所走之路極為相似。

在此過程中，中國採取了許多激進政策，它們是在蘇聯幾十年前曾實施過、但之後便已消失的——即使是在其官方歷史中。中國大躍進及文化大革命期間的激進政策，在多大程度上是仿效早期蘇聯政策的？迄今為止，此課題尚未有系統的學術研究成果。[21] 不管是在多大程度上模仿前蘇聯，很清楚的是，兩者的基本推動力是一樣的：由列寧所改造的馬克思的思想。十月革命之後，中共是在全球有特別號召力的列寧主義

20　Bailes (1978, 410–11); Moore (1965, 241–43).

21　中國教育政策受蘇聯教育制度中殘存的激進實踐的影響，而且，中共研究了教育政策的演變 (例如，見《井岡山》，1967年12月7日。)

思想的一個產物。這些是對革命者有感召力的思想，對技術官僚卻並非如此。列寧主義原理堅持暴力革命和持續的階級鬥爭；它的擁護者被指導著去組織最貧窮、最受壓迫的工人農民，為一個消除階級的社會而戰鬥。中共在列寧主義的旗幟下開展了近三十年的農村戰爭，它就是帶著這些思想，還有一支農民幹部的大軍在1949年掌權的。

中國共產黨人，就像蘇聯布爾什維克一樣，把生產資料轉為公有財產，控制權集中在國家和集體機關，而掌權的通道是由政治資本和文化資本所提供的。後者集中在昔日知識階級手中，而前者集中在黨的幹部手中。如果階級剷平一事隨著經濟資本的重新分配而停止，且讓文化資本與政治資本的現存分配格局不受觸動，就會為相對平靜的一個專家治國的秩序鋪設好舞臺。但與之相反的是，階級剷平一事擴展到了文化領域，且最後又擴展到了政治領域。在追求階級剷平一事上，中國人追隨著自己在1920年代和1930年代學到的列寧主義理論及實踐，而且在很大程度上，他們又成了這一理論及實踐所俘獲的囚犯，甚至當他們把對理論的應用擴展到新領域之時，也是如此。

文化領域的重新分配

正如我們已知的，中共從布爾什維克那裏繼承的規劃，要消滅的不僅是生產資料的私有財產，還有腦力勞動與體力勞動的差別。教育集中在舊特權階級的手中，在道義上，它被視為與財產的集中一樣不合理。中共幹部樂意在文化領域實施激進的重新分配政策，還被另一事實所加強，那就是絕大多數中共幹部——他們是文化程度低下的農民革命家——極少有個人的文化資產可供擔憂。他們在文化領域採用同樣的階級鬥爭方法，和在經濟領域使用的一樣，那就是，動員弱者鬥爭強者。雖然文化資本不能像經濟資本那樣加以沒收並重新分配，但他們重新分配教育機會，重新構建那些再造資本不平等分配的制度，並逐步破壞知識精英的社會權威及地位。雖然共產黨人迅速地擴展學校體系，但他們並不滿足於逐漸改善下層階級的狀況；相反，他們決心一下子就扳倒知識階級。

在工業及教育兩大領域，中共最初採用了蘇共在放棄了剷平階級之舉後所開闢的專家治理的模式。在工業上，它試圖實施蘇聯的「一長制」管理模式，即把政治、管理及領導合在一起。在教育上，它創建了因材施教的學校等級制度，該制度有利於知識階級的子女。這些政策在黨內擁有支持，而且正如我們已知道的，專家治國的思想，在負有培養紅色工程師職責的清華及其他大學，具有很大的感召力。儘管如此，隨著中共以日益激進的方式去追求文化上的階級剷平，專家治國的政策遭遇巨大的抵抗，並最終被否定。

讓專家廠長負責的「一長制」管理模式，在大多數中共幹部那裏從來沒有得到過認同，因為中共幹部本身沒有甚麼技術專長，且不信任那些在職的專家。相反，他們願意讓權力留在黨委會的手裏。中共在1956年正式否認了一長制管理。[22] 當黨接管工廠 (還有政府機關、學校和其他機構) 之時，它建立了紅壓倒專的權力結構，如同當年新生的布爾什維克政權一樣，讓在職的廠長和專家降到從屬的技術崗位。隨著時間流失，這種紅壓倒專的結構得到加強和複製，因為中共也不信任新的大學畢業生 (他們主要是出身於舊的精英家庭)，而是願意把工人提拔到權力的職位上。

從1957年起，中共摒棄了蘇聯教育模式中專家治國那些方面，實施了激進得多的政策。在大躍進失敗之後，這些政策部分得到扭轉；但是，毛澤東在1964年恢復了激進的議程，而且文化上剷平的積極性在文革十年期間達到其高峰。中國的激進教育規劃，與蘇聯早年所實施的激進政策非常相似，但是，中共以一個更系統的方式，且更為持久地執行它。主要目標是：(1) 重新分配教育機會，禁止知識精英的再造，並在全體人民中分散教育；(2) 變動教育和職業分工的性質，以消除腦力勞動與體力勞動之間的差別。作為普及中小學教育應急運動的一部分，成千上萬所學校被建起，並縮短了中小學教育的學制。所有的中學畢業生都進入勞動大軍，從體力勞動的職業起步；而只能為少數人提供的大學教育，則被加以重組，以阻止知識精英的再造。入學考試被取消，學

22　Schurmann (1968, 220–308).

生們則由工廠、公社和軍隊推薦，歧視昔日精英家庭的階級路線得以強化。短期的培訓規劃——日益增多地辦在工廠和村莊——得以發展，課程旨在結合理論與實用知識及體力技能，培養畢業生從事腦力勞動與體力勞動相結合的職業。

到毛澤東時代的晚期，基於教育的階級差別仍然很大，但是，它們已被大大縮小了。激進的教育政策有很多有害的副作用，但它們在推進其剷平階級的目標上很有效。這一結論，與喬納森·凱利（Jonathan Kelly）及赫伯特·克賴恩（Herbert Klein）常被人引用的論點相矛盾；他們認為，革命不能重新分配文化資產。他們基於對玻利維亞和波蘭的研究，得出結論：激進的社會革命在最初可以通過重新分配物質財產減小不平等，但長期來說還是要失敗，因為它不能減小基於教育的不平等。[23] 在中國這個案例上，雖然中共肯定並未消除基於文化資本的不平等，但在毛澤東時代，在激進的攻擊下，這樣的不平等卻節節敗退。最終，妨礙中國階級剷平一事的基本障礙，植根於政治領域，並非文化領域。

政治領域的重新分配

中共認為文化領域——特別是教育制度——為敵人的天下，而政治領域是共產黨的天下。黨力圖佔領敵人的地盤，並重新分配敵人的資源。與此同時，黨通過把權力集中在自己手裏，來鞏固它自己在政治領域的陣地。中共幹部認為自己正在領導工農進行反對昔日精英階級的鬥爭。在這一旗幟下，中共重組了村莊、工廠和學校，使它們成為有著半永久性成員的高度組織化的工作單位；而且，在每個單位內，它盡力把權力集中在黨委會的手中。於是，在政治領域，它是靠著一個集中權力而不是分散權力的議程來掌權。儘管如此，黨還是擔憂它自己的幹部正在濫用自己擁有的權力，變得脫離羣眾。實施一個針對社會中最強大羣體的革命議程，要依靠來自底層階級的支持，而且需要幹部成為掌權的革命家來行事，而不是成為尋求特權的官員。因此，黨試圖使用羣眾來監督它自己的幹部。黨的工作組被派到村莊、工廠和學校，去動員工作

---

23   Kelly and Klein (1981).

單位的成員，批評當地領導的「官僚主義」行為——脫離羣眾、濫用職權、「命令主義」和壓制來自下面的批評。中共幹部定期要搞運動——都是由毛澤東發動的——以反對腐敗和官僚主義，包括1957年共產黨的整風運動和1960年代初的社會主義教育運動。就像文化領域的運動一樣，隨著時間發展，這些運動變得越來越大、拖得時間越長、也越發有破壞性，到文化大革命時達到高潮。

在政治領域，中國也是以蘇聯的理論及做法為起點的。他們借鑑蘇聯的，不僅是列寧主義黨的模式——包括其先鋒隊地位、等級制度的結構，及嚴格的紀律——還有糾正黨組織問題的方法。中共的官僚主義概念——以及反官僚主義的鬥爭——都是學蘇聯的。從蘇聯導師那裏，中共學會了實行批評及自我批評，還有組織羣眾監督幹部；中國的領袖們在強烈地譴責黨的官員欺壓工農時，以及在譴責黨的敵人復辟資本主義時，都是跟著蘇聯先例在走而已。[24] 儘管如此，中國文化大革命的目標及方法，擴展了布爾什維克反官僚主義的鬥爭，在方式上使它有了質的不同。

毛澤東認準了運動的靶子，是正在剝削工農的一個新生官僚階級。他確信，黨的官員已經變成了共產主義剷平階級工程的主要危險；而且，他採用的目標及方法，反映了這一憂慮。當以前的運動把目標對準官員濫用職權一事之時，文化大革命第一次明確地要分散幹部的政治權力。其主要的目標是：(1) 通過逐步破壞幹部的權威，提升工作單位普通成員的權力，在工作單位之內重新分配政治權力；(2) 削弱政治監護、指導及恩庇的格局；(3) 防止幹部在入黨、教育及就業上為其子女獲得特權通道。毛澤東繞開了黨的機構，使用他個人的權威，去鼓勵一個自主的造反運動的創立。在毛澤東的支持之下，這個運動有效地破壞了黨的官僚主義的權威，以犧牲中層黨的官員為代價，提升了頂端及底端的權力。毛澤東獲得了大得多的個人權威，而且羣眾——或至少是其中一些——作為各地的造反派，在動員民眾批判當地的中共官員以及決定誰適合恢復職務上，享有了史無前例的權力。

---

24 Andrle (1988); Chase (1987); Fitzpatrick (1994); Getty (1985); Hoffman (1993); Koenker (2005); Lupher (1996).

在造反團體與穩健的現狀保衛者之間的武鬥把中國帶入內戰的邊緣之後，毛澤東下令鎮壓了派性衝突。造反組織被解散，而黨——在癱瘓兩年之後——得以重建，權力重新集中在了黨的官員手中。然而，毛澤東仍試圖遏制官僚的權力，為此，他創立了一套使造反者與管理者互鬥的制度化的、派性爭鬥的制度。老幹部回到了管理的崗位，而造反派被安置的位置，卻能讓他們動員起對抗力量以制衡管理者。激進的領袖們繼續發動政治運動來反對黨的官員，但是，不像文革初期的造反派，他們使用行政管理的措施和官僚主義的動員方法。在清華，工宣隊動員學生與工人批評大學幹部及老師。雖然他們創立的治理制度防止了一個有秩序的官僚等級制度的恢復，它卻導致了政治庇護文化的持久化——這種種扭曲的形式，我稱之為「拍馬屁的造反」。

在文化大革命期間，毛澤東繼續堅持政治掛帥，也就是，用政治考量及政治資格優先壓倒技術及學術考量、學術資格的辦法，以犧牲文化權力為代價，來提升政治權力。在本質上，他的策略是把權力從文化領域轉到政治領域，但在同時，又分散幹部的政治權力。最終，這一策略的命運——還有整個剷平階級工程的命運——都取決於能否找到分散幹部政治權力的有效手段。雖然早期造反運動在破壞中共機關的權威上極為有效，但隨後將派性爭鬥及羣眾監督幹部制度化的努力，卻只有令人失望的結局。最終，這一階段的政治實驗沒顯示出甚麼跡象表明毛澤東及其追隨者，已經找到了分散共產黨官員權力的有效手段。

精英的再造及會師

到目前為止，我已經分別討論了文化領域與政治領域，但是，中國的新階級興起在兩大領域的交叉之處。這一階級，是政治精英與知識精英再造及會師的產物。政治精英隨著其子女獲得政治資格，能夠再造其自身，而知識精英隨著子女獲得教育上的資格也能複製自己。而正是兩大羣體的匯聚，創造了一個技術官僚的階級。

在結構上，政治精英與知識精英隨著其資產結構變得更加相似而逐漸匯聚。在1949年，他們幾乎沒甚麼重疊；極少的知識階級的成員屬

於黨，極少的黨員有較高的文化水平。那些兩隻腳分別踩在兩大陣營的人——共產黨的知識分子——絕對數目極小，而且在每一羣體中，都是極少數。隨著知識精英的子女獲得了政治資格，而政治精英的子女獲得了學術資格，佔據兩大羣體交叉之處的人們——紅色專家——的人數穩步地增長。紅色專家們的雙資格，給了他們在文化及政治兩大領域的等級制度結構中的既得利益；他們在高等教育和共產黨活動中的共同經歷，使他們浸透了共同的價值觀及觀點，這讓他們與絕大多數民眾分離開來，其中也包括其父母的大部分。

這兩大精英在政治上也匯聚了，因為他們中的成員認識到他們在維護社會穩定和中止階級剷平運動上享有共同利益。在共產黨掌權的前幾十年裏，是新、老精英之間的鴻溝促成了這些剷平運動。共產黨幹部原來把知識精英視為舊秩序的代表，並相信破壞他們從文化資本上所獲得的特權是黨的革命重任的一部分；而知識分子視共產黨幹部為無資格的篡奪者，並憤恨他們從政治資本上所獲得的特權。1957年，兩大羣體的成員站在由政治資本和文化資本所劃定的戰線的對立兩邊。1966年，在許多重點學校，同樣的敵對行為在精英內部爆發；但毛澤東對兩大羣體的同時進攻，卻最終凝聚了精英內部的團結。這一團結的一個表現，是清華及其他學校湧現出的穩健派派別。使各種階級出身的新生紅色專家生氣的是，激進派的口號譴責黨辦的大學的畢業生為「新的資產階級知識分子」，他們集結在穩健派的陣營裏，去保衛政治資本和文化資本。

這一團結在文革十年中不可能盡善盡美；彼時，毛澤東及其激進的追隨者扼殺了精英的所有意圖及權利。然而，1976年毛澤東死之後，黨的官員與知識分子發現，在譴責文革的暴力和平均主義上，兩者史無前例的一致。到那時，新、老精英的逐漸匯聚，已經為一個技術官僚階級的迅速鞏固創立了條件。黨的領袖放棄了剷平階級之事，毫不含糊地認可了文化資本的價值，接納了昔日知識精英，並進而把中共改造成一個技術專家治國的黨。現在，知識分子在歡呼聲中擁戴鄧小平——這個在二十年前的「反右」鬥爭中組織了迫害異議知識分子的人——成為了他們的救星。黨組織和教育制度重新得到整修，紅色專家被迅速推舉到領導崗位，取代了老資格的農民革命家和工農幹部。新的中共領導層，就

像其蘇聯同行一樣，堅持說他們並不是在拋棄平均主義的共產主義理想，而只是放棄剷平階級的破壞性的方法。在未來，每個人都會致富，但是，一些人要先富起來。結果是，鞏固階級分化的制度被重建並得到強化，而社會不平等在穩步增大。

共產主義、專家治國和新階級理論

俄國、中國和其他國家的共產主義革命都以創造了一個紅色專家高踞頂端的專家治國秩序而告終。把這種結果看成是安排好的似乎不無道理。康拉德和塞勒尼以一種特別有力的方式提出了這一思想；他們發展了一套敘事，其中布爾什維克和其他共產黨是知識界的先鋒隊，是實現了知識分子長期持有的掌權雄心的一個專家治國秩序的建築師。換句話說，根據康拉德和塞勒尼的理論，共產主義革命從一開始，就尋求實現一個聖西門的社會主義觀。在此書中，我已經考量了中國的案例，講述了一個非常不同的故事。中共最後確實走上了專家治國之路，但只是在它拋棄了剷平階級之路以後。這一變化，當然把黨從文化資本的敵人轉化成了文化資本的擁護者，而且，它還促進了基於新、老精英匯聚的一個新階級的鞏固。我認為這一故事的基本要素——放棄剷平階級之路，以實現專家治國的政策，以及昔日知識精英與新生政治精英那有爭議的匯聚——也適合於蘇聯的案例，而且，它們有可能也適合共產黨靠土生土長革命的手段掌權的其他案例。我相信，尋求解釋社會主義社會中一個新階級興起的任何一般理論，都要考慮這些要素。當考慮了這些要素之後，新階級理論應當進而去解釋得勝的共產黨的轉向。為甚麼這些黨先是走上了剷平文化之路？為甚麼它們隨後又拋棄了這一道路，而走上專家治國之路？在中國的案例中，在回答第一個問題時，我強調思想的重要性，在回答第二個問題上，我強調利益的重要性。

解釋剷平階級之舉

一旦中共走上了專家治國之路，它就把自己過去冒險的剷平文化之

舉，解釋為一種對社會主義原則的偏離。蘇共也否決了它早期的激進主義，而且，這兩個黨最後都把共產主義的使命解釋為本質上是專家治國論的。這些重新闡釋從馬克思主義的原理中抽去了激進的要素，不過專家治國的傾向的確從共產黨掌權的最初時日就存在於兩國。在中國，中共與知識精英作過務實的妥協，它也建立了一個高度唯才是用的教育制度，專家治國的思想在清華及其他大學盛行。在蘇聯，情況也是如此，只不過程度上差些。然而，這些早期的專家治國傾向一直是不安地存在於黨內。黨總是敵視它們；而且在兩國，它們都被剷平階級的衝動所壓倒。再說，無論是在蘇聯，還是在中國，文化上剷平的激進目標及階級鬥爭的方法，都是直接得之於共產主義的意識形態。

在解釋中共早期敵視知識精英與專家治國的思想中，我已經強調了大多數黨的幹部的農民出身。在解釋蘇共早期敵視資產階級專家的舉動中，蘇聯的學者以相似的方式，指出布爾什維克大多數黨員的工人階級出身。這些解釋是準確的，但它們指的是一個中間的機制，而不是原動力。中共與蘇共都是由知識分子創立的，由於他們對馬克思主義的闡釋，這些知識分子有意把其運動建立在較低下的階級之中，而且下大氣力把貧賤出身的黨員提升到領導崗位。在掌權之後，它們維持這一方向，提拔工人農民，歧視知識分子。為這一階級偏見辯護的理由是，出身較低下階級的幹部是共產主義使命最可信任的執行者，因為在維護階級特權上，他們有較少的既得利益。而且這一點也是真實的，至少在文化資本的案例上。總而言之，中共和蘇共不是因為其幹部招收自文化水平低下的階級，才敵視專家治國論；而是相反，其幹部招收自文化水平低下的階級，是因為黨的指導思想是敵視專家治國論的。

我也已經解釋過，文化上剷平階級之舉，特別是重新分配教育機會的努力，是新、舊精英之間競爭的一個體現。蘇聯的學者也提出了相似的論點，突顯了蘇共要用紅色專家取代白色專家的決心。這些論點是正確合理的。但是，如果我們僅僅簡單地把共產黨重新分配文化資本的舉動解釋為培養一支政治上更可靠的專家隊伍的手段，我們就錯失了其很多內容。在蘇聯和中國兩國，受意識形態驅動的黨展開範圍廣闊的教育政實驗，旨在消除腦力勞動與體力勞動的差別。在蘇聯，由於新的一批

紅色專家到位後，重新分配的舉措很快就衰落了，所以，我們更容易用精英內部之間競爭的狹窄視角來考察其早期激進政策。然而，這種視角用來分析蘇聯並不合適，更不用說中國的案例了。在中國，文化重新分配之舉持續的時間得要長得多，而且，它清楚地是要用來阻止任何一種知識精英的鞏固，無論是白的，還是紅的。

解釋技術官僚治國轉向

在解釋專家治國的轉折上，意識形態不那麼重要。因為專家治國政策的倡導者一直易受修正主義與階級調和論的指控，這些政策更容易用務實的論據，而不是意識形態的論據來辯護。然而，這些實用主義是由重要的利益來支持的。隨著新、老精英的匯聚，這些利益的潛能與效力在增加，而且紅色專家正在增大的隊伍，成了專家治國政策的關鍵執行者及主要支持者。關於演變著的精英利益如何支持了中國向技術官僚治國的轉向，我已經發展了一個詳盡的敘事，雖然我的知識還不足以讓我在蘇聯的案例上冒險說出這樣一類的敘事，我猜測相似的利益也會涉及其中。

其他的學者已經把此轉向歸結於普適法則那無情的效力。尼古拉‧蒂瑪舍夫 (Nicolas Timasheff) 對前四分之一世紀的布爾什維克統治作過一個影響很大的闡釋，而理查德‧羅文薩 (Richard Lowenthal) 寫過一篇被廣為引用的論文，比較了蘇聯、中國和南斯拉夫共產黨權力的軌跡，他們都提出了這類的論點，特別有說服力。[25] 由於他們認識到取勝的共產黨被剷平階級的雄心所驅動，兩位作者都能捕捉到這些社會的矛盾，並能解釋共產黨政權的挫折與坎坷。他們要比那些未能認真看待共產主義事業的學者有說服力得多。在蒂瑪舍夫和羅文薩各自考察的案例中，他們提出，革命政權妄圖把一個烏托邦的規劃強加給抵抗的民眾，但民眾更關心自己生活得下去，而不關心創建一個平均主義的社會。在兩人的敘述中，個人及羣體的利益籠罩一切，但他們把這些利益歸因為人類這

25　Timasheff (1946); Lowenthal (1970)。羅文薩根據蘇聯及南斯拉夫的經歷，準確地預見了中國剷平階級之舉的消亡。

一物種的本性。而且，他們認為個人的行動受著某些大得多的力量的驅使。對蒂瑪舍夫來說，「大退卻」是由傳統的慣性復原力在指揮。他指出，布爾什維克遭遇到民眾無情的抵抗，因為他們攻擊了國家的文化基礎和民族自豪，並試圖扳倒作為俄國社會結構的傳統制度，包括家庭、教會和學校；為了維持權力，他們最終被迫放棄了這些烏托邦的實驗，並接受了傳統的制度和思想。與之相比，羅文薩則認為，共產主義的階級剷平之舉，與當時同時進行的發展國家經濟之舉一直是對立的，而烏托邦的空想最終讓位於現代化的要求。

這些都是強有力的立論，而且在其他學者的著作中以不同的形式出現。肯定有可能的是，共產主義的目標是被人性、傳統的復原力，以及現代化的要求，或是被這三者的合力所打敗。如果是這樣的話，結局有可能是不可避免的。很遺憾，這些是本書無法回答的問題。我的發問一直定在不太高的層次上，基於現存的制度，審視特別的幾種利益。我集中考察了那些與文化資本及政治資本不平等分配相關的利益，還有促進這種不平等分配再造的制度。這些之中，最重要的是學校系統與共產黨的制度。因此，我把注意力聚焦在圍繞這些制度的衝突，以及結合起來去攻擊和保衛它們的羣體上。我相信，目前的分析為中國為何拋棄剷平階級之舉，並走上一條專家治國之路提供了足夠的解釋；我期望，相似的分析會進一步解釋蘇聯及其他國家的類似結局。可能會有更深刻的理由讓這樣的結局必不可免，但是，只要基於特權羣體與其既得利益的分析看起來合理有效，我就不願意接受結果是由無情的普適原因所決定的這種觀點。

無論如何，資本——經濟的、政治的或文化——不平等分配而導致的階級優勢，將繼續激起重新分配的要求，而且這種要求所造成的衝突，將繼續引發那些譴責或保衛再造不平等分配制度的論點。在未來的幾十年甚至幾百年裏，兩種論點的倡導者，將會把中國文化大革命的事件作為一個關鍵的參照點，因為文革代表著二十世紀共產主義剷平階級實驗的最高峰。

参考資料

清華大學教職員工和學生，1949-1992

年份	教員[1]	工人及職員[2]	錄取的新生[3]		學生總數[4]		正規生中女生的比例[5]
			正規生	職業培訓	正規生	職業培訓	
1949	323		651	48	2257		3.7
1950	399		658		2494	53	
1951	452		823	77	2820	295	11.3
1952	443		1055	925	3007	262	
1953	588		1850		3381	853	
1954	683		1808		4990	224	
1955	822		1933		6392		
1956	1227		2340		8647		
1957	1230	343	1835		9262		19.6
1958	1390	1100	2782		10889		17.7
1959	1575	995	2064		11366		17.3
1960	1823	2056	2445		13231		18.1
1961	2005	944	1504		12749		18.0
1962	2151	538	1421		12153		17.7
1963	2157	502	1631		11596		18.4
1964	2226	498	1629		10771		18.0

1. 方惠堅、張思敬，《清華大學志》（第 1 卷，489–90）。
2. 方惠堅、張思敬，《清華大學志》（第 1 卷，415–17）。
3. 方惠堅、張思敬，《清華大學志》（第 1 卷，222）。
4. 方惠堅、張思敬，《清華大學志》（第 1 卷，216–17）。
5. 《清華大學一覽》（1959；1960；1961；1962；1963–64；1964–65）；清華大學（1975），方惠堅、張思敬，《清華大學志》（第 1 卷，223）。1992 年的數據僅包括錄取新生。

1965	2475	581	1649		10347		
1966		626			10347		
1967					8135		
1968					3400		
1969	2549	1042			3265		
1970	3327	1432	2236	606	2236	606	20.2
1971	3386	1486			2157	480	
1972	3473	1621	1978	274	3895	405	
1973	3483	1537	1846	123	5779	321	
1974	3628	1547	3352	116	6569	201	
1975	3672	1627	3715	426	7912	1039	
1976	3756	1735	1960	578	7980	1246	
1977	3871	1841	1054	401	5511	337	
1978	3899	1331	1050	425	6170	236	
1979	3775	1034	1899	214	5905		
1980	3723	1036	1956	75	7604		
1981	3665	942	1977		7792		
1982	3622	901	1958		8814		
1983	3560	876	2075		9832		
1992	3327		2096	181	10044	492	18.9

附錄二

受訪者名單

　　此處提供本書受訪者的個人信息包括：在校的職業與期限，性別，家庭出身（按照官方的劃分標準），與共產主義青年團及共產黨的關係，以及在文化革命中的派別傾向（如果有的話）。學校名稱縮寫如下：清華大學，清華附中，清華附小，以及清華大學工農速成中學。除一個例外，這些名字係化名。

1. 萬紹業。清華大學學生 1960–69。男。白領。非團員。「井岡山」同情者。

2. 趙竹康。清華大學學生 1962–69。男。白領。團員。

3. 金懷遠。清華大學學生 1962–69。男。出身不佳。

4. 侯聖東。清華大學學生 1963–69。男。白領。非團員。「井岡山」同情者。

5. 趙勇。清華大學學生 1962–69。男。白領。團員。「4·14」派積極分子。

6. 陳曉鋼。清華大學學生 1964–70。男。革命幹部。團員。「4·14」派積極分子。

7. 李維章。清華大學學生 1964–70。男。白領。團幹部。「4·14」派同情者。

8. 華博文。清華大學學生 1961–69。男。「井岡山」同情者。

9. 劉培智。清華大學學生 1963–69。男。白領。團員。「井岡山」積極分子。

10. 于得水。清華大學學生 1964–70。男。中農。團幹部。老紅衛兵同情者。

11. 王佳宏。清華大學學生 1963–69。男。白領。團員。「4‧14」派同情者。

12. 丘茂生。清華大學學生 1964–70。男。貧農。團幹部。黨員。「4‧14」派積極分子。

13. 岳懷遠。清華大學學生 1962–69。男。地主。「4‧14」派積極分子。

14. 馬耀祖。清華大學學生 1960–69。男。中農。團員。班幹部。「4‧14」派積極分子。

15. 周文海。清華附中學生 1963–69。男。資本家。團員。「井岡山」積極分子。

16. 劉進軍。清華附中學生 1963–69。男。革命幹部。團幹部。老「紅衛兵」積極分子。

17. 李京生。清華附中學生 1963–69。男。出身壞。非團員。「井岡山」積極分子。

18. 曹英。清華附中學生 1963–69。女。革命幹部。團幹部。「井岡山」積極分子。

19. 廖平平。清華附中學生 1963–69。女。革命幹部。「毛澤東思想紅衛兵」同情者。

20. 梅亭玉。清華附中學生 1965–69。男。白領。非團員。老「紅衛兵」同情者。

21. 鄭和平。清華附中學生 1964–68，清華大學技術培訓生 1975。男。白領。團員。

22. 蔡建設。清華附中學生 1963–69，清華大學學生 1977–82？。男。白領。非團員。「井岡山」積極分子。

23 丁玉琴。清華附中學生 1963–69。女。工人。團員。「井岡山」積極分子。

24. 歐英才。清華附中學生 1963–69。男。白領。非團員。「井岡山」積極分子。

25. 李夢雄。清華附中學生 1963–69。男。資本家。非團員。「井岡山」積極分子。

26. 宋振東。清華附中學生 1965–69。男。革命幹部。團員。「毛澤東思想紅衛兵」同情者。

27. 孫青。清華附中學生 1965–69。女。白領。非團員。

28. 陸建新。清華附中學生 1965–69。女。革命幹部。團員。「毛澤東思想紅衛兵」同情者。

29. 李歡。清華附中學生 1965–69。女。白領。非團員。「毛澤東思想紅衛兵」同情者。「4‧14」派積極分子。

30. 魏傑明。清華大學幼兒園及附小學生 1974–81，清華附中學生 1981–87，清華大學學生 1987–96。男。白領。團員 (清華大學)。

31. 丁毅。清華附中學生 1969–75，清華大學學生 1977–82。男。白領。黨員。

32. 高一知。清華附中學生 1971–75，清華附中教師 1975–78。男。白領。非團員。

33. 劉文青。清華附小學生 1971–77，清華附中學生 1977–81，清華大學學生 1981–86。男。白領。團員。

34. 張永毅。清華大學學生，清華大學幹部，清華附中幹部 1995–目前。男。

35. 陳若文。清華附中學生 1968–71，清華附中幹部 1980–目前。男。白領。

36. 張桂英。清華附中學生 1956–60，清華附中幹部 1960–目前。女。工人。團幹部。黨員。

37. 袁潔瓊。清華大學工農速成中學教師／幹部 1950–58，清華附中教師／幹部 1960–？。女。白領。團幹部。黨員。

38. 王正聲。清華附中教師 1949–？。男。白領。

39. 梁均程。清華大學學生 1949–52，清華教師 1953–60，清華附中教師 1960–88。男。團幹部。黨員。

40. 張定中。清華附中教師 1961–？。男。團幹部。黨員。

41. 戴英之。清華教師 1955–60，清華附中教師 1961–？。女。小業主。

42. 賀先瓏。清華大學學生 1949–52，清華大學工農速成中學教師 1952–57，清華附中幹部 1957–69。男。白領。團幹部。黨的領導幹部。

43. 薛利民。清華附中學生 1960–68，清華大學學生 1978–82，清華附中教師 1982–？。女。

44. 趙松玲。清華大學學生 1936–40，清華教師 1951。女。白領。

45. 岳長林。清華教師 1953–86。男。白領。非黨員。

46. 魏學誠。清華大學學生 1953–58，清華教師 1958–？。男。富農。「井岡山」同情者。

47. 魏佳玲。清華大學學生 1958–64，清華教師 1964–？。女。國民黨官員。團幹部。黨員。

48. 楊玉田。清華大學學生 1956–59，清華教師 1959–？。男。農民。「4・14」派同情者。

49. 梁友生。清華大學學生 1953–58，清華教師 1958–？。男。國民黨官員。

50. 張翠英。清華大學學生 1970–73，清華大學職員 1973–目前。女。農民。團幹部。

51. 莊定謙。清華大學學生 1952–53，清華教師 1953–目前。男。白領。團幹部。黨員。

52. 常真青。清華大學學生 1965–70，清華教師 1970–目前。男。小業主。「4・14」派同情者。

53. 岳秀雲。清華大學學生 1972–75，清華教師/職員 1975–目前。女。農民。

54. 趙先路。清華大學學生 1965–70，清華教師 1970–目前。男。「井岡山」同情者。

55. 方學英。清華大學學生 1972–75，清華教師 1975–目前。女。革命幹部。

56. 熊敏全。清華大學學生 1948–51，清華大學幹部 1951–84。男。白領。團幹部。黨的領導幹部。

57. 童玉坤。清華大學學生 1946–51，清華教師/幹部 1951–84。男。團幹部。黨的領導幹部。

58. 童小玲。清華附中學生 1968–70，清華大學職員 1970–77？。女。革命幹部。

59. 張友明。清華附中學生 1961–64，清華大學學生 1965–70，清華大學職員 1970–？。男。工人。團幹部。「井岡山」積極分子。

60. 王興民。清華大學學生 1965–70，清華大學職員/幹部 1970–目前。男。農民。團員。「井岡山」同情者。

61. 趙和平。清華大學學生 1975–81。男。白領。團員。

62. 方震中。清華大學學生 1965–70。男。工人。團幹部。「4‧14」派積極分子。

63. 梅學思。清華大學學生 1965–70。男。白領。團員。

64. 岳長嶺。清華大學學生 1979–84。男。白領。團員。

65. 吳先傑。清華大學學生 1978–83。男。團員。白領。

66. 韓靈芝。清華附中教師 1976–77，清華大學學生 1978–82。女。白領。團員。黨員。

67. 梁銀。清華大學學生 1982–84。女。白領。團員。

68. 林涓。清華大學學生 1983–87。男。地主。團員。

69. 何一寧。清華大學學生 1965–70。男。資本家。非團員。「井岡山」同情者。

70. 費傑。清華大學學生 1977–82。女。白領。團員。

71. 丁選。清華大學學生 1977–82。男。

72. 趙俊英。清華大學學生 1959–65。男。資本家。團員。

73. 柯名。清華大學學生 1965–70。男。革命幹部。團幹部。黨員。「4‧14」派積極分子。

74. 鄗大富。清華大學學生 1963–69。男。貧農。團幹部。「井岡山」積極分子。

75. 李光友。清華大學學生 1964–70。男。工人。團員。「井岡山」積極分子。

76. 賴家華。清華大學學生 1948–52，清華教師/幹部 1952–？。男。資本家。黨領導。「井岡山」同情者。

77. 洪城前。清華大學學生 1954–58，清華大學幹部 1958–目前。男。小業主。黨領導。

78. 程玉華。清華大學學生 1956–61，清華教師/幹部 1961–目前。男。中農。黨員。「4‧14」派同情者。

79. 羅先成。清華大學學生 1970–74，清華教師 1974–目前。男。農民。黨員。

80. 朱永德。清華大學學生 1960–68，清華大學職員 1968–目前。男。白領？。團員。「4‧14」派積極分子。

81. 陳金水。清華大學工人 1952–？。男。工人。黨員。「井岡山」同情者。

82. 朱友仙。清華大學學生 1970–74，清華教師 1974–目前。男。貧農。黨員。

83. 林濟堂。清華大學學生 1965–70，清華幹部/教師 1970–目前。男。中農。「井岡山」積極分子。

84. 王航。清華大學學生 1972–75。男。革命幹部。團員。

85. 林弘毅。清華大學學生 1963–69。男。農民。團幹部。「井岡山」積極分子。

86. 袁徵。清華附小學生 1960–65，清華附中學生 1965–69，清華大學研究生 1978–81，清華教師 1981–目前。男。白領。

87. 孫勝前。清華大學學生 1961–68。男。農民。「4‧14」派同情者。

88. 左春山。清華大學學生 1974–77。男。下中農。黨的領導幹部。

89. 羅金楚。清華大學學生 1973–77，清華教師及職員 1977–目前。男。革命幹部。

90. 秦玉成。清華附中學生 1960–66，清華大學學生 1978–82，清華教師 1982–目前。男。白領。團幹部。「井岡山」同情者。

91. 龍建成。清華大學國外留學生 1975–77。男。

92. 麥青文。清華大學學生 1951–55，清華教師/幹部，1955–83。男。資本家。黨的領導幹部。「4‧14」派積極分子。

93. 呂寶蘭。清華大學學生 1973–77，清華教師 1977–目前。女。貧農。

94. 羅耀宗。清華大學學生 1972–75，清華教師 1975–目前。男。工人。

95. 李紅軍。1970年代清華附近村莊的小學生。男。農民。

96. 路申平。清華大學學生 1965–70。男。白領。團員。

97. 陳志明。清華大學學生 1964–69。男。工人。團員。

98. 甄曉鋼。清華大學學生 1964–69。男。貧農。團員。

參考文獻

中文

北京大學和清華大學大批判組，1975，〈教育革命的方向不容篡改〉，《紅旗》，1975 年 12 期。

北京大學教育革命組，1973，〈堅持政治與業務工作的統一，全面把握錄取條件〉，《人民日報》(1972 年 3 月 4 日)

北京林學院紅衛兵戰鬥組，1966，《一篇很好的反面教材》，北京：北京林學院「東方紅」。

卜偉華，1998，〈清華附中紅衛兵成立始末〉，《中共黨史資料》，70：96–107，北京：黨史出版社。

遲群、謝靜宜，1976，〈遲群，謝靜宜在清華大學機械系學員和幹部學習1976 年 5 月 16 日兩報一刊社論座談會上的講話 (原件) 〉，北京。

崔相錄編輯，1993，《東方教育的崛起：毛澤東教育思想與中國教育 70年》，鄭州：河南教育出版社。

鄧小平，1984，《鄧小平文選 (1975–1982) 》，北京：外文出版社。

———，1993，《鄧小平文選》，北京：人民出版社。

丁抒，2000，〈進入中共中央核心的譯電員〉，《華夏文摘，文革檔案通訊》，65，http://www.cnd.org/cr/ZK00/zk210.hz8.html。

丁偉，2007，〈TEEC：清華企業家圈〉，《中國企業家》，7，http://www.cnki.com.cn/Article/CJFDTotal-ZGQY200707027.htm。

方惠堅、張思敬編輯，2001，《清華大學志》，2 卷，北京：清華大學出版社。

方惠堅、郝維謙編輯，1999，《蔣南翔教育思想研究》，北京：清華大學出版社。

國家教育委員會，1984，《中國教育成就：統計資料，1949–1983》，北京：人民教育出版社。

賀崇鈴編輯，2001，《清華大學九十年》，北京：清華大學出版社。

蔣南翔，1967，〈交代材料（供批判）〉，北京：清華大學井岡山 414 派分發的手稿。

———，1998，《蔣南翔文集》，北京：清華大學出版社。

江青、姚文元、遲群、謝靜宜，1976，〈江青、姚文元、遲群、謝靜宜 1974 年 1 月 25 日在中央直屬機關和國家機關批林批孔動員大會上的講話（記錄稿）〉，北京。

蔣一葦，1957，〈技術與政治〉，《學習（Study）》，16：11–14。

蒯大富，1966，《清華大學大字報》，北京：清華大學井岡山紅衛兵宣傳隊。

李鴻儒、姜錫華，1994，〈清華大學校辦產業發展過程芻議〉，《清華大學教育研究》，1：82–87。

劉冰，1998，《風雨歲月：清華大學「文化大革命」軼事》，北京：清華大學出版社。

劉精明，1999，〈教育制度與教育獲得的代際影響〉，取自《生命的歷程：重大社會事件與中國人的生命軌跡》一書，李強編輯，杭州：浙江人民出版社。

劉克選、方明東編輯，1998，《北大與清華》，北京：國家行政學院出版社。

劉舒立等編輯，1987，《清華大學校史綱要（討論稿）》，北京：校史編寫組。

馬彥文，1976，〈無產階級專政與官僚主義者階級：學習毛主席重要指示體會之四〉，《北京大學學報》，4：3–12。

毛澤東，1965（1927），〈湖南農民運動考察報告〉，《毛澤東選集》，第 1 卷：23–29，北京：外文出版社。

———，1996，《建國以來毛澤東文稿》，11 卷，北京：中央文獻出版社。

清華大學，1975，《各項基本情況統計》，北京。清華大學校史研究室，1983、1995、1996，《清華人物志》，4 卷，北京：清華大學出版社。

清華大學校長辦公室，1954，《清華大學 1954 年工作報告》，北京。

清華附中 80 週年慶祝委員會，1995，《紀念文集》，北京：清華大學附中。

清華附中紅衛兵高中部 655 班核心組，1996（1966），〈做頂天立地的人〉，引自《文化大革命和它的異端思想》，宋永毅、孫大進編輯，頁 86–87，香港：鄉村書屋。

清華附中井岡山兵團，1967，〈特權階層的衛道士〉，《春雷》，7 月。（Red Guard Publications, Washington, D.C.: Center for Chinese Research Materials Association of Research Libraries, 1979, vol.4: 753.）

清華井岡山兵團，1967a，《大字報選編》，卷 1、4、5、6、7，北京。

———，1967b，〈出身論〉，《井岡山通訊》，138，北京。清華井岡山聯合總司令部 414 幹部辦公室，1967，《大字報選編》，2 卷，北京。

清華井岡山 414 革命串聯會，1967a，《大字報選編》，2 卷，北京。

任建明，1999，《清華大學學生工作論文集・第四集》，北京：清華大學出版社。

人民教育出版社編，1976，《無產階級教育革命破浪前進：清華、北大教育革命文章選編》，北京：人民教育出版社。

沈如槐，2004，《清華大學文革記事：一個紅衛兵的自述》，香港：時代藝術出版社。

宋永毅、孫大進主編，1996，《文化大革命和它的異端思潮》，香港：鄉村書屋。

孫立平，2002，〈總體性資本與轉型期精英形成〉，《浙江學刊》，3。

孫仲之（清華大學《蔣南翔紀念文集》編輯小組）編輯，1990，《蔣南翔紀念文集》，北京：清華大學出版社。

唐少傑，1996，〈清華大學井岡山兵團的興衰〉，《文化大革命：事實與研究》，劉青峰編，頁 49–63，香港：中文大學出版社。

———，1998，〈從清華大學兩派看「文化大革命」中羣眾組織的對立和分歧〉，《中共黨史研究》，2：69–74。

———，2003，《一葉知秋：清華大學 1968 年「百日大武鬥」》，香港：中文大學出版社。

———，2005，〈清華大學「教育革命」述評〉，《大學人义》，4。

滕藤、黃聖倫，2003，〈憶南翔同志倡導政治輔導員制度〉，《清華新聞》（12月 11 日），http://news.Tsinghua.edu.cn。

統計工作快訊資料辦公室，1957，〈1955 年全國職工人數，構成與分布的概況〉，《新華半月刊》，2：87–89。

外語系革命委員會，1968，《「五七」漢英詞語匯編》，武漢：華中師範學院革命委員會。

萬邦儒編，1987，《清華大學附屬中學簡史》，北京：北京市教育研究院。

萬潤南，2006，〈我的學長胡錦濤〉，《清華歲月》（4 月 26 日），http://508208.com/blog8/。

王凡，2001，〈受訪者：范碩，中國軍事科學院研究員，葉劍英傳記組組長〉，http://www.shuwu.com/ar/chinese/113606。

王友琴，1996，〈1966：學生打老師的革命〉，引自《文化大革命：事實與研究》，劉青峰編輯，頁 17–38，香港：中文大學出版社。

吳德，2004，《吳德口述：十年風雨記事：憶我在北京工作的一些記事》，北京：當代中國出版社。

新華社，2008，〈北京大學作為「巨頭的搖籃」而大發橫財〉（1 月 9 日），http://www.news.xinhuanet.com/english。

新清華編輯委員會，1957，《捍衛高等教育和科學事業的社會主義方向：批評右派分子錢偉長的反共反社會主義言行》，2 卷，北京：清華大學出版社。

徐友漁，1996，〈文革中紅衛兵的派別鬥爭〉，《中國研究》，2。

嚴華，2005，〈吳邦國認滬不認鄉〉，《亞洲時報》（6 月 21 日），http://www.atchinese.com/index.php?option=com_content&task=view&id=2119&Itemid=66。

印紅標，1997a，〈文化大革命中的社會性矛盾〉，《中國黨史研究》，2：77–81。

———，1997b，〈抗爭者的衝突：遇羅克與聯動的論爭〉，《中國青年研究》，5：30–33。

袁振國，1999，《論中國教育政策的轉變：對我國重點中學平等與效益的個案研究》，廣東：廣東教育出版社。

張立波，2000，〈「三箭齊發」人心寒——批林批孔運動始末〉，http://www.guxiang.com/lishi/others/youpiao/jianjie/pilinpikong1。

鄭謙，1999，《被「革命」的教育：文化大革命中的教育革命》，北京：中國青年出版社。

鄭義，1992a，〈逃亡生涯勾起了一段回憶〉，《九十年代》，6：91–95。

———，1992b，〈什麼是紅衛兵？什麼是太子黨？〉，《九十年代》，7：88–93。

中國共產黨第十一屆中央委員會，1981，〈關於建國以來黨的若干歷史問題的決議〉，《北京周報》，27：10–39。

中國國家統計局，2006，《中國統計年鑒・2006》，北京：中國統計出版社。

中國青年出版社，1958，《論又紅又專》，北京：中國青年出版社。

中國社會科學院人口研究中心，1985，《中國人口年鑒》，北京：中國社會科學出版社。

仲維光，1996，〈清華附中紅衛兵小組誕生史實〉，《北京之春》，41：6–19，http://www.boxun.com/hero/zhongwg/11_1.shtml。

周紅軍，2000，《清華大學附屬中學》，北京：清華大學附屬中學。

周全華，1999，《「文化大革命」中的「教育革命」》，廣州：廣東教育出版社。

周泉纓，2006，《文化大革命是歷史的試錯》，香港：銀河出版社。

英文

Ahn, Byung-joon. 1974. "The Cultural Revolution and China's Search for Political Order." *The China Quarterly* 58: 249–85.

All-Russian Communist Party (Bolsheviks). 1953 (1919). "Program of the All-Russian Communist Party (Bolsheviks)." *Materials for the Study of the Soviet System: State and Party Constitutions, Laws, Decrees, Decisions, and Official Statements of the Leaders in Transition*, edited by James Meisel and Edward Kozera. Ann Arbor, MI: George Wahr Publishing Company.

Anagnost, Ann. 2004. "The Corporeal Politics of Quality (Suzhi)." *Public Culture* 16 (2): 189–208.

Andreas, Joel. 2002. "Battling over Political and Cultural Power During the Chinese Cultural Revolution." *Theory and Society* 31: 463–519.

———. 2004. "Leveling the 'Little Pagoda': The Impact of College Examinations—and Their Elimination—on Rural Education in China." *Comparative Education Review* 48 (1): 1–47.

———. 2007. "The Structure of Charismatic Mobilization: A Case Study of Rebellion During the Chinese Cultural Revolution." *American Sociological Review* 72: 434–58.

Andrle, Vladimir. 1988. *Workers in Stalin's Russia: Industrialization and Social Change in a Planned Economy.* New York: St. Martin's Press.

Bailes, Kendall. 1978. *Technology and Society Under Lenin and Stalin: Origins of the Soviet Technical Intelligentsia, 917–1941.* Princeton, NJ: Princeton University Press.

Bakken, Borge. 1988. "Backward Reform in Chinese Education." *Australian Journal of Chinese Affairs* 19/20: 127–63.

Balfour, Frederik, Bruce Einhorn, and Kate Murphy. 2003. "A Bush in Hand Is Worth . . . a Lot." *Business Week* (December 15): 56.

Barnett, A. Doak. 1967. *Cadres, Bureaucracy, and Political Power in Communist China.* New York: Columbia University Press.

Barnouin, Barbara, and Changgen Yu. 1993. *Ten Years of Turbulence: The Chinese Cultural Revolution.* London: Kegan Paul International.

Baum, Richard. 1994. *Burying Mao: Chinese Politics in the Age of Deng Xiaoping.* Princeton, NJ: Princeton University Press.

Baylis, Thomas. 1974. *The Technical Intelligentsia and the East German Elite: Legitimacy and Social Change in Mature Communism.* Berkeley: University of California Press.

Becker, Gary. 1964. *Human Capital: A Theoretical and Empirical Analysis, with*

Special Reference to Education. Chicago: University of Chicago Press.

Bell, Daniel. 1973. *The Coming of Post-Industrial Society.* New York: Basic Books.

Bian, Yanjie, Xiaoling Shu, and John Logan. 2001. "Communist Party Membership and Regime Dynamics in China." *Social Forces* 79 (3): 805–41.

Bourdieu, Pierre. 1984. *Distinction.* Cambridge, MA: Harvard University Press.

———. 1986. "The Forms of Capital." *Handbook of Theory and Research for the Sociology of Education,* edited by John Richardson, 241–58. New York: Greenwood Publishing Group.

———. 1989. *The State Nobility.* Stanford, CA: Stanford University Press.

———. 1998. "The 'Soviet' Variant of Political Capital." *Practical Reason: On the Theory of Action,* 14–18. Stanford, CA: Stanford University Press.

Bratton, Dale. 1979. "University Admissions Policies in China, 1970–1978." *Asian Survey* 19 (10): 1008–22.

Broaded, C. Montgomery. 1990. "The Lost and Found Generation: Cohort Succession in Chinese Higher Education." *Australian Journal of Chinese Affairs* 23: 77–95.

Brugger, William. 1976. *Democracy and Organization in the Chinese Industrial Enterprise, 1949–1953.* Cambridge: Cambridge University Press.

Buckley, Christopher. 1991. "Science as Politics and Politics as Science: Fang Lizhi and Chinese Intellectuals' Uncertain Road to Dissent." *Australian Journal of Chinese Affairs* 25: 1–36.

Burawoy, Michael. 1998. "The Extended Case Method." *Sociological Theory* 6: 14–33.

Burns, John, ed. 1989. *The Chinese Communist Party's Nomenklatura System: A Documentary Study of Party Control of Leadership Selection, 1979–1984.* Armonk, NY: M. E. Sharpe.

Carlisle, Robert. 1987. *The Proffered Crown: Saint-Simonianism and the Doctrine of Hope.* Baltimore: Johns Hopkins University Press.

Chamberlain, Heath. 1972. "Transition and Consolidation in Urban China: A Study of Leaders and Organizations in Three Cities, 1949–53." *Elites in the*

People's Republic of China, edited by Robert Scalapino, 245–301. Seattle: University of Washington Press.

Chan, Anita. 1985. *Children of Mao: Personality Developments and Political Activism in the Red Guard Generation*. London: Macmillan.

Chan, Anita, Richard Madsen, and Jonathan Unger. 1984. *Chen Village: The Recent History of a Peasant Community in Mao's China*. Berkeley: University of California Press.

Chan, Anita, Stanley Rosen, and Jonathan Unger. 1980. "Students and Class Warfare: The Roots of the Red Guard Conflict in Guangzhou." *The China Quarterly* 3: 397–446.

——, eds. 1985. *On Socialist Democracy and the Chinese Legal System: The Li Yizhe Debates*. Armonk, NY: M. E. Sharpe.

Chandler, Clay. 2005. "From Marx to Market: How China's Best Business School Is Rewiring the Nation's Economy." *Fortune* (May 16): 102–12.

Chang, Eric, and Sonia Wong. 2004. "Political Control and Performance in China's Listed Firms." *Journal of Comparative Economics* 32 (4): 617–36.

Chang, Jung, and Jon Halliday. 2005. *Mao: The Unknown Story*. New York: Alfred A. Knopf.

Chang, Parris. 1979. "Who Gets What, When and How in Chinese Politics: A Case Study of the Strategies of Conflict of the 'Gang of Four'." *Australian Journal of Chinese Affairs* 2: 21–42.

Chase, William. 1987. *Workers, Society, and the Soviet State: Labor and Life in Moscow, 1918–1929*. Urbana: University of Illinois Press.

Chen, George. 2008. "Morgan Stanley May Gain at End of China Venture." *International Herald Tribune* (January 15).

Chen, Shu-Ching Jean. 2006. "China's First Son Keeps Low, Goes Global." Forbes. com (December13). http://www.forbes.com/facesinthenews/2006/12/13/hu-haifeng-china-markets-equity-cx_jc_1213autofacescan02.html.

Chen, Theodore. 1960. *Thought Reform of Chinese Intellectuals*. Hong Kong: Hong Kong University Press.

———. 1981. *Chinese Education Since 1949: Academic and Revolutionary Models.* New York: Pergamon.

Ch'i, Hsi-Sheng. 1991. *Politics of Disillusionment: The Chinese Communist Party Under Deng Xiaoping, 1978–1989.* Armonk, NY: M. E. Sharpe.

Ci, Jiwei (慈繼偉). 1994. *Dialectic of the Chinese Revolution: From Utopianism to Hedonism.* Stanford, CA: Stanford University Press.

Cleverly, John. 1985. *The Schooling of China.* London: George Allen and Unwin.

———. 2000. *In the Lap of Tigers: The Communist Labor University of Jiangxi Province.* Lanham, MD: Rowman and Littlefield.

Cong Xiaoping. 2007. *Teachers' Schools and the Making of the Modern Chinese Nation-State, 1897–1937.* Vancouver: University of British Columbia Press.

Deng, Zhong, and Donald Treiman. 1997. "The Impact of the Cultural Revolution on Trends in Educational Attainment in the People's Republic of China." *American Journal of Sociology* 103 (2): 391–428.

Dickson, Bruce. 2003. *Red Capitalists: The Party, Private Entrepreneurs, and Prospects for Political Change.* Cambridge: Cambridge University Press.

———. 2007. "Integrating Wealth and Power in China: The Communist Party's Embrace of the Private Sector." *The China Quarterly* 192: 827–54.

Dickson, Bruce, and Maria Rost Rublee. 2000. "Membership Has Its Privileges: The Socioeconomic Characteristics of Communist Party Members in Urban China." *Comparative Political Studies* 33 (1): 87–112.

Dittmer, Lowell. 1978. "Bases of Power in Chinese Politics: A Theory and an Analysis of the Fall of the 'Gang of Four'." *World Politics* 31 (1): 26–60.

———. 1987. *China's Continuous Revolution: The Post-Liberation Epoch, 1949–1981.* Berkeley: University of California Press.

———. 1998. *Liu Shaoqi and the Chinese Cultural Revolution: The Politics of Mass Criticism.* Berkeley: University of California Press.

Djilas, Milovan. 1957. *The New Class: An Analysis of the Communist System.* New York: Praeger.

Dreyer, June. 1996. "The New Officer Corps: Implications for the Future." *The*

China Quarterly 146: 315–35.

Endicott, Stephen. 1988. *Red Earth: Revolution in a Sichuan Village*. London: I. B. Taurus.

Eun, Jong-Hak, Keun Lee, and Guisheng Wu. 2006. "Explaining the 'University run enterprises' in China: A Theoretical Framework for University-Industry Relationship in Developing Countries and Its Application to China." *Research Policy* 35 (9): 1329–46.

Eyal, Gil, Ivan Szelenyi, and Eleanor Townsley. 1998. *Making Capitalism Without Capitalists: The New Ruling Elites in Eastern Europe*. London: Verso Books.

Fitzpatrick, Sheila. 1979. *Education and Social Mobility in the Soviet Union*, 1921–1934. New York: Cambridge University Press.

———. 1992. *The Cultural Front: Power and Culture in Revolutionary Russia*. Ithaca, NY: Cornell University Press.

———. 1993. "The Impact of the Great Purges on Soviet Elites: A Case Study from Moscow and Leningrad Telephone Directories of the 1930s." *Stalinist Terror: New Perspectives*, edited by J. Arch Getty and Roberta Manning, 247–60. Cambridge: Cambridge University Press.

———. 1994. "Workers Against Bosses: The Impact of the Great Purges on Labor-Management Relations." *Making Workers Soviet: Power, Class and Identity*, edited by Lewis Siegelbaum and Ronald Grigor Suny, 311–40. Ithaca, NY: Cornell University Press.

———. 1999. "Cultural Revolution Revisited." *Russian Review* 58 (2): 202–9.

Forster, Keith. 1990. *Rebellion and Factionalism in a Chinese Province: Zhejiang, 1966–1976*. Armonk, NY: M. E. Sharpe.

———. 1992a. "China's Coup of October 1976." *Modern China* 18 (3): 263–303.

———. 1992b. "Spontaneous and Institutional Rebellion in the Cultural Revolution: The Extraordinary Case of Weng Senhe." *Australian Journal of Chinese Affairs* 27: 39–75.

Friedman, Edward, Paul Pickowicz, and Mark Selden. 1991. *Chinese Village,*

Socialist State. New Haven, CT: Yale University Press.

Funnell, Victor. 1970. "The Chinese Communist Youth Movement, 1949–1966." *The China Quarterly* 42: 105–30.

Galbraith, John K. 1967. *The New Industrial State*. Boston: Houghton Mifflin.

Gao, Mobo. 1999. *Gao Village: Rural Life in Modern China*. London: Hurst and Co.

Gardner, John. 1969. "The Wu-fan Campaign in Shanghai: A Study in the Consolidation of Urban Control." *Chinese Communist Politics in Action*, edited by A. Doak Barnett, 477–539. Seattle: University of Washington Press.

Gaurnaut, Ross, Ligang Song, and Yang Yao. 2006. "Impact and Significance of State-Owned Enterprise Restructuring in China." *The China Journal* 55: 35–63.

Getty, J. Arch. 1985. *The Origins of the Great Purges: The Soviet Communist Party Reconsidered, 1933–1938*. Cambridge: Cambridge University Press.

Goldman, Merle. 1967. *Literary Dissent in Communist China*. Cambridge, MA: Harvard University Press.

———. 1970. "Party Policies Towards Intellectuals: The Unique Blooming and Contending of 1961–2." *Party Leadership and Revolutionary Power in China*, edited by John Lewis, 268–303. Cambridge: Cambridge University Press.

———. 1981. *China's Intellectuals: Advice and Consent*. Cambridge, MA: Harvard University Press.

Goldman, Merle, Timothy Cheek, and Carol Lee Hamrin. 1987. *China's Intellectuals and the State: In Search of a New Relationship*. Cambridge, MA: Harvard University Council on East Asian Studies.

Goldstein, Avery. 1991. *From Bandwagon to Balance-of-Power Politics: Structural Constraints and Politics in China, 1949–1978*. Stanford, CA: Stanford University Press.

Goodman, David. 2003. "New Entrepreneurs in Reform China: Economic Growth and Social Change in Taiyuan, Shanxi." *Capital and Knowledge in Asia: Changing Power Relations*, edited by Heidi Dahles and Otto van den

Muijzenberg, 187–97. London: Routledge Curzon.

———. 2004. "Localism and Entrepreneurship: History, Identity and Solidarity as Factors of Production." *China's Rational Entrepreneurs: The Development of the New Private Business Sector*, edited by Barbara Krug, 139–65. London: Routledge Curzon.

Goodman, David, and Xiaowei Zang. 2008. "The New Rich in China: The Dimensions of Social Change." *The New Rich in China: Future Rulers, Present Lives*, edited by David Goodman, 1–21. London: Routledge.

Gouldner, Alvin. 1979. *The Future of Intellectuals and the Rise of the New Class.* New York: Seabury Press.

Gu, Edward, and Merle Goldman. 2004. *Chinese Intellectuals Between the State and Market.* London: Routledge Curzon.

Gu, Mingyuan. 1984. "The Development and Reform of Higher Education in China." *Comparative Education Review* 20 (1): 141–48.

Hamrin, Carol. 1990. *China and the Challenge of the Future: Changing Political Patterns.* Boulder, CO: Westview Press.

Hamrin, Carol, and Timothy Cheek, eds. 1986. *China's Establishment Intellectuals.* Armonk, NY: M. E. Sharpe.

Han, Dongping. 2000. *The Unknown Cultural Revolution.* New York: Garland Publishing.

Hannum, Emily. 1999. "Political Change and the Urban-Rural Gap in Basic Education in China, 1949–1990." *Comparative Education Review* 43 (2): 193–211.

Hannum, Emily, and Yu Xie. 1994. "Trends in Educational Gender Inequality in China: 1949–1985." *Research in Social Stratification and Mobility* 13: 73–98.

Harding, Harry. 1981. *Organizing China: The Problem of Bureaucracy, 1949–1976.* Stanford, CA: Stanford University Press.

———. 1991. "The Chinese State in Crisis." *The People's Republic, Part 2: Revolutions Within the Chinese Revolution, 1966–82, vol. 15 of The Cambridge History of China*, edited by Roderick MacFarquhar and John Fairbank, 107–217.

Cambridge: Cambridge University Press.

Harper, Paul. 1971. "Trade Union Cultivation of Workers for Leadership." *The City in Communist China*, edited by John Lewis, 123–52. Stanford, CA: Stanford University Press.

Harwit, Eric. 2002. "High Technology Incubators: Fuel for China's New Entrepreneurship?" *China Business Review* 29 (4): 26–29.

Hayhoe, Ruth. 1996. *China's Universities 1895–1995: A Century of Cultural Conflict*. New York: Garland Publishing.

Heartfield, James. 2005. "China's Comprador Capitalism is Coming Home." *Review of Radical Political Economics* 37 (2): 196–214.

Heilmann, Sebastian, and Sarah Kirchberger. 2000. *The Chinese Nomenklatura in Transition: A Study Based on Internal Cadre Statistics of the Central Organization Department of the Chinese Communist Party*. Trier, Germany: Center for East Asian and Pacific Studies, Trier University.

Hinton, William. 1966. *Fanshen: A Documentary of Revolution in a Chinese Village*. New York: Vintage Books.

———. 1972. *Hundred Day War: The Cultural Revolution at Tsinghua University*. New York: Monthly Review Press.

Hoffman, David. 1993. "The Great Terror on the Local Level: Purges in Moscow Factories, 1936–1938." *Stalinist Terror: New Perspectives*, edited by J. Arch Getty and Roberta Manning, 116–65. Cambridge: Cambridge University Press.

Holbig, Heike. 2002. "The Party and Private Entrepreneurs in the PRC." *Copenhagen Journal of Asian Studies* 16: 30–56.

Hu, Ping (胡平). 1981. "On the Question of Intellectuals." *Beijing Review* 7: 13–17.

Huang, Jing. 2000. *Factionalism in Chinese Communist Politics*. Cambridge: Cambridge University Press.

Inkeles, Alex. 1966. "Social Stratification and Mobility in the Soviet Union." *Class, Status and Power: Social Stratification in Comparative Perspective*, edited by

Reinhard Bendix and Seymour Lipset. New York: Free Press.

Israel, John. 1982–83. "Introduction to the Draft History of Tsinghua University." *Chinese Education* 15 (3/4): iv–xv.

Israel, John, and Donald Klein. 1976. *Rebels and Bureaucrats: China's December 9ers*. Berkeley: University of California Press.

Joint Publications Research Service, ed. 1974. "Dialogues of Responsible Persons of Capital Red Guards Congress (28 July 1968)." *Miscellany of Mao Tse-tung Thought (1949–1968), Part 1*, 469–97. Springfield, VA: National Technical Information Service.

Kamphausen, Roy. 2007. "ROTC with Chinese Characteristics: Training the PLA in Civilian Universities." *China Brief* 7 (6): 2–5.

Karabel, Jerome. 1997. "Lenin and the Problem of the Intelligentsia." *Current Perspectives in Social Theory* 17: 261–312.

Kau, Ying-Mao. 1969. "The Urban Bureaucratic Elite in Communist China: A Case Study of Wuhan, 1949–1965." *Chinese Communist Politics in Action*, edited by A. Doak Barnett, 216–77. Seattle: University of Washington Press.

Kelley, Jonathan, and Herbert Klein. 1981. *Revolution and the Rebirth of Inequality: A Theory Applied to the National Revolution in Bolivia*. Berkeley: University of California Press.

Kipnis, Andrew. 2001. "The Disturbing Educational Discipline of Peasants." *The China Journal* 46: 1–24.

———. 2006. "Suzhi: A Keyword Approach." *The China Quarterly* 186: 295–313.

Knight, John, and Shi Li. 1996. "Educational Attainment and the Rural-Urban Divide in China." *Oxford Bulletin of Economics and Statistics* 58 (1): 83–117.

Koenker, Diane. 2005. *Republic of Labor: Russian Printers and Soviet Socialism, 1918–1930*. Ithaca, NY: Cornell University Press.

Konrad, George, and Ivan Szelenyi. 1979. *The Intellectuals on the Road to Class Power*. New York: Harcourt Brace Jovanovich.

———. 1991. "Intellectuals and Domination in Post-Communist Societies." *Social*

Theory for a Changing Society, edited by Pierre Bourdieu and James Coleman, 337–72. Boulder, CO: Westview Press.

Kraus, Richard. 1981. *Class Conflict in Chinese Socialism*. New York: Columbia University Press.

———. 1989. "The Lament of Astrophysicist Fang Lizhi: China's Intellectuals in a Global Context." *Marxism and the Chinese Experience: Issues in Contemporary Chinese Socialism*, edited by Arif Dirlik and Maurice Meisner, 294–315. Armonk, NY: M. E. Sharpe.

Lam, Willy. 2004. "Factional Politics in the CCP." *China Brief* 4 (5): 5–7.

Lampert, Nicholas. 1979. *The Technical Intelligentsia and the Soviet State*. New York: Holmes and Meier.

Lane, David. 1982. *The End of Social Inequality ?: Class, Status and Power Under State Socialism*. London: Allen and Unwin.

Lapidus, Gail Warshofsky. 1978. "Educational Strategies and the Cultural Revolution: The Politics of Soviet Development." *Cultural Revolution in Russia, 1928–1931*, edited by Sheila Fitzpatrick, 78–104. Bloomington: Indiana University Press.

Leader, Shelah Gilbert. 1974. "The Communist Youth League and the Cultural Revolution." *Asian Survey* 14 (8): 700–715.

Lee, Hong Yung. 1978. *The Politics of the Chinese Cultural Revolution: A Case Study*. Berkeley: University of California Press.

———. 1991. *From Revolutionary Cadres to Technocrats in Socialist China*. Berkeley: University of California Press.

Leijonhufvud, Goran. 1990. *Going Against the Tide: On Dissent and Big Character Posters in China*. London: Curzon Press.

Lewin, Moshe. 1985. *The Making of the Soviet System: Essays in the Social History of Interwar Russia*. New York: Pantheon Books.

Lewis, John. 1963. *Leadership in Communist China*. Ithaca, NY: Cornell University Press.

Li, Cheng. 1994. "University Networks and the Rise of Tsinghua Graduates in China's Leadership." *Australian Journal of Chinese Affairs* 32: 1–30.

———. 2000. "Jiang Zemin's Successors: The Rise of the Fourth Generation of Leaders in the PRC." *The China Quarterly* 161: 1–40.

———. 2001. *China's Leaders: The New Generation.* Lanham, MD: Rowman and Littlefield.

———. 2002. "Hu's Followers: Provincial Leaders with Backgrounds in the Youth League." *China Leadership Monitor* 3. http://www.hoover.org/publications/clm/issues/2906756.html.

———. 2007. "China: Riding Two Horses at Once." http://www.brookings.edu/articles/2007.

Li, Cheng, and Lynn White. 1988. "The Thirteenth Central Committee of the Chinese Communist Party: From Mobilizers to Managers." *Asian Survey* 28 (4): 371–99.

———. 1990. "Elite Transformation and Modern Change in Mainland China and Taiwan: Empirical Data and the Theory of Technocracy." *The China Quarterly* 121: 1–35.

———. 1991. "China's Technocratic Movement and the World Economic Herald." *Modern China* 17 (3): 342–88.

———. 1998. "The Fifteenth Central Committee of the Chinese Communist Party: Full-Fledged Technocratic Leadership with Partial Control by Jiang Zemin." *Asian Survey* 38 (3): 231–64.

———. 2003. "The Sixteenth Central Committee of the Chinese Communist Party: Hu Gets What?" *Asian Survey* 43 (4): 553–97.

Lieberthal, Kenneth. 1980. *Revolution and Tradition in Tientsin, 1949–1952.* Stanford, CA: Stanford University Press.

———. 1995. *Governing China: From Revolution Through Reform.* New York: W. W. Norton.

Liu, Binyan (劉賓雁). 1990. *China's Crisis, China's Hope* (中國的危機與希望). Translated by Howard Goldblatt. Cambridge, MA: Harvard University Press.

Liu, Guokai (劉國凱). 1986–87. "A Brief Analysis of the Cultural Revolution." *Chinese Sociology and Anthropology* 19 (2): 14–151.

Liu, Shaoqi (劉少奇). 1967. *How to be a good communist* (論共產黨員的修養). Boulder, CO: Panther Publications.

Lowenthal, Richard. 1970. "Development vs. Utopia in Communist Policy." *Change in Communist Systems*, edited by Chalmers Johnson, 33–116. Stanford, CA: Stanford University Press.

Ludz, Peter. 1972. *The Changing Party Elite in East Germany*. Cambridge, MA: MIT Press.

Lupher, Mark. 1996. *Power Restructuring in China and Russia*. Boulder, CO: Westview Press.

MacFarquhar, Roderick. 1960. *The Hundred Flowers*. London: Stevens and Sons.

——. 1974. *The Origins of the Cultural Revolution. Vol. 1: Contradictions Among the People, 1956–1957*. Oxford: Oxford University Press.

——. 1991. "The Succession to Mao and the End of Maoism." *The People's Republic, Part 2: Revolutions Within the Chinese Revolution, 1966–1982, vol. 15 of The Cambridge History of China*, edited by John Fairbank and Roderick MacFarquhar, 305–401. Cambridge: Cambridge University Press.

MacFarquhar, Roderick, and Michael Schoenhals. 2006. *Mao's Last Revolution*. Cambridge, MA: Harvard University Press.

MacIver, Alice. 1922. "Saint-Simon and His Influence on Marx." *Economica* 6: 238–45.

Manion, Melanie. 1993. *Retirement of Revolutionaries: Public Policies, Social Norms, Private Interests*. Princeton, NJ: Princeton University Press.

Mann, Michael. 1986. "The Autonomous Power of States: Its Origins, Mechanisms, and Results." *States in History*, edited by John A. Hall, 109–36. London: Basil Blackwell.

Manuel, Frank. 1956. *The New World of Henri Saint-Simon*. Cambridge, MA: Harvard University Press.

Mao, Zedong (毛澤東). 1966. "A Letter to the Red Guards of the Middle School Attached to Tsinghua University (給清華大學附中紅衛兵的一封信)." *Current Background* 891 (1969): 63.

——. 1974 (1966). "Remarks at the Spring Festival (春節談話)." *Chairman Mao Talks to the People: Talks and Letters: 1956–1971*, edited by Stuart Schram, 197–211. New York: Pantheon Books.

——. 1977 (1958–60). *A Critique of Soviet Economics* (蘇聯經濟學批判). Translated by Moss Roberts. New York: Monthly Review Press.

Marx, Karl. 1973 [1857]. *Grundrisse: Foundations of the Critique of Political Economy*. New York: Penguin.

——. 1978 [1875]. "Critique of the Gotha Program." *The Marx-Engels Reader*, edited by Robert Tucker, 2nd ed., 525–41. New York: W. W. Norton.

McCarthy, Terry. 1999. "Red Star." *Time* (April 12): 61–62.

Meisner, Maurice. 1982. *Marxism, Maoism, and Utopianism: Eight Essays*. Madison: University of Wisconsin Press.

——. 1986. *Mao's China and After: A History of the People's Republic*. New York: Free Press.

——. 1996. *The Deng Xiaoping Era: An Inquiry into the Fate of Chinese Socialism, 1978–1994*. New York: Hill and Wang.

Montaperto, Ronald. 1972. "From Revolutionary Successors to Revolutionaries: Chinese Students in the Early Stages of the Cultural Revolution." *Elites in the People's Republic of China*, edited by Robert Scalapino, 575–605. Seattle: University of Washington Press.

Moore, Barrington. 1965. *Soviet Politics: The Dilemma of Power*. New York: Harper and Row.

Mu, Fu-sheng. 1963. *The Wilting of the Hundred Flowers: The Chinese Intelligentsia Under Mao*. New York: Praeger.

Naughton, Barry. 2004. "Market Economy, Hierarchy, and Single Party Rule: How Does the Transition Path in China Shape the Emerging Market Economy?" Paper presented at the International Economic Association Meeting in Hong Kong.

——. 2007. *The Chinese Economy: Transitions and Growth*. Cambridge, MA: MIT Press.

North, Robert, and Ithiel de Sola Pool. 1966. "Kuomintang and Chinese Communist Elites." *World Revolutionary Elites: Studies in Coercive Ideological Movements*, edited by Harold Lasswell and Daniel Lerner, 319–455. Cambridge, MA: MIT Press.

Onate, Andres. 1978. "Hua Kuo-feng and the Arrest of the 'Gang of Four'." *The China Quarterly* 75: 540–65.

Oster, Shai. 2006. "Attraction of Business Is Powerful for Ms. Li, China's 'Princelings'." *Wall Street Journal* (May 15): B1.

Parkin, Frank. 1971. *Class Inequality and Political Order: Social Stratification in Capitalist and Communist Societies*. London: MacGibbon and Kee.

Pepper, Suzanne. 1978. "Education and Revolution: The ' Chinese Model' Revisited." *Asian Survey* 19 (10): 847–90.

———, ed. 1994. "Rural Education (I)." *Chinese Education and Society* 27 (5).

———. 1996. *Radicalism and Education Reform in Twentieth-Century China: The Search for an Ideal Development Model*. Cambridge: Cambridge University Press.

Perry, Elizabeth, and Xun Li. 1997. *Proletarian Power: Shanghai in the Cultural Revolution*. Boulder, CO: Westview Press.

Reuters. 2003. "Daughter of Top Communist Weds Top Capitalist." *Sydney Morning Herald* (November 6).

Rigby, T. H. 1968. *Communist Party Membership in the U.S.S.R., 1917–1967*. Princeton, NJ: Princeton University Press.

Riskin, Carl. 1991. *China's Political Economy: The Quest for Development Since 1949*. New York: Oxford University Press.

Rofel, Lisa. 1999. *Other Modernities: Gendered Yearnings in China After Socialism*. Berkeley: University of California Press.

Rosen, Stanley. 1979. *The Origins and Development of the Red Guard Movement in China, 1960–1968*. Ph.D. dissertation, Department of Political Science, University of California, Los Angeles.

——. 1982. *Red Guard Factionalism and the Cultural Revolution in Guangzhou (Canton)*. Boulder, CO: Westview Press.

——. 1987. "Restoring Key Secondary Schools in Post-Mao China: The Politics of Competition and Educational Quality." *Policy Implementation in Post-Mao China*, edited by David Lampton, 321–53. Berkeley: University of California Press.

——. 1992. "Students and the State in China: The Crisis in Ideology and Organization." *State and Society in China: The Consequences of Reform*, edited by Arthur Rosenbaum. Boulder, CO: Westview Press.

Scalapino, Robert. 1972. "The Transition in Chinese Party Leadership: A Comparison of the Eighth and Ninth Central Committees." *Elites in the People's Republic of China*, edited by Robert Scalapino, 67–148. Seattle: University of Washington Press.

Schapiro, Leonard, and John Lewis. 1969. "The Roles of the Monolithic Party Under the Totalitarian Leader." *The China Quarterly* 40: 39–64.

Schurmann, Franz. 1968. *Ideology and Organization in Communist China*. Berkeley: University of California Press.

Schwartz, Benjamin. 1968. "The Reign of Virtue: Some Broad Perspectives on Leader and Party in the Cultural Revolution." *The China Quarterly* 35: 1–17.

Sheehan, Jackie. 1998. *Chinese Workers: A New History*. London: Routledge.

Shirk, Susan. 1982. *Competitive Comrades: Career Incentives and Student Strategies in China*. Berkeley: University of California Press.

Snow, Edgar. 1971. *Red China Today*. New York: Random House.

Solinger, Dorothy. 1995. "The Chinese Work Unit and Transient Labor in the Transition from Socialism." *Modern China* 21 (2): 155–83.

——. 2003. "Chinese Urban Jobs and the WTO." *The China Journal* 49: 61–86.

Song, Yongyi (宋永毅). 2004. "The Enduring Legacy of Blood Lineage Theory." *China Rights Forum* 4: 13–23. http://hrichina.org/public/PDFs/EnduringLegacy4-2004.pdf.

Stalin, J. V. 1976 (1936). "On the Draft Constitution of the U.S.S.R. (論蘇聯憲法草案)." *Problems of Leninism* (列寧主義問題), 795–834. 北京：外文出版社。

Sunami, Atsushi. 2002. "Industry-University Cooperation and University-Affiliated Enterprises in China, a Country Aspiring for Growth on Science and Education—Building New System for Technological Innovation." Tokyo: Research Institute of Economy, Trade and Industry. http://www.rieti.go.jp/en/papers/research-review.

Szelenyi, Ivan. 1986. "The Prospects and Limits of the East European New Class Project: An Auto-critical Reflection on the Intellectuals on the Road to Class Power." *Politics and Society* 15 (2): 103–44.

Szelenyi, Ivan, and Bill Martin, 1988. "The Three Waves of New Class Theories." *Theory and Society* 17: 645–67.

Taylor, Robert. 1981. *China's Intellectual Dilemma: Politics and University Enrollment, 1949–1978*. Vancouver: University of British Columbia Press.

Teiwes, Frederick. 1976. "The Origins of Rectification: Inner-Party Purges and Education Before Liberation." *The China Quarterly* 65: 15–53.

———. 1984. *Leadership, Legitimacy, and Conflict in China: From a Charismatic Mao to the Politics of Succession*. Armonk, NY: M. E. Sharpe.

Teiwes, Frederick, and Warren Sun. 2007. *The End of the Maoist Era: Chinese Politics During the Twilight of the Cultural Revolution, 1972–1976*. Armonk, NY: M. E. Sharpe.

Thogersen, Stig. 1990. *Secondary Education in China After Mao: Reform and Social Conflict*. Aarhus, Denmark: Aarhus University Press.

Timasheff, Nicholas. 1946. *The Great Retreat: The Growth and Decline of Communism*. New York: E. P. Dutton.

Tkacik, John. 2004. "Premier Wen and Vice-President Zeng: The 'Two Centers' of China's Fourth Generation." *Civil-Military Change in China: Elites, Institutes and Ideas After the 16th Party Congress*, edited by Andrew Scobell and Larry Wortzel, 162–63. Washington, DC: Strategic Studies Institute.

Townsend, James. 1970. "Intra-Party Conflict in China: Disintegration in an Established One-Party System." *Authoritarian Politics in Modern Society*, edited by Samuel Huntington and Clement Moore, 284–310. New York: Basic Books.

Treiman, Donald, et al., eds. 1998. *Life Histories and Social Change in Contemporary China: Provisional Codebook*. Los Angeles: University of California, Los Angeles, Institute for Social Science Research.

Tsai, Kellee. 2007. *Capitalism Without Democracy: The Private Sector in Contemporary China*. Ithaca, NY: Cornell University Press.

Tsinghua University Attached Middle School Red Guards. 1966. "Hail, Line of the Proletarian Class!" *China News Analysis* 63: 2–5.

Tsinghua University Workers Peoples Liberation Army Propaganda Team. 1970. "Strive to Build A Socialist University of Science and Engineering." *Peking Review* 31:5-31.

Tsou, Tang. 1969. "The Cultural Revolution and the Chinese Political System." *The China Quarterly* 38: 63–91.

——. 1995. "Chinese Politics at the Top: Factionalism or Informal Politics? Balance-of-Power Politics or a Game to Win All?" *The China Journal* 34: 95–156.

Unger, Jonathan. 1982. *Education Under Mao: Class and Competition in Canton Schools, 1960–1980*. New York: Columbia University Press.

——. 1984. "Severing the Links Between Education and Careers: The Sobering Experience of China's Urban Schools." *Education Versus Qualifications?*, Edited by John Oxenham, 176–91. London: George Allen and Unwin.

Vogel, Ezra. 1967. "From Revolutionary to Semi-Bureaucrat: The ʻRegularizationʼ of Cadres." *The China Quarterly* 29: 36–60.

——. 1969. *Canton Under Communism: Programs and Politics in a Provincial Capital, 1949–1968*. Cambridge, MA: Harvard University Press.

Walder, Andrew. 1986. *Communist Neo-Traditionalism: Work and Authority in Chinese Industry*. Berkeley: University of California Press.

———. 1995. "Career Mobility and the Communist Political Order." *American Sociological Review* 60: 309–28.

———. 2002. "Beijing Red Guard Factionalism: Social Interpretations Reconsidered." *Journal of Asian Studies* 61: 437–71.

———. 2004. "The Party Elite and China's Trajectory of Change" *China: An International Journal* 2 (2): 189–209.

———. 2006. "Factional Conflict at Beijing University, 1966–1968." *The China Quarterly* 188 (1): 1023–47.

Walder, Andrew, Bobai Li, and Donald Treiman. 2000. "Politics and Life Chances in a State Socialist Regime: Dual Career Paths into the Urban Chinese Elite, 1949–1996." *American Sociological Review* 65: 191–209.

Wang Shaoguang. 1995. *Failure of Charisma: The Cultural Revolution in Wuhan.* Oxford: Oxford University Press.

———. 2006a. "Regulating Death at Coalmines: Changing Mode of Governance in China." *Journal of Contemporary China* 15 (46): 1–30.

———. 2006b. "Openness and Inequality: The Case of China." *China's Deep Reform: Domestic Politics in Transition*, edited by Lowell Dittmer and Guoli Liu, 251–82. Lanham, MD: Rowman and Littlefield.

Weber, Max. 1978. *Economy and Society.* Berkeley: University of California Press.

White, Gordon. 1976. "The Politics of Class and Class Origin: The Case of the Cultural Revolution." *Contemporary China Papers* 9. Canberra: Australian National University.

———. 1981. "Higher Education and Social Redistribution in a Socialist Society: The Chinese Case." *World Development* 9: 149–66.

White, Lynn. 1984. "Bourgeois Radicalism in the 'New Class' of Shanghai." *Class and Social Stratification in Post-Revolutionary China,* edited by James Watson, 142–74. Cambridge: Cambridge University Press.

Whyte, Martin. 1974a. *Small Groups and Political Rituals in China.* Berkeley: University of California Press.

———. 1974b. "Iron Law Versus Mass Democracy: Weber, Michels, and the Maoist

Vision." The Logic of "Maoism": Critiques and Explication, edited by James Hsiung, 37–61. New York: Praeger.

Wright, Eric Olin. 1994. *Interrogating Inequality: Essays on Class Analysis, Socialism and Marxism*. London: Verso Books.

Yan, Jiaqi, and Gao Gao (嚴家其和高皋). 1996. *Turbulent Decade: A History of the Cultural Revolution*. Translated by D. W. Y. Kwok. Honolulu: University of Hawaii Press.

Yue, Daiyun, and Carolyn Wakeman. 1985. *To the Storm: The Odyssey of a Revolutionary Chinese Woman*. Berkeley: University of California Press.

Yusuf, Shahid, Kaoru Nabeshima, and Dwight Perkins. 2006. *Under New Ownership: Privatizing China's State-Owned Enterprises*. Stanford, CA: Stanford University Press.

Zang, Xiaowei. 1993. "The Fourteenth Central Committee of the CCP: Technocracy or Political Technocracy?" *Asian Survey* 33 (8): 787–803.

———. 2001. "Educational Credentials, Elite Dualism, and Elite Stratification in China." *Sociological Perspectives* 44 (2): 189–205.

———. 2004. *Elite Dualism and Leadership Selection in China*. London: Routledge Curzon.

Zhang, Junsen, Yaohui Zhao, Albert Park, and Xiaoqing Song. 2005. "Economic Returns to Schooling in Urban China, 1988 to 2001." *Journal of Comparative Economics* 33 (4): 730–52.

Zheng, Shiping. 1997. *Party vs. State in Post-1949 China: The Institutional Dilemma*. Cambridge: Cambridge University Press.

Zheng, Xiaowei. 2006. "Passion, Reflection, and Survival: Political Choices of Red Guards at Tsinghua University, June 1966–July 1968." *The Chinese Cultural Revolution as History*, edited by Joseph Esherick, Paul Pickowicz and Andrew Walder, 29–63. Stanford, CA: Stanford University Press.

Zhou, Xuegang, Nancy Tuma, and Phyllis Moen. 1998. "Educational Stratification in Urban China: 1949–1994." *Sociology of Education* 71: 199–222.

Zhu, Lisheng. 1997. "Proletarian Students and the Cultural Revolution in Soviet

Higher Education, 1928–1932." *Russian History* 24 (3): 301–20.

———. 2000. "The Problem of the Intelligentsia and Radicalism in Higher Education Under Stalin and Mao." *Europe-Asia Studies* 52 (8): 1489–1513.

Zweig, David. 1989. *Agrarian Radicalism in China, 1968–1981.* Cambridge, MA: Harvard University Press.